Flávio Eduardo Turessi

Justiça Penal Negociada e Criminalidade Macroeconômica Organizada

O papel da política criminal na construção da ciência global do Direito Penal

2019

www.editorajuspodivm.com.br

www.editorajuspodivm.com.br

Rua Território Rio Branco, 87 – Pituba – CEP: 41830-530 – Salvador – Bahia
Tel: (71) 3045.9051
• Contato: https://www.editorajuspodivm.com.br/sac

Copyright: Edições *Jus*PODIVM

Conselho Editorial: Eduardo Viana Portela Neves, Dirley da Cunha Jr., Leonardo de Medeiros Garcia, Fredie Didier Jr., José Henrique Mouta, José Marcelo Vigliar, Marcos Ehrhardt Júnior, Nestor Távora, Robério Nunes Filho, Roberval Rocha Ferreira Filho, Rodolfo Pamplona Filho, Rodrigo Reis Mazzei e Rogério Sanches Cunha.

Diagramação: Luiz Fernando Romeu *(lfnando_38@hotmail.com)*

Capa: Ana Caquetti

T934j	Turessi, Flávio Eduardo.
	    Justiça penal negociada e criminalidade macroeconômica organizada/ Flávio Eduardo Turessi – Salvador: Editora JusPodivm, 2019.
	    304 p.
	
	    Bibliografia.
	    ISBN 978-85-442-3031-2.
	
	    1. Direito Penal. 2. Direito Penal Econômico. I. Turessi, Flávio Eduardo. II. Título.
	
	                                                                                       CDD 341.5

Todos os direitos desta edição reservados à Edições *Jus*PODIVM.

É terminantemente proibida a reprodução total ou parcial desta obra, por qualquer meio ou processo, sem a expressa autorização do autor e da Edições *Jus*PODIVM. A violação dos direitos autorais caracteriza crime descrito na legislação em vigor, sem prejuízo das sanções civis cabíveis.

Aos meus queridos e amados pais, José Flávio Turessi e Anna Maria Simões Turessi, meus maiores e melhores exemplos na vida, sempre vivos nas minhas lembranças e no meu coração, com a certeza de que um dia, quando for o momento certo, estaremos juntos novamente.

Aos meus queridos Fábio Donizete Turessi, Luciana Farias Fazolin Turessi e Ana Carolina Turessi, irmão, cunhada e sobrinha, por tudo aquilo que representam na minha vida.

À Vivian Michelin Turessi, esposa e companheira, pela compreensão e apoio generosamente oferecidos ao longo desta jornada.

À linda e amada Jacqueline Michelin Turessi, fonte inesgotável de amor, parceira de pescarias e de aventuras, sem a qual nada faria sentido. Amo você, filha!

AGRADECIMENTOS

A presente obra é fruto de tese apresentada à Banca Examinadora da Universidade Presbiteriana Mackenzie, como exigência parcial para a obtenção do título de Doutor em Direito Político e Econômico, sob a orientação do Professor Doutor Gianpaolo Poggio Smanio, a quem registro minha profunda admiração e sincera gratidão pela confiança e pelos ricos ensinamentos generosamente compartilhados ao longo da pesquisa.

Consigno minha gratidão aos Professores Doutores Alexandre Rocha Almeida de Moraes, Antonio Carlos da Ponte, Fábio Ramazzini Bechara e Humberto Barrionuevo Fabretti, membros da banca examinadora, pela cordialidade e pelos preciosos apontamentos apresentados durante a defesa.

Agradeço aos estimados Alexandre Rocha Almeida de Moraes, Mário Antonio de Campos Tebet, Miguel Tassinari de Oliveira e Wilson Velasco Júnior, verdadeiros exemplos de Ministério Público, pelo incentivo e preciosa amizade.

Agradeço ao Ministério Público do Estado de São Paulo, Instituição que tanto me orgulha pertencer.

Agradeço aos meus amados pais José Flávio Turessi (na memória) e Anna Maria Simões Turessi (na memória), ao meu querido irmão Fábio Donizete Turessi, às minhas diletas Luciana Farias Fazolin Turessi e Ana Carolina Turessi, cunhada e sobrinha, por tudo...

Por fim, agradeço à minha esposa Vivian Michelin Turessi e à nossa amada filha Jacqueline Michelin Turessi, por me fazerem uma pessoa melhor.

APRESENTAÇÃO

É uma enorme satisfação apresentar esse trabalho, fruto de brilhante tese de doutoramento em que o autor – Doutor **Flávio Eduardo Turessi** – obteve a nota máxima em sua defesa na Universidade Presbiteriana Mackenzie.

Trata-se de obra de vanguarda.

Com o claro objetivo de resgatar o papel da política criminal como instrumento de enfrentamento da criminalidade macroeconômica organizada, o autor discute e inova, criticamente, aliando a dogmática penal e processual penal de enfrentamento dessa nova forma de criminalidade com a política criminal e a criminologia.

Trata-se de uma visão que se coaduna com esse tempo social: pensar esse novo fenômeno de criminalidade a partir da ideia de Ciência Penal total.

O autor afirma de forma cirúrgica que *"ao lado do Direito Penal enquanto dogmática jurídica, o fenômeno da criminalidade, em especial da moderna criminalidade macroeconômica organizada, também deve ser objeto de estudo conjunto da criminologia e da vitimologia com vistas à construção de uma política criminal racional, surgindo imperativa a necessidade de se recorrer à aplicação do Direito Penal enquanto "Ciência Global""*

Com efeito, como produto cultural da humanidade, a criminalidade econômico-financeira denota que diferentes doenças e patologias sociais demandam novas vacinas e remédios.

O enfrentamento dessa nova forma criminalidade organizada, para que seja minimamente eficaz, acentua o autor, *"deve ampliar os espaços de consenso entre o órgão acusador e o delinquente, como forma de política criminal, sem perder de vista o postulado da proporcionalidade, na sua faceta de vedação à proteção penal insuficiente".*

Preciso.

Com efeito, impossível se pretender uma dogmática penal e processual para um tipo de criminalidade que não era objeto de preocupação e tutela pelo modelo de inspiração clássico-iluminista.

Nesse sentido, estruturando a obra a partir da moderna dogmática penal dos delitos econômicos, o autor visita relevantes aspectos da criminologia e da vitimologia – como as características da delinquência econômica – deixando uma ideia de vanguarda: a necessidade de valorização da vítima difusa, mediante a construção de uma política de reparação do dano moral coletivo.

Não obstante, discutindo os marcos regulatórios nacionais e internacionais de enfrentamento de uma criminalidade macroeconômica organizada, discute a intersecção entre a política criminal e o direito administrativo sancionador, apresentando as ferramentas de uma justiça penal negociada como instrumentos mais eficazes de combate, prevenção e repressão de ao menos parte dessas disfunções sociais: colaboração premiada, duração razoável do processo, busca da racionalidade e da eficiência, discricionariedade da ação pena pública, colaboração premiada e a política de barganha são discutidos com densidade, propriedade e à exaustão.

Somente por fomentar a reflexão de tais temas contemporâneos, a obra já merece ser lida e discutida na academia.

Mas a importância do legado justifica-se ainda mais porque conheço e tenho o autor como dileto amigo, parceiro de vida e de profissão.

No convívio diário, tem-se a certeza de que o autor **Flávio Eduardo Turessi** sempre foi doutor no que faz, não por título acadêmico ou tratamento protocolar, mas porque trabalha, escreve e produz com excelência, como se soubesse que cada peça, artigo e livro será um legado para a construção de uma sociedade mais justa e democrática.

Alexandre Rocha Almeida de Moraes

Promotor do I Tribunal do Júri da Capital (SP),Mestre e Doutor em Direito Penal pela PUC/SP, Autor, dentre outros, da obra "Direito Penal do Inimigo – A terceira velocidade do Direito Penal" e coordenador da obra "Direito Penal Avançado", ambos pela da Editora Juruá.

PREFÁCIO

Com enorme satisfação aceitei o convite para prefaciar a obra Justiça Penal Negociada e Criminalidade Macroeconômica Organizada: o papel da política criminal na construção da ciência global do Direito Penal, de autoria do Professor Flávio Eduardo Turessi.

Em sua versão original, a obra foi apresentada como Tese de Doutoramento em Direito Político e Econômico na Universidade Presbiteriana Mackenzie, em julho de 2019, na qual tive a alegria e o prazer de ter sido o orientador da pesquisa.

Ao final, após segura defesa perante a banca examinadora, composta pelos ilustres Professores Doutores Alexandre Rocha Almeida de Moraes, Antonio Carlos da Ponte, Fábio Ramazzini Bechara e Humberto Barrionuevo Fabretti, o autor foi aprovado com distinção e louvor, a nota máxima.

A publicação da obra pela Editora Juspodivm merece saudação de toda a comunidade jurídica, estudantes e pesquisadores do tema, indistintamente.

Tendo como ponto de partida a "Ciência Global do Direito Penal", destaco sobre o livro, inicialmente, a importância do tema para a literatura penal e processual de nosso país, sendo muito bem-vinda a discussão acerca da obrigatoriedade da ação penal e da existência de espaços de consenso para o enfrentamento à criminalidade macroeconômica organizada, questões complexas que exigem a atenção de todos os operadores e estudiosos do Direito.

É de se destacar, também, a preocupação do autor com análises aprofundadas e tendências atuais sobre o assunto, não se olvidando de observar e estudar os impactos promovidos no sistema de Justiça Penal pela ampliação da via consensual em outras esferas de regulação, com especial estaque para os acordos de leniência previstos na Lei de Defesa da Concorrência e na Lei Anticorrupção, e na celebração de termo de compromisso de ajustamento de conduta como estratégia de combate à improbidade administrativa.

A leitura da obra demonstra a atualidade do tema e sua conexão com a realidade do sistema de Justiça Penal no Brasil e no mundo, sendo apresentados e debatidos importantes instrumentos de aplicação consensual da lei penal previstos tanto em ordenamentos jurídicos de tradição romano-germânica quanto de origem anglo-saxã.

A linguagem clara, o cuidado com a precisão dos termos utilizados, bem como o aprofundamento acadêmico dos institutos aqui tratados permitem aos estudiosos de todos os níveis aprender com a leitura do texto, cumprindo o autor com o objetivo de efetivar uma persecução penal que, a um só tempo, garanta direitos e atue com eficiência na busca de resultados juridicamente precisos.

Tenho a convicção de que o presente livro constitui obra indispensável para o conhecimento da matéria e que acrescenta à literatura penal e processual penal de nosso país importante análise sobre um dos seus temas mais relevantes e atuais.

Gianpaolo Poggio Smanio
Procurador-Geral de Justiça do Ministério Público do Estado de São Paulo. Professor Doutor Coordenador do Curso de Pós-Graduação "Stricto Sensu" em Direito Político e Econômico da Universidade Presbiteriana Mackenzie.

SUMÁRIO

INTRODUÇÃO **17**

1. CIÊNCIA GLOBAL DO DIREITO PENAL **25**

1.1. O direito como ciência 25

1.2. A ciência do direito penal.. 29

1.3. Direito penal e ciências sociais: interfaces psicológica, sociológica e econômica... 45

1.4. Ciência penal global e delitos econômicos: (re) visitando franz v. liszt e roberto lyra..................................... 52

    1.4.1. Moderna dogmática penal 60

        1.4.1.1. Moderna dogmática penal e delitos econômicos 64

    1.4.2. Criminologia... 68

        1.4.2.1. Considerações criminológicas sobre a delinquência econômica: o legado de Edwin H. Sutherland como ponto de partida...... 76

    1.4.3. Vitimologia... 83

        1.4.3.1. Valorização da vítima: o dano moral coletivo na delinquência econômica 89

    1.4.4. Política criminal....................................... 93

2. Criminalidade macroeconômica organizada **101**

2.1. Conceito, bens e interesses tutelados........................ 101

2.2. Direito penal econômico versus direito administrativo sancionador 113

2.3. Fundamentos e limites da ingerência penal sobre a ordem econômica: a constituição dirigente........................... 123

2.3.1. A ordem econômica na Constituição Federal de 1988 133

2.4. Internacionalização do direito penal: o papel dos tratados e convenções internacionais no combate à criminalidade macroeconômica e à corrupção 138

2.4.1. Defesa da concorrência no plano internacional multilateral 152

2.5. Buso do poder econômico: a formação de cartel 155

2.5.1. O cartel na Lei Antitruste 159

2.5.2. Tutela penal da livre concorrência: o crime de formação de cartel 162

2.5.3. Cartéis em licitações públicas: déficit de boa governança na Administração Pública brasileira 166

3. **Negociação penal como instrumento de política criminal para o enfrentamento da criminalidade macroeconômica organizada** **179**

3.1. DURAÇÃO RAZOÁVEL DO PROCESSO 179

3.2. SISTEMAS PROCESSUAIS PENAIS: PROCESSO PENAL INQUISITIVO E ACUSATÓRIO 189

3.2.1. Processo penal acusatório na atualidade 196

3.3. Justiça penal negociada: obrigatoriedade *versus* oportunidade da ação penal pública 204

3.3.1. Justiça negociada nos E.U.A.: plea *bargaining system* 214

3.3.2. Colaboração premiada no Brasil e delitos econômicos: em busca do dinheiro perdido 223

3.4. Acordo de não persecução penal e as Resoluções 181/17 e 183/17 do Conselho Nacional do Ministério Público 238

3.5. Criminal *compliance*, acordos extrapenais e seus reflexos no enfrentamento à criminalidade macroeconômica organizada 247

3.5.1. Acordo na improbidade administrativa e termo de ajustamento de conduta 252

SUMÁRIO

3.5.2. Reflexos penais do acordo de leniência na Lei de Defesa da Concorrência 260

3.5.3. O acordo de leniência na Lei Anticorrupção 267

CONCLUSÕES **275**

REFERÊNCIAS **279**

INTRODUÇÃO

É comum a afirmação de que o Direito Penal está em crise e que não atende de maneira satisfatória, nos dias que correm, as expectativas sociais.

Ocorre que, se, por um lado, a aludida ineficiência do Direito Penal decorre de verdadeira crise de legitimação social entre esse ramo do Direito e os bens e valores que, no limiar do século XXI, em um Estado Democrático de Direito, se deveria tutelar, de outro vértice, é inegável que grande parte da inoperância ao Direito Penal atribuída decorre da péssima técnica legislativa demonstrada pelo legislador penal ordinário na construção de tipos penais, além do acentuado isolamento percebido entre a dogmática penal tradicional, a criminologia, a vitimologia e a política criminal, que, como ciências integradas, deveriam fundamentar sua legitimidade e utilidade social.

A crise vivida pelo Direito Penal contemporâneo não se restringe aos seus limites dogmáticos.

É uma crise de validade científica que impõe reflexões sobre o seu método e atinge, de maneira muito mais ampla, sua identidade social.

A própria evolução dos modernos modelos de Estado de Direito, vivenciada ao longo dos séculos – do Estado Liberal para o Estado Democrático, passando-se pelo Estado Social de Direito –, revela, ao lado da variabilidade que marca a conformação dos direitos humanos fundamentais, a necessidade de evolução do Direito Penal como instrumento de tutela de bens e valores caros a um determinado corpo social.

Afinal, se o Estado evoluiu, seu Direito Penal também deve evoluir, para lhe conferir a necessária sustentação.

É forçoso reconhecer que o Direito Penal manejado por um Estado Democrático de Direito, o qual enxerga na dignidade da pessoa humana seu valor hipotético fundamental, e que apresenta como direitos fundamentais, ao lado das liberdades públicas negativas, direitos supraindividuais, não deve ser igual ao operado por um modelo liberal ultrapassado, do final do século XVIII, marcadamente neutro e absenteísta, o qual vê no Estado a ilustrativa figura do Leviatá, de Thomas Hobbes. Os modelos, à evidência, não são os mesmos.

De outro giro, o multiculturalismo e a globalização, fenômenos político-econômico-sociais bastante atuais, não podem passar ao largo de um processo legislativo minimamente racional para a produção de leis penais mais próximas da realidade e que produzam resultados práticos satisfatórios de controle social. Aqui, a necessidade de maior e melhor compreensão do binômio tempo/espaço ganha especial colorido e revela contornos de destaque quando se pretende conferir racionalidade e eficiência ao Direito Penal.

Com o chamado Direito Penal Econômico, subsistema especialmente destacado para este estudo, não é diferente.

Outrora inserido num contexto muito mais restrito de infrações penais, como delitos aduaneiros, delitos praticados por meio de cheque ou contra o mercado de capitais, os avanços tecnológicos e a globalização econômica, vale dizer, a remoção das barreiras ao livre comércio e consequente ampliação da integração entre as economias nacionais, fizeram surgir novos centros de agressão a novos bens jurídicos os quais, indiscutivelmente, reclamam a racional ingerência do Direito Penal como imperativo de tutela.

A globalização, fenômeno multifatorial por excelência, produz consequências paradoxais, tanto divide quanto une, e as causas da divisão promovem a união dos povos em todo o mundo.

Nessa quadra, a concentração de riquezas e de oportunidades de trabalho, o uso irregular do solo urbano, a degradação social e a progressiva segregação espacial entre ricos e pobres promovida pela globalização econômica a partir da segunda metade do século XX ("lado B" deste ainda inacabado fenômeno pós-industrial), inegavelmente favoreceram a expansão da criminalidade econômica, sobretudo da denominada criminalidade macroeconômica transnacional, alimentada pela exploração de mercados nos quais os países

INTRODUÇÃO

produtores ou fornecedores não são os maiores centros consumidores dos produtos e negócios gerados pelas atividades criminosas, como é o caso de lavagem de dinheiro, tráfico de drogas, armas, animais e de pessoas para fins de exploração sexual, trabalho escravo e transplante clandestino de órgãos.

Dado o fenômeno da globalização e da identificação de novos centros de agressão aos direitos fundamentais, surge a necessidade de se promover maior integração entre os países afetados na obtenção de melhores e mais eficientes resultados no enfrentamento das práticas ilícitas.

Com isso, descortina-se um horizonte para o Direito Penal atual, diante sua gradativa internacionalização, dada a criação de tratados e convenções internacionais instituídos com vistas ao uniforme enfrentamento da criminalidade macroeconômica organizada transnacional que, operando suas atividades em mais de um território geográfico, procura instalar suas bases operacionais em países de legislação fraca, verdadeiros paraísos jurídico-penais de persecução penal frouxa, indelevelmente marcados pela facilidade sentida na corrupção de agentes do Estado.

De toda a sorte, desde o final do século XX, ao lado da intensificação de algumas modalidades criminosas já existentes e tradicionalmente mal combatidas pelo sistema de Justiça Criminal, o Brasil e o mundo assistiram ao surgimento de novas e muito eficazes formas de agressão a bens jurídicos essenciais ao convívio social, notadamente no campo econômico, tais como fraudes informáticas, pirataria de software, saques e sabotagens informáticas, clonagens de veículos automotores, cartões de crédito e aparelhos de telefone celular, ódio racial e pornografia cibernética, irrupção de máfias internacionais no negócio do crime organizado, exploração sexual infantil, falsificação de medicamentos, contrabando arqueológico, paleontológico, histórico, de espécies vivas exóticas etc., tráfico e venda de estupefacientes e lavagem de dinheiro, gerando uma verdadeira crise ideológica no sistema penal tradicional, marcadamente voltado para a tutela de bens jurídico-penais individuais, com reflexos em seus princípios informadores, teorias de sustentação e formas de imputação no concurso de pessoas.

Como se não bastasse a amplitude de novos centros de agressão, a sociedade pós-moderna também assistiu ao vertiginoso aumento da corrupção, verdadeira chaga que corrói, em última análise, o próprio regime democrático.

Aliás, de maneira indisfarçável, constata-se uma verdadeira simbiose entre criminalidade macroeconômica organizada e corrupção.

Outrora restrita às entranhas da Administração Pública e tradicionalmente combatida por meio dos conhecidos crimes de peculato, corrupção ativa e passiva, concussão e prevaricação, a corrupção ganhou novos contornos e alastrou-se para outros setores e segmentos sociais.

Nos dias atuais, com muita naturalidade, fala-se na existência de paraísos fiscais, empresas off shore, insider trandings, jurisdiction shopping e, diariamente, a cada novo escândalo de corrupção que é tratado pelo sistema de Justiça Criminal e repercutido pelos veículos de imprensa, discute-se a necessidade da criminalização de novos centros de agressão, notadamente da corrupção privada, sendo inegável que aquelas respostas tradicionalmente fornecidas pelo Direito Penal individual não são suficientemente dissuadoras da má-governança e das práticas criminosas por ela alcançadas.

Nessa linha de intelecção, não é exagero afirmar que a corrupção foi democratizada, e o seu enfrentamento não pode ficar limitado às barreiras da dogmática penal.

Práticas corruptas específicas do setor público hoje corroem empresas privadas e impactam negativamente a economia de mercado.

Outrora restritos ao custo para a execução do contrato, investidores nacionais e estrangeiros, atualmente, também lançam em suas planilhas de cálculos, ao lado de possíveis perdas contratuais, o custo da concorrência desleal alimentada pela corrupção.

Cada vez mais frequentes, os atos de corrupção incorporados ao processo produtivo industrial encarecem o custo de produtos e serviços, havendo indisfarçável impacto negativo no binômio concorrência-inovação, sendo oportuno destacar que, pela lógica de mercado, por meio da difusão de um novo produto ou novo processo, os ganhos da inovação tecnológica são repassados aos consumidores, pois há aumento de produtores e da concorrência, conduzindo a uma redução de preços.

Curiosa e paradoxalmente, há lei penal para tudo.

A emergência penal a qual impulsiona a irracional atuação do legislador penal ordinário, sobretudo no campo do Direito Penal Econômico, além de dificultar a exegese de interpretação e a sua estruturação dogmática, conduz o Direito Penal ao descrédito, destacando-se que, no Brasil do terceiro milênio, fabricar açúcar em casa ainda é crime, punido com pena de detenção, de seis meses a dois anos, conforme dispõe o artigo 1º, alínea "b", do Decreto-lei n. 16, de 6 de agosto de 1966, recepcionado como lei ordinária pela Constituição Federal de 1988.

Dessa forma, diante dessa verdadeira crise de legitimação social do Direito Penal, cabe perguntar: qual o futuro da dogmática jurídico-penal? A tradicional visão solipsista do Direito Penal é suficiente para entender e controlar satisfatoriamente o fenômeno da moderna criminalidade macroeconômica organizada? Como aproximar a teoria da prática? Qual é o método e o objeto do Direito Penal Econômico? Qual a relação existente entre o Direito Penal e as demais ciências criminais, tradicionalmente alocadas em posição hierárquica secundária? E, com relação aos demais ramos sociais do conhecimento, como a Economia, a Sociologia e a Psicologia? Qual a racionalidade das leis penais e do próprio sistema de Justiça Penal no Brasil?

Para o enfrentamento dessas questões, no primeiro capítulo desta obra, parte-se da premissa de que o escorreito estudo e o racional enfrentamento da moderna criminalidade macroeconômica não podem ser objeto solipsista do Direito Penal tradicional, isto é, enquanto dogmática penal, e voltado à defesa de bens jurídico--penais individuais.

Ao lado do próprio Direito Penal enquanto dogmática jurídica, o fenômeno da criminalidade, em especial, da moderna criminalidade macroeconômica organizada, destaque desta pesquisa, também deve ser objeto de estudo conjunto da criminologia e da vitimologia, com vistas à construção de uma política criminal mais racional, propondo-se, com o presente trabalho, a necessidade de se recorrer à aplicação do Direito Penal enquanto "Ciência Global", tornando-se imperativo o seu estudo e escorreito manejo na qualidade de "Ciência Global do Direito Penal", e não apenas como isolada dogmática, sob pena de agravamento da sua crise, que insiste em lhe conferir a pecha de mero instrumento anacrônico e simbólico de controle social.

Nessa quadra, cunhada por Franz v. Liszt, no final do século XIX, a expressão "Ciência Global do Direito Penal" (die gesamte Strafrechtswissenschaft) concentra a ideia de que o Direito Penal não pode ser reduzido a uma tarefa meramente dogmática de aplicação da lei penal ao caso concreto. Para o penalista alemão, auxiliando a própria dogmática jurídico-penal, devem estar a política criminal e a criminologia.

Nessa ordem de valores, em solo brasileiro, Roberto Lyra também já buscava a compreensão global do Direito Penal enquanto ciência social, dividindo-o em dois blocos bem definidos, a saber: Direito Penal científico e Direito Penal normativo. Para o penalista brasileiro, ao Direito Penal científico, competia estudar, verticalmente, a criminalidade (conceito sociológico), enquanto ao Direito Penal normativo, cabia analisar, horizontalmente, o crime (conceito jurídico).

Todavia, malgrado a concepção lisztiana de "Ciência Global do Direito Penal" buscasse a integração da técnica com a política criminal e a criminologia, para o penalista alemão, as duas ciências criminais não se encontravam em pé de igualdade com a dogmática, sendo por ele alocadas como meras ciências auxiliares do Direito Penal ou da dogmática jurídico-penal, que continuava ocupando posição de destaque e primazia de hierarquia no topo das ciências criminais.

Para Liszt, o Direito Penal constitui a barreira instransponível da política criminal. Os fundamentos de sua teoria encontravam-se na concepção própria de um Estado Liberal de Direito, meramente formal e marcadamente neutro e absenteísta, e numa teoria jurídica positivista própria que marcou a ideologia daquele período.

Não obstante, busca-se, com o presente trabalho – no âmbito de um modelo de Estado democrático, que descortina uma dupla

INTRODUÇÃO

face dos direitos fundamentais (respeito às liberdades negativas e implementação de direitos sociais) – compreender a dogmática jurídico-penal, a política criminal e a criminologia num contexto de "Ciência Global do Direito Penal" como ciências autônomas, complementares e interdependentes, sem falar em hierarquia e subordinação de uma pelas outras, ideologia própria de um ultrapassado modelo de Estado Liberal, que, meramente formal, como já indicado, prestigiava a construção de uma teoria jurídica estritamente positivista.

Com efeito, admite-se que todas as Ciências Penais têm por objeto o estudo do crime, mas com métodos diferentes entre si, impondo-se a necessidade de complementariedade e interdependência para o correto e racional enfrentamento da criminalidade macroeconômica moderna, sobretudo, no plano legislativo, com vistas à prevenção geral.

Havendo como pano de fundo a tese da "Ciência Global do Direito Penal" e seu indisfarçável conteúdo multidisciplinar, seus postulados são testados no segundo capítulo deste livro, diante da necessidade de se conferir racionalidade à produção de leis penais destinadas ao enfrentamento da chamada criminalidade macroeconômica organizada e das condutas anticoncorrenciais nela compreendidas, com destaque para a formação de cartel, por força da sua manifesta lesividade social e multiforme tratamento legislativo conferido pelo ordenamento jurídico nacional.

No terceiro e último capítulo, ainda alicerçado na necessidade de se socorrer à "Ciência Global do Direito Penal", a presente obra busca demonstrar que o enfrentamento à criminalidade macroeconômica organizada, marcada pela dificuldade de obtenção de provas e atribuição de responsabilidades, para que seja minimamente eficiente, célere e eficaz, deve ampliar os espaços de consenso entre o órgão acusador e o delinquente, como estratégia de política criminal, flexibilizando-se o princípio da obrigatoriedade da ação penal, mas sem perder de vista o postulado da proporcionalidade, na sua faceta de vedação à proteção penal insuficiente.

Nessa linha, também são analisados os impactos promovidos no sistema de Justiça Penal pela ampliação da esfera consensual em outros setores e instâncias de repressão aos ilícitos econômicos de forma ampla, notadamente pela adoção de acordos de leniência na Lei Antitruste e na Lei Anticorrupção, e pela celebração de termo de compromisso de ajustamento de conduta pelo Ministério Público, diante da verificação de atos de improbidade administrativa, os quais, direta ou indiretamente, também violam o bem jurídico livre concorrência.

1

CIÊNCIA GLOBAL DO DIREITO PENAL

1.1. O DIREITO COMO CIÊNCIA

Costumeiramente empregado para designar uma área específica do conhecimento humano, o vocábulo *ciência* é plurívoco e comporta variados significados.

Não obstante, o conhecimento científico é constituído por um conjunto de enunciados os quais buscam transmitir informações adequadas sobre o que existe, existiu ou existirá.

Tais enunciados, identificados por Tércio Sampaio Ferraz Jr. como "constatações", não se confundem com simples assertivas vulgares, do cotidiano, meras afirmações descompromissadas e desprovidas de sistematização e comprovação. Ao revés, qualificam-se por serem enunciados previamente comprovados e devidamente estruturados em um corpo sistemático próprio e seguro[1].

Nessa direção, de acordo com Maria Helena Diniz,

> Sinteticamente podemos dizer que a ciência é um complexo de enunciados verdadeiros, rigorosamente fundados e demonstrados, com um sentido limitado, dirigido a um determinado objeto. Para que haja ciência, deve haver as seguintes notas: caráter metódico, sistemático, certo, fundamentado ou demonstrado, limitado ou condicionado a um certo setor do objeto[2].

Todavia, sabe-se que os critérios utilizados para a sistematização de enunciados e identificação de um determinado ramo do conhecimento

---

1. FERRAZ JR., Tércio Sampaio. *A ciência do direito*. 3. ed. São Paulo: Atlas, 2014. p. 3.
2. DINIZ, Maria Helena. *Compêndio de introdução à ciência do direito*: introdução à teoria geral do direito, à filosofia do direito, à sociologia jurídica e à lógica jurídica. Norma jurídica e aplicação do direito. São Paulo: Saraiva, 2010. p. 21.

humano como ciência não são únicos e admitem variações próprias para as mais diferentes áreas do saber.

Assim, saltam em importância o *método* e a *técnica* estabelecidos para a identificação de um corpo de enunciados enquanto ciência.

Promovendo a devida distinção, Ferraz Jr. pontua que:

> *Método* é um conjunto de princípios de avaliação da evidência, cânones para julgar a adequação das explicações propostas, critérios para selecionar hipóteses, ao passo que *técnica* é o conjunto dos instrumentos, variáveis conforme os objetos e temas. O problema do método, portanto, diz respeito à própria definição de enunciado verdadeiro. Note-se, de *enunciado* verdadeiro e não de *verdade*[3].

Método e *técnica*, portanto, não se confundem.

Para a sistematização de um conjunto de enunciados enquanto ciência, nada impede que sejam utilizadas variadas técnicas, isto é, variados instrumentos de aplicação prática.

Todavia, o método – o instrumento de análise, o itinerário para se chegar à verdade – deve ser sempre o mesmo.

Nessa ordem de ideias, cabe à Epistemologia, disciplina filosófica, avaliar de forma crítica os métodos e resultados de uma ciência.

Dessa forma, quanto ao seu método, costuma-se dividir a ciência em dois grandes grupos: ciências naturais e ciências humanas.

As ciências naturais são explicativas; o método empregado de avaliação volta-se à possibilidade de explicação dos fenômenos naturais, enquanto as ciências humanas (aquelas que têm por objeto material o comportamento humano) são, além de explicativas, compreensivas, pois, além de explicá-los, buscam, também, compreendê-los, valorando-os.

Parte integrante das ciências humanas, a ciência do Direito se distingue das demais por seu método e objeto.

De acordo com Roberto Lyra Filho, o método jurídico, sem escapar à índole compreensiva, abrange, tecnicamente, duas operações fundamentais: exegese (ou interpretação das normas) e construção do sistema normativo a começar da ordenação lógica das relações entre os preceitos[4].

---

3. FERRAZ JR., op. cit., p. 4.

4. LYRA FILHO, Roberto. A ciência do Direito. *Notícia do Direito Brasileiro*, n. 11, p. 269-288, 2005. p. 279.

Cap. 1 • CIÊNCIA GLOBAL DO DIREITO PENAL

De fato, ao lado do seu conteúdo valorativo, a ciência do Direito se caracteriza por ser normativa, na medida em que sistematiza normas comportamentais.

Para Miguel Reale,

> A Ciência do Direito é sempre ciência de um Direito positivo, isto é, positivado no espaço e no tempo, como experiência efetiva, passada ou atual. Assim é que o Direito dos gregos antigos pode ser objeto de *ciência*, tanto como o da Grécia de nossos dias. Não há, em suma, Ciência do Direito em abstrato, isto é, sem referência direta a um campo de experiência social. Isto não significa, todavia, que, ao estudarmos as leis vigentes e eficazes no Brasil ou na Itália, não devamos estar fundados em princípios gerais comuns, produto de uma experiência histórica que tem as mesmas raízes, as do Direito Romano[5].

Ciência da norma, a ciência do Direito também se apresenta como interpretativa com vistas à resolução de questões práticas, abstraindo da norma concreta seu alcance e validade para a pacificação de reais e concretos conflitos de interesses.

A ciência do Direito deve ter, portanto, utilidade prática, máxime porque, como observa Karl Engisch,

> [...] não há ninguém que não viva sob o Direito e que não seja por ele constantemente afectado e dirigido. O homem nasce e cresce no seio da comunidade e – à parte casos anormais -- jamais se separa dela. Ora o Direito é um elemento essencial da comunidade. Logo, inevitavelmente, afecta-nos e diz-nos respeito. E também o valor fundamental pelo qual ele deve ser aferido, o justo, se não situa em plano inferior ao dos valores do belo, do bom e do santo. Um Direito justo faz parte do sentido do mundo.[6]

Nessa linha de intelecção, sabe-se que o ordenamento jurídico é composto de variadas normas.

E, cabendo à ciência do Direito estudar a realidade normativa de forma sistematizada, cabe a ela facilitar a sua compreensão e a sua aplicabilidade pelos seus operadores à realidade concreta.

---

5. REALE, Miguel. *Lições preliminares de direito*. 19. ed. São Paulo: Saraiva, 1991. p. 17.

6. ENGISCH, Karl. Introdução ao pensamento jurídico. 5. ed. Tradução J. Baptista Machado. Lisboa: Fundação Calouste Gulbenkian, 1964. p. 6.

A sistematicidade, "o modo de ver, de ordenar, logicamente, a realidade, que, por sua vez, não é sistemática[7]", é inerente à cientificidade. E é especialmente da sistematicidade que decorre a justificação do saber científico.

Além disso, cabe à ciência do Direito conferir *unidade, coerência* e *completude* ao sistema, estruturando-o hierarquicamente até a identificação de sua norma fundamental, com eficácia irradiante sobre as demais, e não apenas transcrever normas desordenadas e estanques entre si. Na dicção de Norberto Bobbio,

> Posto um ordenamento de normas de variada proveniência, a unidade do ordenamento postula que as normas que o compõem sejam reduzidas à unidade. Essa *reductio ad unum* não pode ser conseguida se no topo do sistema não se puser uma norma única, da qual todas as outras, direta ou indiretamente, derivem. Essa norma única não pode ser senão aquela que impõe obedecer ao poder originário do qual se origina a constituição, do qual se originam as leis ordinárias, os regulamentos, as decisões judiciais etc. Se não postulássemos uma norma fundamental, não encontraríamos o *ubi consistam* do sistema. E essa norma última não pode ser senão aquela da qual deriva o poder primeiro.[8]

Ao sistematizar o ordenamento jurídico, a ciência do Direito não se depara com um conjunto estático e imutável de normas. Ao revés, a *variabilidade* é característica marcante do ordenamento jurídico e, por vezes, pode-se até encontrar uma lei contrária ao próprio Direito, cabendo também ao intérprete aperfeiçoar o sistema.

Assim, o ordenamento jurídico não pode ser identificado como um sistema hermeticamente fechado. Como já adiantado, a ciência do Direito também trabalha com a ideia de valores que, à evidência, variam no tempo e no espaço. O tratamento conferido pelos costumes à sexualidade ao longo dos séculos, fonte da própria ciência do Direito, confirma essa característica[9].

---

7. DINIZ, Maria Helena. *As lacunas do direito*. 9. ed. São Paulo: Saraiva, 2009. p. 25.

8. BOBBIO, Norberto. *Teoria do ordenamento jurídico*. Tradução Ari Marcelo Solon. 2. ed. São Paulo: Edipro, 2014. p. 67.

9. No ponto, vale a pena destacar que "A partir da segunda metade do século XX, dois importantes eventos marcaram o estudo sobre a sexualidade: (1) o desenvolvimento de métodos contraceptivos, o que rompe com a associação, até então existente, entre o exercício da sexualidade e a reprodução da espécie; e (2) o surgimento de novas reflexões derivadas da

Ao sistematizar o ordenamento jurídico, a ciência do Direito manipula fontes ainda inacabadas do próprio Direito, sujeitas a variações valorativas, seja no plano dos costumes, no plano legislativo, ou até no plano judicial, inevitável, pois, o surgimento de *lacunas* e *antinomias*, as quais precisam ser superadas.

Daí a importância do intérprete, que, de acordo com Juarez Freitas, "precisa assumir a condição de permanente vivificador do sistema e de superador das suas antinomias axiológicas"[10].

Para Humberto Ávila, a atividade do intérprete não consiste em meramente descrever o significado previamente existente dos dispositivos, mas em construir esses significados, daí se dizer que interpretar é construir com base em algo, o que implica reconstrução[11].

Daí a importância, em suma, da interpretação sistemática do Direito, de maneira hierarquizada, conjugando-se princípios e valores em busca da melhor significação possível da norma.

1.2. A CIÊNCIA DO DIREITO PENAL

A ciência do Direito é a ciência da norma. Por consequência, pode-se dizer que a ciência do Direito Penal tem por objeto o universo de normas jurídico- penais de um determinado ordenamento. Constrói-se, portanto, alicerçado no Direito Penal positivo.

Nessa quadra, a ordenação sistemática da norma penal, integrando-a a comportamentos, fatos e valores, na assertiva de Miguel Reale Junior, permite a sua cognoscibilidade, dando conformidade ao aglomerado caótico e tornando apreensíveis os princípios comuns, em razão da estruturação das matérias e do estabelecimento das condições gerais de incidência das normas incriminadoras[12].

---

mobilização de alguns segmentos da sociedade civil organizada e de estudos doutrinários. Surgem os movimentos feministas na década de 60 e, um pouco mais tarde, os movimentos dos homossexuais, resultantes das desigualdades derivadas da moralidade sexual vigente". (GRECO, Alessandra Orcesi; RASSI, João Daniel. *Crimes contra a dignidade sexual*. 2. ed. São Paulo: Atlas, 2011. p. 16).

10. FREITAS, Juarez. *A interpretação sistemática do direito*. 5. ed. São Paulo: Malheiros, 2010. p. 49.

11. ÁVILA, Humberto. *Teoria dos princípios*: da definição à aplicação dos princípios jurídicos. 18. ed. São Paulo: Malheiros, 2018. p. 52-53.

12. REALE JÚNIOR, Miguel. *Instituições de Direito Penal*: parte geral. 4. ed. Rio de Janeiro: Forense, 2012. p.60.

Contudo, a ideia de sistematização do Direito Penal surgiu, apenas, com o advento do Iluminismo. Antes desse período, como se sabe, vivia-se o Estado absoluto, nascido com fundamento na ruptura do sistema feudal de produção no século XVI, e personalizado na figura do rei.

Não sendo modelo de Estado de Direito, o Estado absoluto não conhecia limites e não se vinculava a nenhuma forma de obrigação para com seus súditos. O poder era derivado de Deus e exercido em seu nome pelo monarca, que, frise-se, não prestava contas de sua administração para ninguém.

Esse modelo de Estado foi marcado por forte fundamentação religiosa. Naquele período, a revolta contra o monarca traduzia-se em verdadeiro sacrilégio, real ofensa à autoridade divina por ele representada.

Durante o período absoluto, não se falava em sistematização do Direito e, em especial, do próprio Direito Penal.

No curso do absolutismo, como ilustra Oswaldo Henrique Duek Marques

> Na justiça penal, não vigorava o princípio do duplo grau de jurisdição. As célebres frases de Luís XIV – 'L'Etat c'est moi' e 'Le Juge c'est moi' – caracterizavam a justiça da época. O poder não admitia partilhas. Nas mãos dos monarcas absolutos, o suplício infligido aos criminosos não tinha por finalidade restabelecer a justiça, mas reafirmar o poder do soberano. A pena, sem qualquer proporção com o crime cometido, não possuía nenhum conteúdo jurídico nem qualquer objetivo de emenda do condenado. Sua aplicação tinha a função utilitária de intimidar a população por meio do castigo e do sofrimento infligido ao culpado.[13]

Com efeito, o crime de lesa-majestade, previsto nas Ordenações do Reino, era punido com especial crueldade, com a imposição de muito sofrimento ao condenado para que toda a população se sentisse intimidada e avisada das suas consequências.

A punição, verdadeira vingança pública, não respeitava limites proporcionais ao mal supostamente provocado e, não raro, ultrapassava até a pessoa do próprio condenado, como se deu, em solo brasileiro, com Joaquim José da Silva Xavier, o Tiradentes, condenado à pena de morte por acórdão de 19 de abril de 1792[14].

---

13. DUEK MARQUES, Oswaldo Henrique. *Fundamentos da pena*. 2. ed. São Paulo: WMF, 2008. p.73.

14. TURESSI, Flávio Eduardo. *Bens jurídicos coletivos*: proteção penal, fundamentos e limites constitucionais à luz dos mandados de criminalização. Curitiba: Juruá, 2015. p. 30.

Cap. 1 • CIÊNCIA GLOBAL DO DIREITO PENAL

Mais adiante, o absolutismo estatal foi superado por um novo modelo de Estado, o Estado Liberal de Direito, claramente marcado por um sistema de limites impostos aos poderes constituídos[15].

Na lição de Paulo Bonavides

> Foi assim – da oposição histórica e secular, na Idade Moderna, entre a liberdade do indivíduo e o absolutismo do monarca – que nasceu a primeira noção do *Estado de Direito*, mediante um ciclo de evolução teórica e decantação conceitual, que se completa com a filosofia política de Kant. O Estado é armadura de defesa e proteção da liberdade. Cuida-se, com esse ordenamento abstrato e metafísico, neutro e abstencionista de Kant, de chegar a uma regra definitiva que consagre, na defesa da liberdade e do direito, o papel fundamental do Estado. Sua essência há de esgotar-se numa missão de inteiro alheamento e ausência de iniciativa social.[16]

De fato, a tensão criada entre o poder econômico da classe burguesa e o seu distanciamento do poder político fomentou cenário propício para a eclosão da Revolução Francesa, estruturada sobre os pilares da liberdade, igualdade e fraternidade[17]. Adotando-se o prin-

---

15. No ponto, é curioso notar que a superação do absolutismo pelo liberalismo impactou não apenas a ciência do Direito de maneira geral, mas todos os setores da sociedade que, até então, respiravam os ares da supremacia da monarquia. Apenas para que se tenha uma ideia, no campo cultural e das artes, *v.g.*, viu-se que, "No século XVIII, as instituições e o gosto ingleses tornaram-se modelos admirados por todos os povos europeus que suspiravam pelo domínio da razão. A arte, na Inglaterra, não fora posta a serviço do poder e da glória de governantes divinos. O público atendido por Hogarth, e mesmo os retratados por Reynolds e Gainsborough, eram simples mortais. Lembramos que, também na França, a pesada grandiosidade barroca de Versalhes havia saído de moda no começo do século XVIII, em favor dos efeitos mais delicados e intimistas do Rococó de Watteau. Agora, também essas fantasias aristocráticas começavam a recuar. Os pintores voltavam-se para a vida dos homens e mulheres comuns de seu tempo, desenhando episódios comoventes ou divertidos que pudessem se desenvolver em histórias". (GOMBRICH, E.H. *A história da arte*. Tradução Cristiana de Assis Serra. Rio de Janeiro: LTC, 2013. p. 358).

16. BONAVIDES, Paulo. *Do Estado liberal ao Estado social*. 11. ed. São Paulo: Malheiros, 2013. p. 41.

17. Reza o preâmbulo da Declaração dos Direitos do Homem e do Cidadão de 1789 que "Os representantes do povo francês, constituídos em Assembleia nacional, considerando que a ignorância, o descuido ou o desprezo dos direitos humanos são as únicas causas das desgraças públicas e da corrupção dos governos, resolveram expor, numa declaração solene, os direitos naturais, inalienáveis e sagrados do homem, a fim de que essa declaração, constantemente presente a todos os membros do corpo social, possa lembrar-lhes sem cessar seus direitos e seus deveres; a fim de que os atos do poder legislativo e os do poder executivo, podendo ser a todo instante comparados com a finalidade de toda instituição política, sejam por isso mais respeitados; a fim de que as reclamações dos cidadãos, fundadas doravante em princípios simples e incontestáveis, redundem sempre na manutenção da Constituição e na felicidade de todos."

cípio da separação de poderes, substituiu-se a vontade do rei pela vontade geral[18].

Nesse contexto, a Constituição francesa de 1791, em seu artigo 3º, consagra o princípio da legalidade, afirmando que "não há na França autoridade superior à da lei. O rei não reina mais senão por ela e só em nome da lei pode exigir obediência". Nessa quadra, o artigo 1º, da Declaração de Direitos de Virgínia, de 1776, afirma que todos os homens são, por natureza, livres e têm direitos inatos, de que não se despojam ao passar a viver em sociedade[19].

Identificam-se como pontos fundamentais de um Estado de Direito o reconhecimento do império da lei como a mais pura expressão da vontade do povo, a divisão dos poderes constituídos e o reconhecimento da liberdade dos cidadãos, os quais, outrora súditos do rei, passam a ser identificados como sujeitos de direitos fundamentais, universais e inalienáveis.

Fruto de concepções iluministas da Europa do século XVIII, nesse período histórico, estabelece-se verdadeira dicotomia: Estado *versus* cidadão; os direitos fundamentais assumiram papel relevante no corpo social. Reconheceu-se, pois, que o indivíduo tem direitos e deveres perante o Estado, e que os direitos do próprio Estado, por sua vez, estão a serviço do cidadão.

Identificaram-se, nesse período, em suma, direitos fundamentais chamados de primeira dimensão, traduzidos em postulados absenteístas do próprio Estado e delineadores de um contorno de liberdades individuais negativas, como o direito de ir e vir.

---

18. Ensina Maria Sylvia Zanella Di Pietro que, nesse período, "o poder só é exercido de forma legítima quando resulta da lei. Esta idéia veio expressa de forma muito clara no art. 5º da Declaração de Direitos do Homem e do Cidadão de 1789: 'A lei não proíbe senão as ações nocivas à sociedade. Tudo o que não é vedado pela lei não pode ser impedido e ninguém pode ser forçado a fazer o que ela não ordena.' A norma complementa-se com a do art. 7º: 'Ninguém pode ser acusado, preso ou detido senão nos casos determinados pela lei e de acordo com as formas por esta prescritas. Os que solicitam, expedem, executam ou mandam executar ordens arbitrárias serão castigados; porém todo cidadão convocado ou detido em virtude da lei deve obedecer imediatamente, caso contrário torna-se culpado de resistência." (DI PIETRO, Maria Sylvia Zanella. *Discricionariedade administrativa na Constituição de 1988*. 2. ed. São Paulo: Atlas, 2001. p. 21-22).

19. Pesquisando as fontes das declarações de direitos da Revolução Francesa, Fábio Konder Comparato lembra que "Grande foi a influência exercida, no espírito dos homens que puseram fim ao *Ancien Régime*, pelas declarações de direitos norte-americanas, notadamente a do Estado de Virgínia. A tradução, feita pelo duque de La Rochefoucauld d'Enville, das Constituições dos treze Estados americanos conhecera, aliás, várias edições antes da instalação da assembleia em Versalhes." (COMPARATO, Fábio Konder. *A afirmação histórica dos direitos humanos*. 7. ed. São Paulo: Saraiva, 2010. p.160).

Nessa ordem de valores, o impacto ideológico promovido pela superação do absolutismo estatal sobre o Direito Penal foi marcante. Na ilustração de Santiago Mir Puig:

> Bajo la vigencia del Derecho penal *liberal*, se atribuyó a la pena tanto una función de *prevención* de delitos, como la de *retribución* por el mal cometido. La fundamentación del Estado y del Derecho liberales en el contrato social, concebido como pacto que los hombres suscriben por razones de *utilidad*, conducia a designar a la pena la función utilitária de protección de la sociedade a través de la prevención de los delitos, cuya esencia se veía, en un principio, en constituir un 'daño social'. Éste fue el planteamiento de la ilustración que sirvió de base a la obra que inicia el Derecho penal contemporáneo y originó una importante línea de pensamiento a lo largo del Derecho penal clássico.[20]

Aliás, vale a pena registrar, foi a partir dos ideais iluministas do final do século XVIII que, buscando-se uma sistematização das leis, se passou a falar na necessidade de *codificação* da legislação. Para os iluministas, as leis deveriam ser poucas, claras e simples, sendo o movimento de codificação o desaguadouro natural dos anseios racionais de reforma da legislação.[21]

Na filosofia penal do Iluminismo, a punição deixa de ter vinculação com preocupações de ordem ética e religiosa e encontra sua razão de ser no contrato social violado[22]. Floresce a ideia de lesão a direitos como a base do conceito material de crime.

Com efeito, é no período iluminista que Paul Johann Anselm Ritter von Feuerbach, no ano de 1801, em Giessen, lança a obra *Lehrbuch des gemeinen in Deutschland gültigen peinlichen Rechts,* tornando-se o precursor da teoria do bem jurídico.

De acordo com Gonzalo D. Fernández,

> Feuerbach es tributário de la filosofia de la Ilustración, que ancla sus raíces más firmes en la teoria del contrato social y, por tanto, sobre esa base contractualista, jeraquiza el rol de los derechos subjetivos.

---

20. MIR PUIG, Santiago. *Estado, pena y delito.* Reimpresión. Montevideo: Editorial B de F, 2007. p. 101-102.

21. ANDRADE, Fábio Siebeneicheler de. *Da codificação:* crônica de um conceito. Porto Alegre: Livraria do Advogado, 1997. p. 64.

22. PRADO, Luiz Regis. *Bem jurídico-penal e Constituição.* 5. ed. São Paulo: RT, 2011. p. 28.

Desde esta postura iluminista, Feuerbach individualiza entonces al derecho subjetivo como objeto de protección penal y, por ende, partiendo de la idea Kantiana de que el exceso en el ejercicio de la libertad lesiona un derecho de otro y actúa contra el fin del Estado, él concibe el delito como la lesión de un derecho subjetivo ajeno (*'Verletzung subjektive Rechte anderer'*)[23].

A despeito do avanço proporcionado por Feuerbach à ciência do Direito Penal, sua teoria foi questionada e gradativamente superada.

Crítico da concepção formulada por Feuerbach, Johan Michael Franz Birnbaum foi quem, pela primeira vez, identificou nos bens jurídicos o conteúdo material do delito.

Com a publicação, em 1834, do artigo *Über das Erfordernis einer Rechtsverletzung zum Begriff des Verbrechens*, seu ensaio sobre a tutela da honra, Birnbaum sustenta que o delito não lesiona direitos subjetivos, mas bens jurídicos (*Rechtsgut*).

Sua teoria funda-se na ideia de que os bens jurídicos não se encontram inseridos no próprio Direito, mas na natureza e no contexto social, na coletividade, podendo ou não serem reconhecidos dignos de tutela penal pelo legislador ordinário. Nessa ordem de valores, os bens preexistem à norma e se encontram em uma esfera pré-jurídica[24].

Todavia, com o declínio da Revolução Industrial no final do século XIX, o positivismo jurídico ganha muita força e, gradativamente, abandona-se a ideia, até então aceita ao tempo da Ilustração, de se operar o Direito sobre bases externas a ele. O movimento positivista é responsável pela construção de uma concepção do Direito como um exclusivo conjunto de normas positivadas, independentemente da avaliação de seu conteúdo[25]. O fundamento do Direito passa a ser, portanto, o direito positivo.

Dessa forma, o positivismo jurídico que marcou esse período histórico influenciou o próprio Direito Penal; este, a partir de então, passa a identificar como bem jurídico-penal tudo aquilo assim reconhecido pelo legislador. Segundo as bases do positivismo jurídico, "solamente la

---

23. FERNÁNDEZ, Gonzalo D. *Bien jurídico y sistema del delito*: un ensayo de fundamentación dogmática. Montevideo: B de F, 2004. p. 12.

24. ANDRADE, Manuel da Costa. *Consentimento e acordo em Direito Penal*. Coimbra: Coimbra, 1991. p. 51 e ss.

25. BECHARA, Ana Elisa Liberatore Silva. *Bem jurídico-penal*. São Paulo: Quartier Latin, 2014. p. 99.

Cap. 1 • CIÊNCIA GLOBAL DO DIREITO PENAL

ley expresa los objetos jurídicos, porque encierra la voluntad declarada del Estado"[26].

Nessa quadra, Karl Binding afirma:

> É bem jurídico tudo o que não constitui em si um direito, mas, apesar disso, tem, aos olhos do legislador, valor como condição de uma vida sã da comunidade jurídica, em cuja manutenção íntegra e sem perturbações ela (a comunidade jurídica) tem, segundo o seu juízo, interesse e em cuja salvaguarda perante toda a lesão ou perigo indesejado, o legislador se empenha através das normas.[27]

Como destaca Janaina Conceição Paschoal, verifica-se que a formulação apresentada por Binding não apresentava limites materiais ao processo legislativo de produção de leis; o que valia, para ele, era a escolha feita por parte do legislador, a qual poderia ser, inclusive, aleatória[28].

Para Gianpaolo Poggio Smanio, trata-se de uma visão formal, assentada no conteúdo da norma, a qual passa a ser compreendida como uma regra de obediência[29].

De toda a sorte, o extremado positivismo jurídico que marcou a concepção de Binding, permitindo a atuação do legislador penal ordinário de maneira praticamente ilimitada, sem qualquer compromisso com valores ético-jurídicos, ao tempo que serviu de instrumento aos ideários nazistas da escola de Kiel, proporcionou a sua superação.

De fato, como anota Mir Puig,

> La pena, entendida como pura retribución, carece para BINDING de todo fin transcendente a su sola ejecución (como compensación de la vulneración del orden jurídico), porque éste es el único fin que se desprende de la ley. Que las normas penales expresen o no valoraciones sociales, que el ius puniendi del Estado tenga un significado político variable según las concepciones políticas y que la pena pueda servir a fines situados fuera de su solo concepto

---

26. TAVARES, Juarez. *Bien jurídico y función en Derecho Penal*. Traducción de Monica Cuñarro. Buenos Aires: Hammurabi, 2004. p. 23.

27. BINDING, Karl. *Die Normen*, I, p. 53-54 apud ANDRADE, op. cit., p. 65.

28. PASCHOAL, Janaína Conceição. *Constituição, criminalização e Direito Penal mínimo*. São Paulo: RT, 2003. p. 30.

29. SMANIO, Gianpaolo Poggio. *Tutela penal dos interesses difusos*. São Paulo: Atlas, 2000. p. 70.

jurídico, todas estas cuestiones 'materiales' quedan al margen de la consideración de BINDING[30].

Malgrado inserido no movimento positivista, Franz von Liszt constrói sua visão científica do Direito Penal, sob as luzes de um positivismo naturalista- sociológico, definindo bem jurídico como o interesse juridicamente protegido.

Para Liszt, a vida (e não o Direito) produz o interesse. A necessidade origina a proteção. Variando os interesses, variam os bens jurídicos quanto ao número e ao gênero.

Exemplificando, Liszt afirma que "A liberdade individual, a inviolabilidade do domicílio, o segredo epistolar eram interesses muito antes que as cartas constitucionaes os garantissem contra a intervenção arbitrária do poder público".[31]

Na síntese de Maria da Conceição Ferreira da Cunha:

> Se para Binding o bem jurídico é sempre criação do legislador, não tem existência pré-jurídica, para Liszt o bem existe como tal, como interesse vital da comunidade ou do indivíduo independentemente da atitude do legislador; assim, também, quanto à correspectiva danosidade social. A norma jurídica vai reconhecer a existência desse interesse, concedendo-lhe proteção, para evitar o dano social. Para Liszt, o Direito parte das necessidades reais da vida humana em sociedade, dando-lhes forma jurídica, enquanto que, para Binding, as realidades do mundo é que se devem adaptar ao Direito[32].

Em suma, a concepção lisztiana propõe que não é o legislador quem define quais bens devem ser tutelados pela lei penal, cabendo-lhe, apenas, selecioná- los no corpo social.

Aliás, nesse período, Liszt publica o seu *Tratado de Direito Penal Alemão*, que, espancando de uma vez por todas a responsabilidade penal objetiva, numa abordagem científica do próprio Direito Penal,

---

30. 30 MIR PUIG, Santiago. *Introducción a las bases del Derecho Penal*. 2. ed. 2. reimp. Montevideo: B de F, 2007. p. 192.

31. LISZT, Franz von. *Tratado de Direito Penal allemão*. Tradução de José Hygino Duarte Pereira. Rio de Janeiro: F. Briguiet, 1899. t. I. p. 94.

32. CUNHA, Maria da Conceição Ferreira da. *Constituição e crime*: uma perspectiva da criminalização e da descriminalização. Porto: Universidade Católica Portuguesa, 1995. p. 55.

Cap. 1 • CIÊNCIA GLOBAL DO DIREITO PENAL

promove um verdadeiro giro conceitual na dogmática, ao incorporar, na teoria do delito, a teoria causal ou natural da ação.

As concepções de von Liszt, na segunda metade do século XX, influenciaram reformas em diversos ordenamentos jurídicos da Europa e do mundo, com especial destaque para o projeto alternativo alemão de 1960 e a reforma penal portuguesa.

Com efeito, o fundamento do sistema clássico, de Franz von Liszt e Ernest Beling, reside no conceito natural de ação. Aqui, a conduta é desprovida de qualquer finalidade, é neutra, identificada como um simples movimento corpóreo voluntário que produz um resultado exterior[33].

Na lição de Tomás S. Vives Antón,

> Según el concepto causal, acción es la producción o la no evitación voluntaria de un cambio en el mundo externo. El núcleo de la acción se halla representado por la relación entre *un querer sin contenido* (el contenido del querer se analiza en el ámbito de la culpabilidad) y un *resultado externo*[34].

À teoria causal ou natural da ação liga-se a teoria psicológica da culpabilidade, segundo a qual culpabilidade é uma ligação de natureza anímica, psíquica, entre o agente e o fato criminoso, sendo suas espécies o dolo e a culpa[35].

Nesse sistema, a causalidade revela contornos inteiramente objetivos, sendo certo que a vontade não traduzida em atos externos se revela absolutamente irrelevante para o Direito Penal. Dessa forma, sob o ponto de vista analítico, os adeptos do causalismo conceituam o delito como um fato típico, antijurídico e culpável.

Todavia, as críticas ao positivismo ganharam fôlego já no início do século XX. Abandonando-se as ideias dominantes do cenário cultural desde a segunda metade do século XIX, repudia-se, agora, a aplicação de um método puramente formalista para o Direito Penal, próprio das ciências naturais, e, partindo de uma releitura das ideias do filósofo Immanuel Kant e do reconhecimento da própria ciência do Direito

---

33. LISZT, op. cit., p. 193 e ss.

34. VIVES ANTÓN, Tomás S. *Fundamentos del sistema penal*: acción significativa y derechos constitucionales. 2. ed. Valencia: Tirant lo Blanch, 2011. p. 125.

35. TOLEDO, Francisco de Assis. *Princípios básicos de Direito Penal*. 5. ed. São Paulo: Saraiva, 1994. p. 219.

como uma das ciências do espírito – movimento cunhado neokantismo (ou neoclássico) –, introduzem-se considerações axiológicas na tarefa de compreensão das normas[36].

Para o neokantismo, as normas jurídicas são marcadas por valores prévios e que orientam o seu processo de criação, fortemente influenciado pela cultura do momento. O objeto do Direito é identificado como a ordem jurídica positivada, o direito vigente, e não o direito justo.

Por consequência, as críticas à sistematização da teoria do delito promovida por Lizst não tardaram a acontecer.

Debruçando-se sobre a estrutura do delito no sistema clássico, Gustav Radbruch, expoente da escola sudocidental alemã (ou escola de Baden) ao lado de

W. Sauer e Lask[37], e um dos severos críticos do causalismo, deixando transparecer sua forte influência pelo movimento neokantiano, afirma ser de *enganosa claridade* a teoria lisztiana e, em sua análise, destaca:

> La tripartición así alcanzada en la teoria del delito parecía tener un firme fundamento lógico. En el requisito de la tipicidad se creyó reunir los elementos descriptivos y objetivos del delito; en la antijuridicidad, los elementos normativos y objetivos; en la culpabilidad, los elementos subjetivos y descriptivos. Durante algún tempo esta organización sistemática, en su enganosa claridade, pareció poner definitivo término al problema del sistema de la teoría del delito[38].

De fato, a sistematização da teoria do delito vista no sistema clássico, criticada por ser formal e meramente classificatória, ressurge, com as obras de Reinhard Frank e Edmund Mezger, com uma leitura teleológica, introduzindo-se valores à ação, ilicitude e culpabilidade não vistos no momento anterior.

A ação passa a ser entendida como "conduta socialmente danosa", a ilicitude deixa de ser uma mera contradição entre a conduta e o

---

36. CALLEGARI, André Luís; LINHARES, Raul Marques. *Direito Penal e funcionalismo*: um novo cenário da teoria geral do delito. Porto Alegre: Livraria do Advogado, 2017. p. 57.

37. Aqui, vale a pena explicitar que "La escuela sudoccidental alemana partió de la filosofía de Windeldand y alcanzó su máximo representante en Rickert. Su objetivo central fu ela fundamentación de un método específico para las ciencias del espíritu, entre las que se incluyó a la ciencia del derecho." (MIR PUIG, Santiago. *Introducción a las bases del Derecho Penal*. 2. ed. 2. reimp. Montevideo: B de F, 2007. p. 216).

38. RADBRUCH, Gustav. Sobre el sistema de la teoría del delito. Tradução de José Luis Guzmán Dalbora. *Revista Electrónica de Ciencia Penal y Criminologia*, Espanha, n. 12, 2010. p. 5.

Cap. 1 • CIÊNCIA GLOBAL DO DIREITO PENAL

ordenamento jurídico e passa a representar critérios sociais relacionados à potencialidade lesiva. A culpabilidade, outrora um mero liame psicológico entre o autor e o fato, passa a ser enxergada como juízo de reprovação.

De acordo com Jesús María Silva Sánchez, o grande mérito do sistema neoclássico foi

> Mostrar las ineludibles referencias valorativas de la construcción conceptual en Derecho penal, y la caracterización de estos valores como factores no inherentes al objeto, no absolutos, universales ni inmutables, sino condicionados subjetiva y culturalmente[39].

Contudo, no âmbito do Direito Penal, as críticas formuladas pelo movimento neokantista ao pensamento clássico não buscaram exatamente a sua superação, mas o seu complemento.

Ao identificar o Direito como "ciência do espírito" e distanciá-lo das ciências naturais, o sistema neoclássico buscou situá-lo em uma zona intermediária entre a realidade do ser e do dever-ser e, no tocante à teoria do delito, preencher os elementos estruturados pelo sistema clássico com conceitos de "danosidade social" e "censurabilidade" do sujeito que agiu de uma forma quando poderia ter atuado de maneira diferente[40].

Não obstante, o delito continuou sendo, sob o ponto de vista analítico, o injusto (fato típico + ilicitude) culpável, e a teoria causal ou naturalista da ação de von Liszt, cega e mecânica, a adotada.

Assim, apesar dos avanços sentidos com a inserção, na teoria do delito, de aspectos valorativos, o neokantismo não foi capaz de livrar-se, por completo, do positivismo jurídico que marcou sua época. A compreensão dada à culpabilidade, a qual passa a ser enxergada como reprovabilidade da conduta a partir da adoção da teoria normativa (ou psicológico-normativa) de Reinhard Frank[41], não resolveu a necessidade

---

39. SILVA SÁNCHEZ, Jesús-María. *Aproximación al Derecho Penal contemporâneo*. 2. ed. Montevideo: Editorial B de F, 2012. p. 92.

40. DIAS, Jorge de Figueiredo. *Temas básicos da doutrina penal*: sobre os fundamentos da doutrina penal: sobre a doutrina geral do crime. Coimbra: Coimbra Editora, 2001. p. 197.

41. De acordo com Callegari e Linhares, "Para Reinhard Frank, o conceito de culpabilidade não deveria abarcar somente o dolo e a culpa, como na concepção causalista dominante em sua época; diferentemente, deveria tomar conta do dolo e da culpa, da imputabilidade e das circunstâncias concomitantes ao fato. Nessa lógica, também divergindo da doutrina dominante na época, dolo e culpa não deveriam ser considerados espécies da culpabilidade, mas elementos da culpabilidade, juntamente com os demais." (op. cit., p. 68-69).

de se examinar a intenção do agente para a compreensão do caráter criminoso do fato.

Dessa forma, dada a insuficiência do sistema neoclássico, Hans Welzel, reconhecido como um dos maiores penalistas do século XX, promove nova revolução na ciência do Direito Penal e, a partir da década de 30, apresenta ao mundo a teoria finalista da ação.

Severo crítico do causalismo, Welzel afirma:

> El error fundamental de la teoria causal de la acción consiste en que no sólo desconoce la función constitutiva, por antonomásia, de la voluntad rectora respecto de la acción, sino que incluso la destruye y convierte en un mero proceso causal desencadenado por un acto de voluntad cualquiera ('acto de voluntariedad'). El contenido de la voluntad, que anticipa mentalmente las consecuencias posibles de un acto de voluntad y que dirige, conforme a un plan y sobre la base del saber causal, el proceso del acontecer externo, se convierte en un mero 'reflejo' del fenómeno causal externo en el alma del actor[42].

Para Welzel, a ação humana é um acontecimento final, e não puramente causal. Na sua conhecida lição, o causalismo é cego, o finalismo é vidente. De fato, se por um lado o sistema causal proporcionou sensíveis avanços na construção do conceito e funções conferidas à tipicidade, de outro lado, tratou o dolo e a culpa, fenômenos absolutamente distintos, como espécies da culpabilidade.

E, como se sabe, a teoria finalista da ação relaciona-se com a denominada teoria normativa pura da culpabilidade, por ela entendida como o juízo de reprovabilidade da conduta típica e antijurídica. Aqui, o dolo é inserido no tipo penal, e a culpabilidade passa a contar com os seguintes elementos, a saber: (I) imputabilidade; (II) potencial consciência da ilicitude, e (III) exigibilidade de conduta diversa.

Welzel redimensiona a ciência penal.

Para Welzel, nas palavras de Renato de Mello Jorge Silveira,

> [...] o Direito Penal leva a efeito a proteção de bens jurídicos ou mandando ou proibindo determinadas ações. Por trás de tais mandados ou proibições encontrar-se-iam deveres ético-sociais, os

---

42. WELZEL, Hans. *Derecho Penal Alemán*. Parte General. 11. ed. Santiago de Chile: Editorial Jurídica de Chile, 1970. p. 63.

Cap. 1 • CIÊNCIA GLOBAL DO DIREITO PENAL

quais seriam assegurados mediante a imposição de sanção quando de sua lesão. Esse também o fundamento que virá ele a utilizar para a construção do socialmente adequado em Direito Penal. ao fugir de simples menção quanto a uma situação causal, o pensamento welziano finca-se em necessária proteção ético-social, ou seja, no próprio pensamento dos cidadãos sobre um dado bem.[43]

É inegável que a sistematização welziana da teoria do delito equacionou o problema da separação assistemática dos elementos subjetivos que informam oilícito, juntando-os em um bloco único, além de melhor enquadrar a tentativa, o erro de tipo e de proibição[44].

Nessa ordem de valores, mesmo adeptos da teoria finalista da ação, há autores, como o próprio Welzel, que, tripartidos, enxergam no delito um fato típico, ilícito e culpável, enquanto outros finalistas, chamados bipartidos, limitam-se a conceituá-lo como fato típico e ilícito, enxergando na culpabilidade um pressuposto de aplicação da pena[45].

Não obstante, como o sistema causalista, o sistema finalista também apresenta incompletudes[46]. Sendo a ação humana o exercício de uma atividade final, o finalismo não resolve satisfatoriamente, por exemplo, a questão dos crimes culposos[47].

---

43. SILVEIRA, Renato de Mello Jorge. *Fundamentos da adequação social em Direito Penal*. São Paulo: Quartier Latin, 2010. p. 35.

44. TAVARES, Juarez. *Teorias do delito*: variações e tendências. São Paulo: RT, 1980. p. 86.

45. De toda a sorte, na anotação de Guilherme de Souza Nucci, "O mais importante, nesse contexto, é perceber que a estrutura analítica do crime não se liga necessariamente à adoção da concepção finalista, causalista ou social da ação delituosa. [...] O finalismo, de Hans Welzel (que, aliás, sempre considerou o crime fato tópico, antijurídico e culpável, em todas as suas obras), crendo que a conduta deve ser valorada, porque se trata de um juízo de realidade, e não fictício, deslocou o dolo e a culpa da culpabilidade para o fato típico. Assim, a conduta, sob o prisma finalista, é a ação ou omissão voluntária e consciente, que se volta a uma finalidade. Ao transferir o dolo para a conduta típica, o finalismo o despiu da consciência de ilicitude (tornando-a potencial), que continuou fixada na culpabilidade". (NUCCI, Guilherme de Souza. *Código Penal Comentado*. 14. ed. Rio de Janeiro: Forense, 2014. p. 102.).

46. Aliás, na observação de Tavares, "O que se pretende com a teoria da ação final não é proporcionar tipificação do delito culposo, pois tal pode também ser feito com a teoria causal. O objetivo político- criminal do finalismo é estabelecer um fundamento ontológico, ao qual se devam subordinar todas as formas de atividade humana, justamente por ser esse fundamento a generalização concreta da conduta humana, realizada por meio da redução de seus elementos mais gerais". (TAVARES, Juarez. *Teoria do Crime Culposo*. 3. ed. Rio de Janeiro: Lumen Juris, 2009. p. 73).

47. Como é sabido, muitas são as construções doutrinárias que buscam rechaçar as críticas sistêmicas formuladas em desfavor do finalismo, sendo que, no tocante aos crimes culposos, de uma maneira geral, afirma-se que "A reprovação jurídica nos crimes culposos não recai

Para Jorge de Figueiredo Dias, o pretenso ontologismo finalista, o qual serve de base ao sistema, tornando-o imutável e válido para todos os tempos e lugares, transmudou-se em inflexível conceitualismo diante do pouco que resta para as opções jurídico-políticas (político-criminais) do legislador e para a atividade concretizadora do intérprete e aplicador do Direito Penal[48].

Nessa linha, Paulo Cesar Busato acena que a crítica fundamental a qual recai sobre todo o raciocínio sistemático jurídico-penal alicerçado em teorias ontológicas é a sua evidente contradição para com a própria concepção de Direito que, concebido como um sistema de valores construído para gerir a vida em sociedade, é absolutamente incompatível, em seus próprios fundamentos, com a pretensão de neutralidade que representa a confecção de um sistema fechado, com bases metodológicas vinculadas exclusivamente a imutáveis princípios ontológicos[49].

Na virada do terceiro milênio, a ciência do Direito Penal passou a sentir os reflexos e influxos de uma nova linha de pensamento com vistas à sua legitimação social.

Nessa quadra – ao lado das críticas intrassistêmicas formuladas em desfavor do finalismo, notadamente à extensiva cadeia causal verificada com a adoção da teoria da equivalência das condições (*conditio sine qua non*) e à inconsistência dos crimes culposos –, no apagar das luzes do século XX, passaram a ser questionadas, com maior contundência, as próprias bases dogmático-filosóficas as quais serviram de sustentação às ideias apresentadas por Welzel, no período do pós-Guerra Mundial.

Esse novo movimento, denominado funcionalismo ou pós-finalismo, e que encontra em Claus Roxin e Günther Jakobs dois dos seus principais interlocutores, passa a abordar a dogmática penal de forma conjunta e sistematizada com critérios de política criminal, descortinando no Direito Penal uma *função político- criminal.*

Constata-se na metodologia funcionalista uma clara tendência de alinhamento da dogmática penal com as demais ciências criminais,

---

na finalidade do agente, mas nos meios que o agente elegeu para a consecução de seu fim, sendo eles qualificados como imprudentes, negligentes ou imperitos. Assim, ressalte-se, na culpa o direito não reprova a finalidade do agente, mas reprova os meios que o agente elegeu para a consecução de seus fins". (BRANDÃO, Cláudio. *Teoria jurídica do crime*. 4. ed. São Paulo: Atlas, 2015. p. 29-30.).

48. 48 DIAS, op. cit., p. 202.

49. BUSATO, Paulo Cesar. *Direito Penal*: parte geral. 2. ed. São Paulo: Atlas, 2015. p. 232.

Cap. 1 • CIÊNCIA GLOBAL DO DIREITO PENAL

como a criminologia e a política criminal, bem como de aproximação do Direito Penal com ciências não jurídicas, como a Economia, a Psicologia e a Sociologia, expurgando a visão solipsista da própria dogmática que a distancia da realidade social.

Não por acaso, José Miguel Sánchez Tomás afirma que a tradicional função conferida à dogmática penal, voltada à delimitação da intervenção penal, tem sido superada, na atualidade, com modernas propostas de elaboração de modelos dogmáticos permeáveis à realidade social.

Nas palavras do professor da Universidade de Murcia,

> La dogmática, en este nuevo contexto, ya no cumpliría sólo una función de garantia orientada al proceso aplicativo del Derecho, sino también de adaptación del sistema jurídico a la realidad social, incidiendo tanto en nuevas posibilidades de comprensión e interpretación de la norma jurídica en el proceso mismo de elaboración normativa, analizando de qué forma se satisfacen más adecuadamente las eventuales necesidades sociales en la respuesta punitiva frente a determinadas conductas. Todo ello, en última instancia, possibilita que la dogmática, además de su función garantista, proyecte una labor crítica y creadora del sistema de Derecho penal[50].

Na constatação de André Luís Callegari e Raul Marques Linhares,

> [...] a atual perspectiva dogmática do Direito Penal tende a superar a separação da ciência jurídica em relação ao político e ao social, promovendo um intercâmbio de conhecimentos, especialmente entre as ciências criminais, em um processo de colaboração entre elas, o que é tomado como uma aspiração científica de grande significado[51].

Esse, de fato, é o caminho a ser percorrido pelo moderno Direito Penal, notadamente pelo Direito Penal Econômico, enquanto ciência social.

Componente de destaque no sistema pós-finalista, a teoria da imputação objetiva volta-se contra a teoria da equivalência das condições (*conditio sine qua non*)[52] e a possibilidade do chamado regresso

---

50. SÁNCHEZ TOMÁS, José Miguel. Interpretación penal en una dogmática abierta. *Anuário de derecho penal y ciencias penales*, n. 1, v. 58, p. 29-55, 2005. p. 30.

51. CALLEGARI; LINHARES, op. cit., p. 98.

52. Segundo a qual "constitui causa de determinado evento qualquer fator que, se imaginado inexistente, o resultado deixaria de se verificar". (REALE JÚNIOR, op. cit., p. 249).

ad infinitum na cadeia causal do sistema finalista[53], propondo fórmulas para o aprimoramento das técnicas de imputação penal.

Em apertada síntese, a teoria da imputação objetiva (ou teoria da imputação ao tipo objetivo) condiciona a imputação de um resultado causado pelo agente à criação ou incrementação de um risco não permitido dentro do alcance do tipo (objetivo)[54]. Essa teoria relega o tipo subjetivo a uma posição secundária e insere o tipo objetivo, que não se esgota na mera causação de um resultado, no centro das atenções[55].

Diante do exposto, afigura-se indisfarçável a natureza científica do Direito Penal.

A incessante busca pela sistematização das normas penais vista ao longo dos séculos exclui qualquer dúvida acerca do caráter científico do Direito Penal.

A sistematização do Direito Penal promovida pelo método positivista foi superada pelo neokantismo. O neokantismo, por sua vez, cedeu lugar ao finalismo, que, nos dias de hoje, é questionado pelo funcionalismo penal.

Seja como for, deve ser buscada a aproximação do Direito Penal com a realidade social. Enquanto ciência social, o Direito Penal não pode permanecer divorciado das questões humanas que o cercam.

A política criminal, apoiada na criminologia, deve efetivamente referenciar a própria dogmática penal que, isoladamente, não é mais capaz de responder aos novos desafios.

O Direito Penal tradicional, de cunho liberal, revelou-se incapaz de, por si só, fazer frente a esses desafios.

A tutela de bens jurídicos individuais, baseada na responsabilidade individual, tornou-se insuficiente para enfrentar de maneira minima-

---

53. De acordo com Jakobs, "A fórmula é supérflua, porque não chega sequer a constituir uma definição, quanto menos uma fórmula para determinação de causalidade, pois o resultado da exclusão mental da condição somente pode ser determinado quando se sabe, antecipadamente, se a condição é causal: a fórmula é um círculo, uma vez que o conceito aparece camuflado no material com o qual se define. Ademais, a fórmula destrói a equivalência de todas as condições, visto que, segundo ela, aquela condição que desloca uma outra, atuante de outro modo (condição substitutiva), não teria efeito causal". (JAKOBS, Günther. *Tratado de Direito* Penal: teoria do injusto penal e culpabilidade. Belo Horizonte: Del Rey, 2008. p. 271).

54. ROXIN, Claus. *La imputación objetiva en el derecho penal*. Lima: Idemsa, 1997. p. 93.

55. GRECO, Luís. *Um panorama da teoria da imputação objetiva*. 2. ed. Rio de Janeiro: Lumen Juris, 2007. p. 9.

Cap. 1 • CIÊNCIA GLOBAL DO DIREITO PENAL

mente satisfatória práticas criminosas praticadas por grandes grupos econômicos, violadoras de bens jurídicos de cariz coletivo.

Nos dias de hoje, a culpabilidade individual deve vir acompanhada da responsabilidade penal da pessoa jurídica, assentada em critérios de responsabilidade social e na violação das justas expectativas que o seu desenvolvimento econômico gera na própria sociedade.

Somente com a efetiva integração das ciências criminais, poder-se-á responder para que serve e a quem tem servido o Direito Penal.

1.3. DIREITO PENAL E CIÊNCIAS SOCIAIS: INTERFACES PSICOLÓGICA, SOCIOLÓGICA E ECONÔMICA

Como foi visto acima, falar em Direito significa falar em um conjunto de normas estabelecidas pelo poder político com vistas à regulação social de um determinado grupo em uma determinada época.

Todavia, o Direito não é apenas a norma positivada. As normas não esgotam a amplitude do Direito que, como visto, também é composto pelo fato e pelo valor, seus elementos estruturantes.

A partir da formulação de uma estrutura tridimensional, Miguel Reale afirma que o "Direito é a ordenação heterônoma, coercível e bilateral atributiva das relações de convivência, segundo uma integração normativa de fatos e valores"[56].

E, enquanto Ciência, o Direito é uno, sendo didaticamente dividido em ramos, apenas, para sua melhor compreensão.

Nessa quadra, Diniz lembra que a clássica divisão do Direito em *público* e *privado*, inicialmente promovida com base em critérios de utilidade ou interesse visados pela norma, é oriunda do direito romano, sendo que, hodiernamente,

> [...] se tem buscado o elemento diferenciador no sujeito ou titular da relação jurídica, associando-se o fator objetivo ao subjetivo. O *direito público* seria aquele que regula as relações em que o Estado é parte, ou seja, rege a organização e atividade do Estado considerado em si mesmo (direito constitucional), em relação com outro Estado (direito internacional), e em suas relações com os particulares, quando procede em razão de seu poder soberano e atua na tutela do bem coletivo (direitos administrativo e tributário). O *direito privado* é o

---

56. REALE, op. cit., p. p. 67.

que disciplina as relações entre particulares, nas quais predomina, de modo imediato, o interesse de ordem privada, como compra e venda, doação, usufruto, casamento, testamento, empréstimo etc[57].

Portanto, é evidente que o Direito Penal, parte integrante do ramo público, se relaciona direta e indiretamente com os demais ramos do Direito, público e privado, com especial destaque para o Direito Constitucional, o Direito Processual Penal, o Direito Civil, o Direito Administrativo e o Direito Tributário.

Não obstante, no que toca à Ciência do Direito Penal, como observa René Ariel Dotti, a multiplicidade de bens e interesses juridicamente tutelados reclama o aprimoramento técnico dos próprios textos legais, notadamente quando buscam incriminar condutas que passam a ser penalmente relevantes com base nas rápidas e profundas transformações sociais, políticas, econômicas e culturais[58].

Dessa forma, ao lado das demais ciências jurídicas que, com ele, conferem unidade ao próprio ordenamento, para que possa servir como instrumento eficiente de controle social, impõe-se o relacionamento do Direito Penal com ciências não-jurídicas, com especial destaque para a Psicologia, a Sociologia e, ao que nos interessa mais de perto neste trabalho, a Economia.

A aproximação do Direito Penal com a Psicologia, como lembra Mir Puig, foi favorecida a partir da estruturação metodológica apresentada pelo sistema finalista, sendo notória a influência desta ciência social em torno da posição conferida ao dolo na teoria do delito[59].

É evidente, pois, que a investigação sobre o proceder do agente, distinguindo o dolo direto do dolo eventual, a culpa sem previsão da culpa consciente, dentre outras hipóteses dogmáticas, reclama, numa perspectiva individual, a aproximação entre Psicologia e Direito Penal.

Mas não é só. Ao lado desta perspectiva individual, essa aproximação também deve existir no âmbito coletivo, por intermédio da Psicologia Social, conferindo-se à dogmática instrumentos e ferramentas

---

57. DINIZ, Maria Helena. *Compêndio de introdução à ciência do direito*: introdução à teoria geral do direito, à filosofia do direito, à sociologia jurídica e à lógica jurídica. Norma jurídica e aplicação do direito. 21. ed. São Paulo: Saraiva, 2010. p. 255.

58. DOTTI, René Ariel. *Curso de Direito Penal*: parte geral. 4. ed. São Paulo: RT, 2012. p. 197.

59. MIR PUIG, Santiago. *Introducción a las bases del Derecho Penal*. 2. ed. Montevideo: B de F, 2007. p. 270-271.

Cap. 1 • CIÊNCIA GLOBAL DO DIREITO PENAL

para a escorreita valoração de comportamentos descritos por grupos, notadamente nos chamados delitos multitudinários, em que a personalidade do agente cede espaço às lideranças sociais. De outro giro, a aproximação percebida entre o Direito Penal e a Sociologia, ciência que estuda os fatos que concernem à vida em comum, repetíveis no tempo e no espaço, decorrentes ou semelhantes[60], movimento indelevelmente impulsionado mediante a incrível difusão da teoria dos sistemas de Niklas Luhmann[61] e da sua gradativa absorção pelas demais áreas do conhecimento humano, encontrou especial acolhida nas bases do sistema pós-finalista que, como já destacado, descortina na dogmática penal uma função político-criminal.

Destarte, tanto a Sociologia quanto o próprio Direito Penal se ocupam de estudar, com métodos e objetivos próprios, o tecido social, daí a importância de oxigenação da dogmática penal, mediante os influxos sociológicos em um determinado tempo e espaço, com vistas à sua aplicabilidade prática.

O estudo do Direito Penal, ainda que no plano normativo do dever-ser, *também* reclama o estudo das transformações sociais que a Sociologia, como ciência do ser, se propõe a analisar, devendo-se superar a dicotomia existente entre estes dois ramos do conhecimento sem que se fale no abandono do normativismo jurídico-penal.

Na visão de Mir Puig

> [...] estudiar el derecho, siquiera en su específica normatividad, es estudiar procesos sociales. Ésta es la única via de superar la dicotomia en que, desde von Liszt, han caído los planteamientos metodológicos que postulan una aproximación de dogmática y realidad social. Aparte de que los *datos* de la sociologia han de servir de *base* a la dogmática, deben fundirse la sociologia, como ciencia del ser, y la dogmática, como ciencia del deber ser, en una ciencia *social* del *derecho* que, sin abandonar el específico mundo de las normas, las conciba como formalización de procesos sociales[62].

Mais do que uma tendência, a aproximação entre a dogmática penal e a Sociologia é uma necessidade sentida e potencializada por uma

---

60. GUERRA FILHO, Willis Santiago; CARNIO, Henrique Garbellini. *Introdução à sociologia do direito.* São Paulo: RT, 2016. p. 31.

61. LUHMANN, Niklas. *Introdução à teoria dos sistemas.* Tradução Ana Cristina Arantes Nasser. 2. ed. Petrópolis: Vozes, 2010. p. 59 e ss.

62. MIR PUIG, Santiago. *Introducción a las bases del Derecho Penal.* 2. ed. Montevideo: B de F, 2007. p. 273.

complexa e dinâmica sociedade pós-moderna para que o seu próprio Direito Penal, enquanto ciência social, não se divorcie da realidade e tenha aplicabilidade prática, sob pena de transmudar a eficácia de sua ingerência em puro simbolismo penal.

Por fim, é de se destacar, para os escopos aqui buscados, a interface existente entre o Direito Penal e a Economia, ciência social que estuda como o indivíduo e a sociedade decidem empregar recursos produtivos escassos na produção de bens e serviços, distribuindo-os entre as várias pessoas e grupos sociais, com vistas à satisfação das necessidades humanas[63].

Com fundamento no conceito de Economia apresentado, desde logo, se pode perceber que as necessidades humanas, ao contrário dos recursos existentes para satisfazê-las, são ilimitadas.

De acordo com Robert L. Heilbroner,

> [...] por estranho que pareça, devemos concluir que a origem da maioria de nossos problemas econômicos, pelo menos acima do nível de subsistência, é o homem e não a natureza. Na verdade, o próprio problema econômico – ou seja, a necessidade de lutar pela existência – deriva, em última instância, da *escassez* da natureza. Se não houvesse escassez; os bens seriam tão livres quanto o ar que respiramos, e a economia – pelo menos numa acepção dessa palavra – deixaria de existir como preocupação social[64].

Contudo, a preocupação com a escassez de recursos diante das ilimitadas necessidades humanas, malgrado continue sendo extremamente atual, remonta à antiguidade greco-romana, sendo objeto de inquietação de pensadores já no mundo antigo.

Ao apresentar suas ideias sobre a Justiça e o Estado ideal na República, Platão (428-347 a.C.) cuidou de discutir a divisão do trabalho e a concepção de atividade econômica. Para o filósofo, a divisão do trabalho decorria das diferenças naturais entre os seres humanos, chegando a afirmar que tudo é produzido com mais abundância, facilidade

---

63. BRAGA, Márcio Bobik; VASCONCELLOS, Marco Antonio Sandoval de. Introdução à economia. In: PINHO, Diva Benevides; VASCONCELLOS, Marco Antonio Sandoval de; TONETO JR., Rudinei (Orgs.). *Introdução à economia*. 1. ed. São Paulo: Saraiva, 2011. p. 3.

64. HEILBRONER, Robert L. *A formação da sociedade econômica*. Tradução Álvaro Cabral. 5. ed. Rio de Janeiro: Editora Guanabara, 1987. p. 22

Cap. 1 • CIÊNCIA GLOBAL DO DIREITO PENAL

e de melhor qualidade quando o homem faz aquilo que lhe é natural e no momento exato[65].

Discípulo de Platão, Aristóteles (384-322 a.C.) também tratou de temas econômicos, sendo o responsável pela formulação de uma das principais distinções conhecidas no campo da economia: as diferenças entre o valor de troca e o valor de uso. Para Aristóteles, um calçado é utilizado tanto para uso pessoal como para troca, sendo que, quem dá um sapato em troca de dinheiro ou alimento àquele que o deseja, utiliza, na verdade, o calçado como calçado, mas esta não é a finalidade correta e primária do objeto, pois um calçado não é feito para ser objeto de troca[66].

Mais adiante, durante a alta Idade Média, a instituição social dominante, a Igreja, também se fez presente na economia. Aos olhos da Igreja, o corpo social era considerado um grupo de classes, cada qual com funções próprias, voltados a uma finalidade comum. No ápice daquela estrutura social, encontrava-se a Igreja, no cimo das expectativas, a salvação e, em todas as facetas da vida em grupo, a religião, que, dentre outras lições, ensinava os homens a não tirar vantagem uns dos outros, recalcando os apetites econômicos.

Nesse período histórico, Sto. Tomás de Aquino (1225-1274) formula estudos sobre "o justo preço" e a "usura", indicando que o ato de comprar e vender deve beneficiar ambas as partes, e não sobrecarregar uma em detrimento da outra[67].

Superado o período absoluto, com o advento do Estado Liberal e o consequente declínio da monarquia, a classe burguesa, outrora alijada do poder, assume protagonismo e impulsiona o deslocamento do monopólio da força física e da tributação para as esferas públicas.

Todavia, como adverte Eros Roberto Grau

> Essa transformação, dos monopólios pessoais em monopólios públicos, apenas se opera, no entanto, em termos institucionais, vale dizer, formais. Pois é certo que, não obstante tenha perecido o monopólio do monarca ou rei, transferido ao Estado, quem o detém

---

65. LEKACHMAN, Robert. *História das idéias econômicas*. Tradução Gabriele Ilse Leib. Rio de Janeiro: Edições Bloch, 1973. p. 18.

66. Ibid., p. 23.

67. LEKACHMAN, op. cit., p. 36 e ss.

efetivamente – isto é, quem detém aquele monopólio efetivamente – é a burguesia, que assume o controle do Estado[68].

Nesse período, Adam Smith, nascido no dia 5 de junho de 1723, na cidade de Kirkcaldy, Escócia, apresenta ao mundo a sua obra *A Riqueza das Nações*, no ano de 1776.

Para Smith, se o governo não interferisse na economia, a "ordem natural" rapidamente cuidaria de regular o mercado, como uma "mão invisível".

Na síntese de Robert Lekachman,

> O que Smith afirmou foi que todo homem é uma criatura fraca, chegando a este mundo sem qualquer talento especial. Felizmente, Deus ou a natureza nele implantou certos instintos, entre os quais o impulso para 'trocar' e 'negociar'. Tais instintos, combinados com a tentativa 'uniforme' e 'ininterrupta' de ganhar mais dinheiro e subir na vida, levavam-no a trabalhar mais, economizar mais dinheiro, produzir os bens que a sociedade precisava e enriquecer a comunidade. Os homens eram assim 'naturalmente'[69].

De outro giro, o século XIX marca, no plano econômico, a figura de Karl Marx. Formulando as bases teóricas que acabaram servindo de sustentação ao modelo comunista, Marx ressaltou a preponderância das relações de produção em uma determinada sociedade e proclamou o trabalho como fonte exclusiva de valor, afirmando que os bens econômicos valeriam na exata proporção da quantidade de trabalho demandada[70].

Já o século XX – indelevelmente marcado por um estado de tensão e de beligerância que culminou com a eclosão das duas grandes Guerras Mundiais e, na segunda metade daquele período, com o surgimento da Guerra Fria, que, como se sabe, dividiu o mundo em dois grandes blocos antagônicos – potencializou os debates em torno da questão econômica.

---

68. GRAU, Eros Roberto. *A ordem econômica na Constituição de 1988*. 17. ed. São Paulo: Malheiros, 2015. p. 17.

69. LEKACHMAN, op. cit., p. 99.

70. CAGGIANO, Monica Herman S. Direito público econômico: fontes e princípios na Constituição brasileira de 1988. In: LEMBO, Cláudio; CAGGIANO, Monica Herman S. (Coordenadores). *Direito constitucional econômico*: uma releitura da Constituição econômica brasileira de 1988. 1. ed. Barueri: Manole, 2007. p. 3.

Cap. 1 • CIÊNCIA GLOBAL DO DIREITO PENAL

É quando a ordem econômica ganha "status" constitucional e passa a ser detidamente tratada nos textos constitucionais da época. Consequentemente, as medidas de política econômica que passam a ser concebidas pelo Estado para a regulação da ordem econômica receberam um olhar mais atento da própria ciência do Direito, por meio de uma configuração própria, isto é, do Direito Econômico, aqui entendido como o ramo que estuda o sistema de normas voltadas para a regulação da política econômica[71].

A título de ilustração, Monica Herman S. Caggiano lembra que

> É nesse período que a trajetória, mesmo de um direito constitucional econômico, sofre sensível aceleração. A Constituição mexicana de 1917 antecipa-se no reconhecimento dos direitos sociais e na previsão da reforma agrária. A Constituição de Weimar, de 1919, impacta com a seção 'Da Vida Econômica', transformando-se em modelo a inspirar a Constituição espanhola de 1931, a portuguesa de 1933 e a brasileira de 1934. Por certo, os dois grandes conflitos bélicos, que ocuparam longas temporadas do século passado, acabaram por consolidar nas democracias ocidentais, com *status* de verdadeiros princípios, as idéias [sic] de: (a) democracia econômica; e (b) administração autônoma da economia. Após a Segunda Guerra Mundial, as constituições não deixaram de incluir, em capítulos próprios ou não, a parte atinente ao domínio econômico[72].

Portanto, pode-se afirmar que, a contar do século XX, sobretudo com o pós-Guerra Mundial, a atuação jurídica do Estado se consolida na seara econômica.

Finalmente, chega-se ao século XXI e, com ele, descortina-se um novo e multifacetário fenômeno do mundo pós-moderno, que, além de promover implicações políticas e sociais, reformulando os contornos e a amplitude das soberanias estatais, também impacta sensivelmente o cenário econômico, a *globalização econômica*, compreendida como a remoção das barreiras ao livre comércio e maior integração das economias nacionais[73].

---

71. FONSECA, João Bosco Leopoldino da. *Direito Econômico*. 7. ed. Rio de Janeiro: Forense, 2014. p. 18.

72. CAGGIANO, op. cit., p. 4.

73. BAGNOLI, Vicente. *Direito Econômico*. 6. ed. São Paulo: Atas, 2013. p. 262.

51

De fato, a integração econômica, fenômeno próprio deste cenário globalizado, produz ajustes e combinações que interferem diretamente na soberania dos Estados, como facilmente se depreende, por exemplo, dos acordos de livre comércio propostos pela Área de Livre Comércio das Américas (ALCA), a união aduaneira apresentada pelo Mercado Comum do Sul (MERCOSUL), e o mercado comum instituído pela Comunidade Econômica Europeia (CEE).

Depois desse brevíssimo histórico do pensamento econômico, resta claro que, para submeter as ilimitadas necessidades da natureza humana ao controle econômico, uma sociedade deve organizar um sistema que assegure a produção de bens e serviços de maneira racional e voltada à sua própria subsistência. Mais disso. Deve ordenar a distribuição dos frutos de sua produção, de maneira que mais produção possa ter lugar[74].

E, para tanto, o Estado não pode abrir mão do seu Direito Penal como instrumento de controle social e alcance de seus objetivos programáticos.

Aliás, como bem observa Percy García Cavero,

> Este cambio de la realidad económica ha determinado en certa forma también la evolución de la legislación penal en materia económica, que, certamente a ritmo más lento, ha pasado de tipos penales de lesión económica individualizada a tipos penales referidos a sectores generales del sistema económico[75].

Em suma, na busca do equilíbrio econômico-financeiro do mercado, não se pode prescindir do sistema penal como imperativo de tutela.

1.4. CIÊNCIA PENAL GLOBAL E DELITOS ECONÔMICOS: (RE) VISITANDO FRANZ V. LISZT E ROBERTO LYRA

Buscando reunir em um bloco coerente e harmonioso as ciências criminais, que, juntamente com a dogmática penal, disciplina responsável pela elaboração de categorias e integração dos conceitos jurídico-penais de forma sistemática, também deitam seus olhos sobre

---

74. HEILBRONER, op. cit., p. 23.

75. CAVERO, Percy García. *Derecho Penal Económico*: parte general. 2. ed. Lima: Grijley, 2007. t. 1. p. 4.

Cap. 1 • CIÊNCIA GLOBAL DO DIREITO PENAL

o fenômeno delitivo, Franz v. Liszt, ao final do século XIX, apresenta ao mundo a sua "Ciência Global do Direito Penal".

Com a sua formulação, Liszt busca demonstrar que a tradicional visão solipsista do Direito Penal, da isolada dogmática penal, revela-se manifestamente insuficiente para entender, por completo, o fenômeno da criminalidade.

Para o penalista alemão, em conjunto com a dogmática jurídico-penal devem estar a política criminal e a criminologia. Para tanto, à política criminal, diante do seu caráter social, caberia oferecer ao legislador estratégias e meios para o enfrentamento da criminalidade, orientando-o em sua precípua missão legiferante. Paralelamente, à criminologia, ciência empírica, caberia fornecer o conhecimento da realidade social criminal, conhecimento este indispensável à própria eficácia do papel a ser desenvolvido pela política criminal.

Nessa ordem de valores, em solo brasileiro, Roberto Lyra, responsável pela criação e organização da chamada Escola Brasileira de Direito Penal Científico[76], também buscou a compreensão global do Direito Penal enquanto ciência social, dividindo-o em dois blocos bem definidos, a saber: Direito Penal científico e Direito Penal normativo.

Para o penalista brasileiro, ao Direito Penal científico competia estudar, verticalmente, a criminalidade (conceito sociológico), enquanto ao Direito Penal normativo cabia analisar, horizontalmente, o crime (conceito jurídico)[77].

Todavia, como observa Américo Taipa de Carvalho

> [...] na construção de v. Liszt, a 'ciência global do direito penal', embora também abrangesse a política criminal e a criminologia, o certo é que estas duas ciências criminais não passavam do estatuto de ciências auxiliares do direito penal ou dogmática jurídico-penal, cabendo a esta o topo da hierarquia das ciências criminais.[78]

De fato, conquanto buscasse conferir maior autonomia à criminologia e à política criminal, estabelecendo um conjunto sistemático de

---

76. ZAFFARONI, Eugenio Raúl; OLIVEIRA, Edmundo. *Criminologia e política criminal*. Rio de Janeiro: GZ Editora, 2012. p. 401.

77. LYRA, Roberto. *Novo Direito Penal*: introdução. Rio de Janeiro: Forense, 1980. p. 1 e ss.

78. CARVALHO, Américo Taipa de. *Direito Penal*. Parte Geral. Questões fundamentais. Teoria Geral do Crime. 2. ed. Coimbra: Coimbra Editora, 2008. p. 11-12.

princípios voltados à investigação científica das causas do crime e dos efeitos da pena, a importância conferida por Liszt a essas duas ciências penais era apenas relativa.

Como visto no item 1.2 deste livro, por conta do positivismo científico que marcou o século XIX, Liszt não conseguiu, ao estabelecer as bases da sua

"Ciência Global do Direito Penal", desvencilhar-se dos postulados metodológicos daquela época. E, dessa forma, fundamentou sua teoria em bases hierarquizadas entre as três disciplinas que deveriam compor a ciência global, total, universal ou conjunta do Direito Penal, alocando criminologia e política criminal como meras *ciências auxiliares* do Direito Penal tradicional, em posição secundária à dogmática jurídico-penal.

Os fundamentos da formulação lisztiana, na síntese de Jorge de Figueiredo Dias e Manuel da Costa Andrade,

> [...] encontravam-se na concepção jurídico-política do Estado de Direito formal, de cariz liberal, e numa teoria jurídica de cunho estritamente positivista. Daqui que, no contexto daquelas três disciplinas, o direito penal, como ordem de protecção do indivíduo – em particular dos seus direitos subjectivos – perante o poder estatal, e como consequente ordem de limitação desse poder, assumisse o primeiro e indisputado lugar, enquanto na criminologia e na política criminal nada mais se via que meras 'ciências auxiliares' da dogmática jurídico-penal[79].

Nessa quadra, Enrique Bacigalupo destaca que

> Os fundamentos metodológicos da 'ciência total do direito penal' propugnada por von Liszt não afetaram, ao contrário, as concepções da ciência penal clássica, pois, dentro deste marco, a tarefa primária da ciência jurídico-penal não é senão o "estudo das normas de acordo com um método lógico- jurídico"[80].

Portanto, nem a evolução dos sistemas penais vista ao longo dos séculos – do sistema clássico para o sistema neoclássico, e deste para o finalista – fez com que a criminologia e a política criminal tivessem mais

---

79. DIAS, Jorge de Figueiredo; ANDRADE, Manuel da Costa. *Criminologia*: o homem delinquente e a sociedade criminógena. 2. reimp. Coimbra: Coimbra Editora, 1997. p. 94.

80. BACIGALUPO, Enrique. *Direito Penal*: parte geral. 1. ed. Tradução André Estefam. São Paulo: Malheiros, 2005. p. 49.

Cap. 1 • CIÊNCIA GLOBAL DO DIREITO PENAL

espaço e concorressem em pé de igualdade com a fechada e formalista dogmática penal para o entendimento do fenômeno criminoso.

A dogmática penal, em posição de supremacia, sempre continuou operando sobre bases normativas, a política criminal segundo critérios pragmáticos e a criminologia, no empirismo.

Ocorre que, quando se trabalha com a ideia de um Direito Penal democrático, exercitado por um Estado Democrático de Direito, que busca a materialização de direitos fundamentais, uma nova concepção de "Ciência Global do Direito Penal", distante da influência clássica-liberal-individual que marcou as ideias de Liszt e Lyra, e que compreenda a dogmática penal, a criminologia e a política criminal não como ciências hierarquizadas entre si, mas autônomas, complementares e interdependentes, pode e deve ser formulada com vistas à racionalidade das leis penais, sobretudo das leis penais que tenham ingerência sobre a ordem econômica, subsistema especialmente destacado para o presente estudo.

Com isso, não se busca enfraquecer a dogmática penal ou negar-lhe importância, máxime por representar uma importantíssima conquista do pensamento moderno que cumpre a relevante função de garantir direitos individuais ante o *ius puniendi* estatal[81].

Ao revés, busca-se ampliar a importância da criminologia e da política criminal com vistas à eficiência da própria Ciência do Direito Penal como um todo, aproximando-a da realidade social concreta, criminalizando o que realmente deve ser crime e descriminalizando aquilo que não deve ser objeto de sua atenção.

Para tanto, impõe-se a *oxigenação* da fechada dogmática penal a partir das conclusões valorativas da política criminal e das experiências empíricas da criminologia e da vitimologia, também identificada como ciência penal autônoma.

---

81. De acordo com Fábio Guedes de Paula Machado, extraem-se da dogmática seis funções de valor positivo, a saber: "(1) a de estabilização, em razão de um certo estabelecimento institucional das proposições; (2) a de desenvolvimento, já que pressupostos estáveis estão sujeitos a um estado mais detido, o que, consequentemente faz surgir discussões mais densas do que aquelas instauradas *ad doc*; (3) a função redutora de encargo, pelo fato de os argumentos em uma discussão terem sido previamente examinados e aceitos; (4) a informativa, ao apresentar conceitos básicos, que melhoram o ensino e a aprendizagem e, por que não, a própria aplicação da norma; (5) a função controladora, pois permite controlar a compatibilidade lógica das proposições, considerando-se a unidade sistêmica; (6) e a função heurística, ao permitir o desenvolvimento e a solução de problemas". (MACHADO, Fábio Guedes de Paula. Mais além da dogmática jurídico-penal. In: SILVEIRA, Renato de Mello Jorge; RASSI, João Daniel (Orgs.). *Estudos em homenagem a Vicente Greco Filho*. 1. ed. São Paulo: LiberArs, 2014. p. 138).

Impõe-se, pois, a superação de barreiras entre a dogmática penal, a política criminal, a criminologia e a vitimologia.

O objeto da ciência penal não pode ser, apenas, o direito positivo. O método positivista que ainda marca a dogmática jurídico-penal tradicional deve ser superado.

Com esse novo modelo, diante dessa reformulada roupagem da ciência penal, Silva Sanchéz, forte nas conclusões de Hruschka, identifica três funções a serem desempenhadas pela moderna dogmática penal, a saber:

> En primer lugar, la de *analizar las estructuras* subyacentes a los sistemas jurídico-penales de normas. En segundo lugar, la de *efectuar las consideraciones ético-normativistas (jurídico-políticas)* que tratan de dar respuesta a la cuestión acerca de qué comportamento humano es merecedor de pena y cuál no; a este ámbito pertenece asimismo la respuesta al problema de la fundamentación normativa de la pena. Finalmente, la función de *elaborar y comentar el Derecho positivo*. Esta última depende de las otras dos. La segunda, por su parte, de la primera[82].

Para tanto, vale a pena destacar que a ciência do Direito Penal não é neutra e que o poder punitivo do Estado está sempre a serviço dos seus próprios fins.

De fato, não obstante a racionalidade que se busque encontrar na dogmática penal, a sua construção é um processo constante e inacabado, sujeito a influências externas, notadamente de natureza ideológica.

Nas palavras de Antonio Carlos da Ponte,

> O Direito Penal possui ideologia e esta deve servir a um modelo de sociedade. A ideologia do Direito Penal, em um Estado Democrático de Direito, não é a mesma ideologia adotada em um Estado autoritário. Essa diferença conceitual e de fundamentos serve à demonstração de que a dogmática penal não pode ser interpretada de forma neutra e descompromissada, como se estivesse acima dos fundamentos da sociedade[83].

---

82. SILVA SANCHÉZ, Jesús-María. *Aproximación al Derecho Penal contemporâneo*. 2. ed. Ampliada y actualizada. Montevideo: B de F, 2012. p. 171.

83. PONTE, Antonio Carlos da. *Crimes eleitorais*. São Paulo: Saraiva, 2008. p. 145.

Cap. 1 • CIÊNCIA GLOBAL DO DIREITO PENAL

Há, pois, uma íntima relação entre ideologia e dogmática jurídica, notadamente porque o discurso dogmático não é apenas informativo, mas sobretudo persuasivo, por procurar motivar condutas e despertar no receptor a crença em sua informação[84].

Com efeito, como afirmam Georg Dahm e Friedrich Schaffstein, catedráticos da Universidade de Kiel, o Estado que reconhece nos indivíduos e nas suas liberdades individuais seu valor supremo decidirá de modo diverso daquele que, ao lado destes, *também* considera determinantes para o ordenamento jurídico valores supraindividuais, de cariz universal[85].

Um Estado totalitário, que nega direitos e liberdades individuais, maneja um Direito Penal que certamente não se confunde com o Direito Penal manejado em um ambiente democrático. Os modelos, à evidência, não são os mesmos.

Não por acaso, extrai-se do artigo 3º, do Código Penal soviético de 1922, a expressa retroatividade da lei penal como forma de alcançar todos os atos antirrevolucionários que, antes da sua vigência, não eram previstos como crime. No Brasil, durante o regime de exceção, punia-se com pena de detenção, de seis meses a dois anos, a divulgação, por qualquer meio de comunicação social, de notícia falsa, tendenciosa ou fato verdadeiro truncado ou deturpado, de modo a indispor ou tentar indispor o povo com as autoridades constituídas[86].

Se o Estado evoluiu e, com ele, novas dimensões de direitos fundamentais foram reconhecidas, seu Direito Penal também deve evoluir para servir de instrumento de tutela destes novos bens e valores, de maneira racional e voltada para a realidade social, sob pena de se transformar em ferramenta meramente simbólica e anacrônica de controle formal do próprio Estado.

Dessa forma, como já indicado, falar em Estado Democrático de Direito importa falar no respeito aos direitos fundamentais que, seguindo a linha evolutiva tradicionalmente apresentada e amplamente

---

84. DINIZ, Maria Helena. *Compêndio de introdução à ciência do direito*: introdução à teoria geral do direito, à filosofia do direito, à sociologia jurídica e à lógica jurídica. Norma jurídica e aplicação do direito. 21. ed. São Paulo: Saraiva, 2010. p. 212.

85. DAHM, Georg; SCHAFFSTEIN, Friedrich. *Derecho penal liberal o derecho penal autoritário?*. 1. ed. Introducción y revisión Eugenio Raúl Zaffaroni. Traducción de Leonardo G. Brond. Buenos Aires: Ediar, 2011. p. 61.

86. Artigo 16, caput, do Decreto-lei n. 898, de 29 de setembro de 1969.

aceita pela doutrina constitucional[87], classificam-se como de terceira dimensão, identificados para a proteção não apenas do indivíduo de maneira isolada, mas também de coletividades.

Portanto, percebe-se que, inicialmente concebidos como exclusivos direitos de defesa individual contra a abusiva e desmedida ingerência estatal que caracterizou o período absoluto (*Eingriffsverbote*), os direitos fundamentais, num contexto democrático, passaram a ser reconhecidos, também, como imperativos de tutela e eficácia irradiante em frente a terceiros, inclusive os próprios particulares, e deveres de proteção pelo Estado (*Schutzgebote*).

Num contexto democrático, de acordo com J. J. Gomes Canotilho e Vital Moreira:

> Ao Estado incumbe não apenas 'respeitar' os direitos e liberdades fundamentais, mas também 'garantir a sua efectivação'. Daqui resulta o afastamento de uma concepção puramente formal, ou liberal, dos direitos fundamentais, que os restringisse às liberdades pessoais, civis e políticas e que reduzisse estas a meros direitos a simples abstenções do Estado. Com efeito, por um lado, importa defender os direitos de liberdade não só perante o Estado, mas também perante terceiros, sucedendo que, muitas vezes, é aquele quem está em condições de os garantir perante os segundos; por outro lado, direitos fundamentais são também os direitos positivos de caráter econômico, social e cultural, sendo que em relação a muitos deles é sobre o Estado que impende o encargo da sua satisfação (segurança social, saúde, educação)[88].

Deve-se ter clara a ideia de que, em um Estado Democrático de Direito, os direitos fundamentais não são absolutos, mas relativos, passíveis de ponderação, sendo necessário, por vezes, restringi-los e compatibilizá-los, medidas estas que, à evidência, não implicam invalidação ou negação do direito restringido, mas na prevalência de outros, em determinadas circunstâncias.

Verifica-se uma *dupla face* dos direitos fundamentais: limitação à atuação estatal e imperativos de tutela por parte do próprio Estado.

---

87. Por todos, confira-se SARLET, Ingo Wolfgang; MARINONI, Luiz Guilherme; MITIDIERO, Daniel. *Curso de Direito Constitucional*. 6. ed. São Paulo: Saraiva, 2017. p. 301 e ss.

88. CANOTILHO, J. J. Gomes; MOREIRA, Vital. *Constituição da República Portuguesa anotada*. 1. ed. brasileira. São Paulo: RT, 2007. p. 208.

Cap. 1 • CIÊNCIA GLOBAL DO DIREITO PENAL

Nessa quadra, força é convir que, outrora marcado por indisfarçável influência iluminista-positivista, o Direito Penal democrático deve ter um novo paradigma: a efetiva tutela dos direitos fundamentais à luz da dignidade da pessoa humana.

E, dentro desse paradigma, falar em Direito Penal mínimo importa estabelecer um verdadeiro paradoxo. Ora, se cabe a um modelo democrático de Estado de Direito implementar e garantir direitos fundamentais – se não se trata de um "Estado mínimo" –, seu Direito Penal deve ser necessariamente instrumentalizado para esse fim.

Na assertiva de Silva Sánchez,

> [...] a evolução social está refutando radicalmente a opinião de alguns autores que haviam caracterizado a progressiva cristalização do Estado Democrático de Direito (perante o Estado liberal ou o Estado social) como um marco de 'máximos benefícios, máxima participação e máximas garantias' (isto é, Estado do bem-estar com Direito Penal mínimo). Ou melhor, ressalta-se que a pretensão de harmonizar um Estado máximo e um Direito Penal mínimo constitui uma 'contradictio in terminis'. Ainda que fosse apenas por um motivo: a insegurança em relação à percepção dos benefícios (em sentido amplo: compreendendo os afetos a organização territorial, o meio ambiente, consumo, ordem econômica; e não somente as relativas a questão dos benefícios sociais propriamente ditos – educação, sanidade, desemprego, pensões) provenientes direta ou indiretamente do Estado conduz a que se promova a instrumentalização do Direito Penal para (intencionalmente) garanti-las[89].

Nessa ordem de valores, como os direitos fundamentais, o Direito Penal manejado em um ambiente democrático, conforme observa Maria da Conceição Ferreira da Cunha, também oferece uma dupla face:

> Por um lado, ele é a arma mais terrível nas mãos do Estado, não só por conter as sanções que, em princípio, mais interferem com valores fundamentais da pessoa, como pelos efeitos sociais que inevitavelmente desencadeia, e precisa, assim, de ser legitimado e limitado na sua atuação; legitimado e limitado não só quanto à forma de atuação, oferecendo garantias de imparcialidade e certeza jurídica, mas também quanto ao próprio conteúdo. Mas, por outro,

---

89. SILVA SÁNCHEZ, Jesús-María. *A expansão do direito penal*: aspectos da política criminal nas sociedades pós-industriais. 3. ed. Tradução Luiz Otavio de Oliveira Rocha. São Paulo: RT, 2013. p. 69, nota 96.

59

ele é imprescindível para a própria defesa dos valores essenciais à vida do homem em sociedade[90].

Portanto, pode-se afirmar que o Direito Penal democrático não pode ser mais encarado como um instrumento de desmedido ataque a direitos fundamentais. Deve ser recebido, pois, como um grande aliado para o seu desenvolvimento e tutela.

E, para tanto, a dogmática penal tradicional não pode prescindir da criminologia e da política criminal com vistas ao horizonte social que, como se sabe, se encontra em constante transformação.

Afinal, como pondera Paulo Ferreira da Cunha, se o cidadão não vê a ação concreta do Direito Penal, punindo quem precisa ser punido e defendendo quem precisa ser defendido (e não o contrário), então ele não existe, realmente, para si, e é o próprio sentido do mundo que se põe em perigo, já que os eixos postos às avessas resultam em desorientação e medo, perdendo-se, por consequência, o sentimento de pertencimento a um grupo (*belonging*) que faz com que o indivíduo mantenha sua crença nas instituições e não volte a agir como um animal acuado.[91]

1.4.1. Moderna dogmática penal

Ainda que, *minoritariamente*, Günther Jakobs sustente que a missão do Direito Penal seja o reconhecimento da validade da norma[92], a doutrina *majoritária* continua afirmando que a sua missão converge para a defesa de bens jurídicos[93].

---

90.   CUNHA, op. cit., p. 272.

91.   CUNHA, Paulo Ferreira da. *A Constituição do crime*: da substancial constitucionalidade do Direito Penal. Coimbra: Coimbra, 1998. p. 24.

92.   Para Jakobs, "La contribución que el Derecho penal presta al mantenimiento de la configuración social y estatal reside en garantizar las normas. La garantia consiste en que las expectativas imprescindíbles para el funcionamento de la vida social, en la forma dada y en la exigida legalmente, no se den por perdidas en caso de que resulten defraudadas. Por eso – aun contradiciendo el linguaje usual – se debe definir como el bien a proteger la firmeza de las expectativas normativas esenciales frente a la decepción, firmeza frente a las decepciones que tiene el mismo ámbito que la vigencia de la norma puesta en práctica; este bien se denominará a partir de ahora bien jurídico-penal." (JAKOBS, Günther. *Derecho penal*. Parte General. Fundamentos y teoria de la imputación. 2. ed. Traducción Joaquim Cuello Contreras y José Luis Serrano Gonzales. Madrid: Marcial Pons, 1997. p. 45).

93.   Por todos, confira-se Yacobucci, para quem "La noción de bien jurídico expresa en el derecho penal de la modernidad, y en especial en la segunda pós-gerra, la idea de un contenido esencial em la ilicitude penal. En tanto el derecho penal se refiere – tutela, protege, etc. – a

Cap. 1 • CIÊNCIA GLOBAL DO DIREITO PENAL

Todavia, a precisa delimitação do que venha a ser um bem jurídico-penal talvez seja uma tarefa inalcançável.

A indisfarçável variabilidade sentida na evolução das próprias ideias apresentadas por Birnbaum que, como visto no início deste livro, questionou a formulação de Feuerbach, e que foram posteriormente atacadas por Karl Binding e Liszt, revela a tendência de o conceito de bem jurídico transformar-se em algo vago, abstrato e divorciado das necessidades práticas, sobretudo diante de uma sociedade plural, complexa, consumista e extremamente dinâmica como a que vivemos no moderno mundo de hoje, segundo a qual, na visão de Gilles Lipovetsky, as esferas mais diversas são o *locus* de uma escalada aos extremos, entregues a uma dinâmica ilimitada, a uma espiral hiperbólica[94].

É inegável, pois, que os critérios de seleção de condutas e formulação de respostas não têm uma regra universal e imutável, variando em função da estrutura social e do contexto histórico e político do momento.

Não por acaso, Winfried Hassemer e Francisco Muñoz Conde advertem que

> La densidad y complejidad del tráfico viario y aéreo y de los centros de información y comunicación de las terminales electrónicas de dados; la creciente intervención del Estado en la economia a través de una política de subvenciones, o el aumento de la polución del medio ambiente, enfrentan al Derecho penal con la cuestión de si se puede limitar todavía su misión a la protección del 'derecho de o'tro', o hay que passar a proteger instituciones, unidades o funciones sociales, lo que evidentemente significa uma mayor vaguedad del concepto de bien.[95]

De toda a sorte, a missão aqui referendada de proteção a bens jurídicos, compreendidos como a expressão de um interesse, da pessoa ou da coletividade, na manutenção ou integridade de um certo estado,

---

bienes jurídicos, estos son la única finalidad que justifica la intervención penal. Este concepto recibió además la función de operar como límite a la potestade penal del legislador. Es decir, solo pueden ser objeto de ley penal los comportamientos que afecten bienes jurídicos." (YACOBUCCI, Guillermo J. *El crimen organizado*: desafios y perspectivas en el marco de la globalización. Ciudad de Buenos Aires: Ábaco de Rodolfo Depalma, 2005. p. 50).

94. LIPOVETSKY, Gilles. *Os tempos hipermodernos*. Tradução Mário Vilela. São Paulo: Barcarolla, 2004. p. 54-55.

95. HASSEMER, Winfried; MUÑOZ CONDE, Francisco. *Introducción a la criminologia y al Derecho Penal*. Valencia: Tirant lo Blanch, 1989. p. 107.

objeto ou bem em si relevante socialmente e, por isso, juridicamente reconhecido como digno[96], não pode ser tarefa exclusiva de uma isolada dogmática penal.

À dogmática penal cabe responder se uma conduta humana é ou não crime; em outras palavras, promover a conformação dos conceitos teóricos, de forma coerente e ordenada, com vistas à aplicação prática da lei ao caso concreto.

Todavia, a dogmática não é ilimitada.

Ainda que busque a aplicação da lei ao caso concreto, não pode alcançar uma objetividade total que exclua, do intérprete, seu ponto de vista ou juízo de valor[97].

À dogmática cabe dizer, a partir da sistematização de conceitos, se o autor de uma conduta pode ser punido penalmente e de que forma ele deve ser apenado. Ocorre que, à evidência, essa não é (e nem deve ser) a única tarefa da Ciência Global do Direito Penal, tal como propugnado neste livro.

Além de voltar-se ao estudo das normas, a moderna Ciência Global do Direito Penal também deve produzir conhecimento científico sobre o fenômeno e as causas determinantes do crime.

Ora, se é objeto da dogmática penal o direito positivo, devem ser objeto da Ciência Global do Direito Penal, ao lado e conjuntamente com as normas penais, o delito, a pena, suas causas determinantes e consequências vitimológicas, conferindo-se especial importância à necessidade de maior e melhor compreensão do binômio tempo/espaço para a formulação de propostas reformadoras das leis penais, sobretudo daquelas que tenham ingerência sobre a ordem econômica, diante da evidente volatilidade da globalizada economia de mercado.

Aliás, vale a pena repisar que a Ciência do Direito Penal é social e hermenêutica, sujeita a juízos de valor que a dogmática penal não é capaz de, por si, oferecer.

No mundo de hoje, em que o documento falsificado deixou de ser apenas físico e ganhou o ciberespaço para transmudar-se em realidade virtual, e que a falsificação, outrora restrita ao burocrático ambiente de cartórios e contratos bilaterais, foi ampliada e pode, com o simples apertar de uma tecla de computador, transpor milhares de quilômetros

---

96. DIAS, op. cit., p. 43.

97. BACIGALUPO, op. cit., p. 45.

Cap. 1 • CIÊNCIA GLOBAL DO DIREITO PENAL

em segundos e produzir efeitos em vários países de diversos continentes de uma só vez, conferir concretude aos conceitos e elementares do tipo penal, aproximando a norma abstrata da realidade prática, não pode ser tarefa exclusiva de uma hermética e isolada dogmática penal.

A eficácia do Direito Penal depende não apenas da sistematização lógica de seus conceitos de tipicidade, ilicitude e culpabilidade. Depende, também, da sua aplicação prática ao caso concreto.

Portanto, pode-se afirmar que a dogmática penal é indiscutivelmente limitada pela criminologia e pela própria política criminal.

Ademais, na busca pela maior aproximação da realidade, ao lado da necessidade de intensificar seu interesse por dados empíricos apresentados pelas demais ciências criminais, o Direito Penal deve valer-se, ainda, dos ensinamentos oferecidos por ciências não-jurídicas, com especial destaque para a Sociologia, a Psicologia e a Economia.

Mir Puig destaca essa tendência e necessidade de aproximação da dogmática penal com ciências não-jurídicas quando pontua que

> [...] el derecho no es más que forma y reflejo de una estructura social, por lo que la ciencia del derecho ha de ocuparse de esa estructura social. En otras palabras, la ciencia del derecho ha de ser una ciencia social. A la hora de responder a preguntas tan fundamentales para el derecho penal como: Qué condutas merecen ser castigadas? y cuál es la función del derecho penal?, esta dirección cree necesario remitir al que consideran específico terreno del derecho: la sociedad, o mejor, los sistemas sociales. No el formal mundo de las normas, ni tampoco el ámbito espiritual-cultural de los valores – como pretendían, respectivamente, el formalismo positivista y la dogmática de las ciencias del espíritu –, sino sólo el funcionamento de los sistemas sociales puede suministrar los criterios de respuesta a las cuestiones planteadas[98].

Assim, a dogmática penal não pode fechar seus olhos para as necessidades sociais concretas. Ao revés, deve compreender e sistematizar as normas penais com vistas ao funcionamento dos sistemas sociais.

A moderna ciência do Direito Penal deve reunir, enquanto ciência social, o mundo dogmático do dever-ser com a realidade concreta do ser, sob pena de transmudar sua eficácia em puro simbolismo e anacro-

---

98. MIR PUIG, Santiago. *Introducción a las bases del Derecho Penal*. 2. ed. Montevideo: Editorial B de F, 2007. p. 272.

nismo penal, contendo normas obsoletas que, malgrado ainda possam ser fisiologicamente interpretadas como texto, já não oferecem mais um suporte metodológico e jurídico[99].

1.4.1.1. *Moderna dogmática penal e delitos econômicos*

Apresentadas as premissas básicas para a construção de uma moderna dogmática penal, resta claro que o Direito Penal tradicional, voltado à tutela de bens individuais e pautado pela verificação do resultado naturalístico, revela-se insuficiente para o efetivo combate da criminalidade econômica, responsável pela violação de bens jurídicos coletivos.

Na lição de Luis Gracia Martin,

> [...] a necessidade de fazer frente a este tipo de criminalidade valendo-se do Direito penal colocou em xeque quase todos os instrumentos dogmáticos tradicionais e, evidentemente, converteu já em obsoleta a Parte Geral tradicional de nossa disciplina na medida em que os conceitos e estruturas desenvolvidos pela mesma só se projetam em campos da realidade social muito reduzidos e, por isso mesmo, não pode em princípio oferecer nenhuma resposta segura aos problemas de imputação que sugere o Direito penal moderno em geral, e o Direito Penal da empresa em especial, como uma de suas mais destacadas expressões[100].

Nessa direção, Luciano Nascimento Silva anota que:

> Essa nova espécie de criminalidade – fenômeno de poder, organização e dominação maximizado a partir do início do século XX – provoca uma identificação irrefutável, que é o desconserto das ideologias do sistema penal clássico[101].

De fato, ofensividade que informa o Direito Penal clássico, identificada no brocardo *nullum crimen sine injuria*, fundamento principiológico para a vedação da criminalização de atos de mera

---

99. MÜLLER, Friedrich. *Teoria estruturante do direito.* Tradução Peter Numann, Eurides Avance de Souza. São Paulo: RT, 2008. p. 202.

100. MARTIN, Luis Gracia. *Prolegômenos para a luta pela modernização e expansão do Direito Penal e para a crítica do discurso de resistência.* Porto Alegre: Sergio Antonio Fabris, 2005. p. 64-65.

101. SILVA, Luciano Nascimento. *Teoria do Direito Penal Econômico e fundamentos constitucionais da ciência criminal secundária.* 1. ed. Curitiba: Juruá, 2010. p. 27.

Cap. 1 • CIÊNCIA GLOBAL DO DIREITO PENAL

cogitação que, no plano fenomênico, sequer expõem a perigo de lesão o bem jurídico-penal a ser tutelado, como nas hipóteses de crime impossível[102], não pode ser a que deve informar o moderno Direito Penal econômico.

Quando cuidar de bens jurídico-penais de cariz individual, o princípio da ofensividade deve servir como obstáculo à antecipação da tutela penal, imprescindível, para a caracterização do injusto, a verificação de lesão ou ameaça concreta e real ao bem jurídico protegido; mas, quando tutelar bens jurídico-penais de cunho coletivo – como nas hipóteses alcançadas pelo Direito Penal econômico, de improvável reparação e com titulares indeterminados – deve impulsionar a aplicação de um Direito Penal prospectivo, abrigando a desestabilização das expectativas de segurança dos bens tutelados diante de atividades potencialmente lesivas[103].

Para tanto, sem descuidar-se da legalidade que informa todo o sistema penal, a moderna dogmática não pode prescindir de técnicas diferenciadas para a construção de tipos penais que pretendam tutelar a ordem econômica.

Aliás, como adverte Klaus Tiedemann

> La mayor parte del Derecho penal económico es *accesoria*, es decir, depende de regulaciones extrapenales (del Derecho económico, etc.). Los mandatos y las prohibiciones se encuentran en normas de conducta extrapenales, es decir, separados de las amenazas penales[104].

Nessa quadra, deve necessariamente lançar mão de leis penais em branco[105] que, claramente identificadas com a incapacidade sistemática

---

102. HUNGRIA, Nelson. *Comentários ao Código Penal*. 4. ed. Rio de Janeiro: Forense, 1958. v. 1, t. II. p. 99.

103. TURESSI, op. cit., p. 146.

104. TIEDEMANN, Klaus. *Derecho Penal Económico*: introducción y parte general. Lima: Grijley, 2009. p. 44.

105. De acordo com Dulce María Santana Vega, "El término de ley penal en blanco surge en Alemania como consecuencia de su estrutura federal para instrumentar la distribución de competencias entre el Bund (Federación) y los Länder (Estados federados). Así, en aquellos casos en los que la ley del Imperio (Código penal del Reich) delegaba en los Länder, o incluso en los municipios, la concreción del supuesto de hecho con relación a un determinado tipo, esto se llevaba a cabo mediante una ley en la que sólo se señalaba la pena a imponer. Esta técnica se utilizo más frecuentemente para faltas que para delitos". (VEGA, Dulce María Santana. *El concepto de ley penal en blanco*. 1. ed. Buenos Aires: Ad hoc, 2000. p. 15).

de se prever todas as hipóteses de sua concretização prática, não são vedadas pelo texto constitucional[106].

Nas palavras de Dulce María Santana Vega, o emprego de leis penais em branco para a tutela de bens jurídico-penais coletivos encontra uma tríplice ordem de justificação:

> a) De un lado, habría que aludir a razones técnicas: la complejidad que presenta determinada clase de delitos hace imposible su precisión por el Código penal ya que motivaría un incremento considerable de tipos penales con el consiguiente menoscabo de la economía legislativa. [...]. b) De otro lado, las leyes penales en blanco aparecen como una necesidad para evitar el anquilosamiento de la regulación penal. [...]. c) Las leyes penales en blanco aparecen así como un instrumento técnico necesario para superar el nível del Derecho penal de corte exclusivamente liberal, nucleado en torno a bienes jurídico-penales individuales[107].

Resta evidenciado que a proteção jurídico-penal da ordem econômica e de outros interesses difusos e coletivos, por exemplo, o meio ambiente, as relações de consumo e a segurança das informações que circulam pelo espaço cibernético, somente poderá ocorrer de maneira eficiente com o preenchimento de conteúdos normativos que estão fora do próprio tipo penal.

Com efeito, para a efetividade do Direito Penal econômico, conferir concretude a conceitos-chave da economia, tais como bens de capital, bens de consumo, bens finais, bens intermediários, curva ou fronteira de possibilidades de produção, custo de oportunidade, fatores de produção, fluxos reais e monetários, capital intelectual, demanda, oferta, equilíbrio de mercado e elasticidade da demanda, não deve ser tarefa de leis penais hermeticamente fechadas.

Essa moderna dogmática penal também deve lançar mão, ainda que de maneira excepcional e evidentemente pautada pela proporcionalidade, de tipos penais de perigo abstrato ou presumido, conferindo-se qualidade de crime a determinadas condutas que não produzam resultado naturalístico.

---

106. SILVA, Pablo Rodrigo Alflen da. *Leis penais em branco e o direito penal do risco*: aspectos críticos e fundamentais. Rio de Janeiro: Lumen Juris, 2004. p. 136.

107. VEGA, op. cit., p. 17-18.

Cap. 1 • CIÊNCIA GLOBAL DO DIREITO PENAL

Aliás, na lição de Roxin, a discussão sobre a legitimidade ou não dos delitos de perigo abstrato não pode ser decidida a partir da sua aceitação ou negação em bloco, mas via investigações, análises e valorações político-criminais dos perigos decorrentes de determinados comportamentos, procedimento que não vale só para a apreciação político-jurídica das normas já existentes, mas também para fundamentar exigências a serem feitas *de lege ferenda*[108].

Dessa forma, em matéria econômica, sempre que possível, deve-se lançar mão dos chamados *delitos-obstáculo*, impedindo-se, dessa forma, a ocorrência de resultados violadores do bem jurídico tutelado pela norma.

O que deve ser evitado, pois, é a reprovação de condutas violadoras de tipos penais de perigo abstrato com sanções penais muito mais elevadas do que aquelas previstas para os tipos penais que tutelam a efetiva lesão ao bem jurídico, mas não o seu emprego pela moderna dogmática penal.

Como observa Luís Greco, muitos dos severos críticos ao perigo abstrato só conseguem ser tão radicais porque trabalham com um conceito de perigo concreto muito amplo.

Nas palavras de Greco,

> [...] se até 'perigo comum', perigo para número indeterminado de pessoas, é perigo concreto, se existe uma 'teoria do perigo concreto indireto', então grande parte daquilo que a doutrina dominante pode, no máximo, considerar crime de perigo abstrato acabou sendo elevado à categoria dos crimes de perigo concreto e tornada legítima[109].

Criticar a figura dos crimes de perigo abstrato não resolve o problema, máxime porque, em solo brasileiro, a constitucionalidade do emprego desta técnica já foi reconhecida pelo Supremo Tribunal Federal, dentre outros julgados, nos autos do *Habeas Corpus* n. 104.410/RS, impetrado pela Defensoria Pública da União contra decisão proferida pelo Superior Tribunal de Justiça que, nos autos do Recurso Especial n. 984.616/RS, contrariando a tese defensiva, houve por bem reformar acórdão proferido pelo Tribunal de Justiça do Estado do Rio Grande do

---

108. ROXIN, Claus. *Estudos de Direito Penal*. Tradução Luís Greco. Rio de Janeiro: Renovar, 2006. p. 81.

109. GRECO, Luís. *Modernização do Direito Penal, bens jurídicos coletivos e crimes de perigo abstrato*. Rio de Janeiro: Lumen Juris, 2011. p. 101.

Sul que, em sede própria, havia reconhecido a atipicidade da conduta de porte ilegal de arma de fogo desmuniciada[110].

1.4.2. Criminologia

Destacada a necessidade de se reconhecer a *insuficiência* da visão solipsista da dogmática penal para a construção de um Direito Penal mais próximo da realidade social, destaca-se, agora, a necessidade de se (re) descobrir a importância dos estudos empíricos da criminologia para a construção de uma moderna Ciência Global do Direito Penal.

Pesquisada e discutida por vários estudiosos ao longo dos anos, a ciência autônoma da criminologia não é nova e remonta suas origens ao final do século XIX.

Conferindo ao delito uma concepção sociológica, credita-se a Raffaele Garófalo a autoria da primeira obra de vulto a tratar do tema, intitulada *A Criminologia*, no ano de 1885, em Turim, na Itália.

Curiosamente, nas páginas iniciais de seu estudo, Garófalo já critica o "purismo" da dogmática penal e a concepção do delito na visão dos juristas.

Nas palavras do Professor da Universidade de Nápoles:

> Qué es la criminalidad para el jurista? Nada. Casi no conoce esta palavra. No se ocupa de las causas naturales de este fenómeno social. Para él, estos conocimientos son, todo lo más, conocimientos de lujo. El criminal no es para el jurista un hombre psiquicamente anormal: es un hombre como otro cualquiera, que há ejecutado una acción prohibida y punible. Y es que el jurista no estudia el delito más que según su forma exterior, sin hacer ningún análisis de él según la psicologia experimental y sin averiguar su procedencia[111].

---

110. Extrai-se do voto condutor do ministro Gilmar Mendes, em parte, que "A criação de crimes de perigo abstrato não representa, por si só, comportamento inconstitucional por parte do legislador penal. A tipificação de condutas que geram perigo em abstrato, muitas vezes, acaba sendo a melhor alternativa, ou a medida mais eficaz, para proteção de bens jurídico-penais supraindividuais ou de caráter coletivo, como o meio ambiente, por exemplo. A antecipação da proteção penal em relação à efetiva lesão torna mais eficaz, em muitos casos, a proteção do bem jurídico. Portanto, pode o legislador, dentro de suas amplas margens de avaliação e de decisão, definir quais as medidas mais adequadas e necessárias para a efetiva proteção de determinado bem jurídico, o que lhe permite escolher espécies de tipificação próprias de um direito penal preventivo. Apenas a atividade legislativa que, nessa hipótese, transborde os limites da proporcionalidade, poderá ser tachada de inconstitucional".

111. GARÓFALO, Raffaele. *La criminología*: estúdio sobre el delito y la teoría de la represión. Traducción Pedro Dorado Montero. Montevideo: Editorial B de F, 2014. p. 45.

Cap. 1 • CIÊNCIA GLOBAL DO DIREITO PENAL

De outro giro, também é de se destacar, nas origens dos estudos criminológicos, a obra *L'Uomo Delinqüente*, publicada no ano de 1876, por Cesare Lombroso, claramente dedicada à antropologia criminal.

Para Lombroso, o "verdadeiro delinquente" é o nato, que se explica, de acordo com a sua teoria, pelo atavismo, por uma herança hereditária do indivíduo, e pela verificação de dois desvios básicos, a loucura moral e a epilepsia[112].

E, completando a tríade de autores italianos que, com suas pesquisas inovadoras, conceberam o embrião dos estudos criminológicos, credita-se a Enrico Ferri, discípulo de Lombroso[113], a responsabilidade pela criação de uma sociologia criminal, a contar da publicação da obra *Nuovi Orizonte sul Diritto e sulla Procedura Penale*, no ano de 1881, também na cidade de Turim, na Itália, posteriormente editada com o título *Sociologia Criminale*.

Com efeito, foi Ferri quem, pela primeira vez, malgrado continuasse a conferir especial predomínio para causas biológicas e genéticas, distinguiu as causas do delito em causas sociais e causas físicas, ampliando os horizontes criminológicos daquela época para além do próprio indivíduo.

Seja como for, com base nas ideias de Garófalo, Lombroso e Ferri, se seguiram inúmeras publicações dedicadas à criminologia, com especial destaque para a obra *Des Principes Sociologiques de la Criminologie*, de Raoul de la Braserie e prefaciada pelo próprio Lombroso, no ano de 1901, em Paris, França, para a obra intitulada *La Nouvelle Criminologie*, do professor espanhol Quintiliano Saldaña, publicada no ano de 1929, também em Paris, França, para a obra *Criminology*, de M. Parmelee, publicada no ano de 1918, em Nova Iorque, E.U.A., e para o estudo de Edwin Sutherland, intitulado *Criminology*, de 1924,

---

112. SENDEREY, Israel Drapkin. *Manual de criminologia*. Tradução Ester Kosovski. São Paulo: José Bushatsky Editor, 1978. p. 25 e ss.

113. De acordo com M. Susana Ciruzzi de Rabuffetti, "La doctrina del médico Lombroso fue particularmente relativizada por el jurista Ferri. Este se ocupó además de factores sociales por lo que en ocasiones es considerado también como el fundador de la Sociología Criminal. Continuó el proceso de diferenciación introducido por Lombroso y distinguió ya en su doctrina varios grupos de delincuentes claramente delimitados entre sí. Citemos de modo particular su tesis de la "saturazione criminale" que desarrolló enlazando con las reflexiones de los primeros estadísticos criminales franceses (1896). Según ella, en un determinado medio social, bajo ciertas condiciones individuales y sociales, se comete un número fijo de delitos, ni uno más ni uno menos". (RABUFFETTI, M. Susana Ciruzzi de. *Breve ensayo acerca de las principales escuelas criminológicas*. Buenos Aires: Fabián J. Di Plácido Editor, 1999. p. 36-37).

na Filadéfia, E.U.A., posteriormente relançado em 1934 com o título *Principles of Criminology*[114].

Em solo brasileiro, foi Roberto Lyra quem, com fundamento em seus estudos criminológicos, idealizou e organizou uma verdadeira escola de criminologia, por ele batizada "Escola Brasileira de Direito Penal Científico", livre dos freios da disciplina normativa, tendo como patrono o ilustre penalista do Império, Tobias Barreto, e integrada, dentre outros, por Hilário Veiga de Carvalho e Carlos Ribeiro.

Aliás, de acordo com Lyra,

> A relatividade e a mutabilidade da noção legal de crime não impedem, antes autenticam, a natureza da criminalidade. Delas, a Criminologia extrai, em termos sociológicos, as explicações e as críticas, senão os padrões e as tendências de homogeneidade. Que é que não evolui, que não muda? Os préstimos criminológicos da comparação temporal e espacial repelem a suposta impossibilidade do aproveitamento da noção jurídica (costumeira ou legal) em virtude de sua diversidade histórico-geográfica[115].

De toda a sorte, enquanto ciência empírica e interdisciplinar, baseada na observação e na experimentação, a criminologia se ocupa do estudo do crime, do delinquente, da vítima e do controle social do delito.

Valendo-se de métodos indutivos, à criminologia cabe conhecer a realidade como ela é e, somente a partir dessa compreensão prática, assimilar o fenômeno criminal como um todo.

Para Sérgio Salomão Shecaira, o interesse da criminologia não é a propriamente a qualificação formal correta de um acontecimento penalmente relevante, mas a imagem global do fato e de seu autor[116].

A título de ilustração, Taipa de Carvalho exemplifica que

> [...] será objeto da criminologia a investigação das conexões entre o *desemprego*, a perda da auto-estima [sic], a marginalização, a toxicodependência e a criminalidade patrimonial, nomeadamente, o furto e o roubo. Da mesma forma, caberá à investigação crimi-

---

114. ZAFFARONI; OLIVEIRA, op. cit., p. 396-397.

115. LYRA, Roberto; ARAÚJO JÚNIOR, João Marcello. *Criminologia*. 2. ed. Rio de Janeiro: Forense, 1990. p. 22.

116. SHECAIRA, Sérgio Salomão. *Criminologia*. 1. ed. São Paulo: RT, 2004. p. 39.

Cap. 1 • CIÊNCIA GLOBAL DO DIREITO PENAL

nológica a influência criminógena das políticas urbanísticas que remetam determinados grupos étnico-culturais para os subúrbios das grandes cidades – guetização[117].

Todavia, não obstante o espetacular avanço dos estudos criminológicos visto até a década de 30 do século XX, a ciência do Direito Penal, influenciada por ideais neoclássicos, não olvidou esforços para tentar isolar a dogmática das investigações promovidas pela criminologia.

De fato, sobretudo com o declínio da Escola Positiva italiana, que, como visto, vislumbra no nascedouro da criminalidade uma conotação de natureza patológica-individual, a criminologia foi remetida a um estado de profundo ceticismo, limitando-se a fornecer meras descrições e dados estatísticos marcadamente complementares[118].

Nessa quadra, a busca pela "purificação" do Direito Penal vista ao final da década de 30 do século passado logo influenciou os Códigos Penais que se seguiram naquele período.

No Brasil, de acordo com Dotti,

> O desprestígio da Criminologia decorreu do antagonismo que lhe passaram a dedicar ilustres penalistas da geração dos anos 30. Com a autoridade de ter sido o principal redator do CP de 1940, Nélson Hungria declarou em várias oportunidades a marginalização da Criminologia 'em face de uma legislação nova que mandou para o limbo as denominadas ciências criminológicas' ('Introdução à Ciência Penal', em *Novas Questões Jurídico-Penais*, p. 15). Em vários trechos do CP se percebe o hermetismo em que se radica, opondo-se fortemente às contribuições da Criminologia e da Vitimologia e outras disciplinas[119].

Aliás, em suas *Novíssimas Escolas Penais*, Lyra repisa toda a marcha da elaboração do Código Penal de 1940, que, como se sabe, é fruto do projeto elaborado pelo professor da Faculdade de Direito da Universidade de São Paulo, Alcântara Machado, posteriormente submetido à comissão revisora nomeada pelo ministro Francisco Campos, e da qual fizeram parte, ao lado de Lyra, os renomados Nelson Hungria, Vieira Braga e Narcélio de Queiroz. E, ao retratar os vários pontos de embate

---

117. CARVALHO, op. cit., p. 15.

118. NUVOLONE, Pietro. *O sistema do Direito Penal*. São Paulo: RT, 1981. v. 1. p. 76-77.

119. DOTTI, op. cit., p. 163.

ideológico entre os juristas revisores, notadamente entre ele e Nelson Hungria, Lyra transcreve curiosa fala creditada ao penalista mineiro:

> Nelson Hungria escreveu: 'Sem desmerecer o contingente de erudição e experiência de Roberto Lyra e Narcélio de Queiroz, não tenho dúvida em afirmar que o êxito da tarefa revisionista foi devida a três fatôres [sic] decisivos: a devotada colaboração de Costa e Silva, a firmeza de propósito do Ministro Campos e o sereno equilíbrio intelectual, o raro espírito de proporção de Vieira Braga' (A Evolução do Direito Penal Brasileiro, Revista Forense, 1943, vol. 95, pág. 12)[120].

Como se não bastasse, a criminologia deixou de ser estudada nos bancos das faculdades de Direito, que, em regra, passaram a dela se ocupar como disciplina optativa ao final do curso de bacharelado ou, quando muito, como um mero apêndice da Medicina Legal.

Todavia, os tempos mudaram.

Vive-se um tempo de extrema fluidez de conceitos e valores. Na sociedade pós-industrial do século XXI, em que o econômico se sobrepõe ao político e ao social, os órgãos e instâncias *informais* de controle já não exercem mais papéis significativos na formatação de valores sociais.

Nos dias atuais, em que o individualismo impera, na acertada visão de Alexandre Rocha Almeida de Moraes,

> O homem pós-moderno, com aspirações de autonomia subjetiva em todas as camadas sociais, rompe com as amarras das tradicionais formas de controle. Tornam-se, assim, frágeis os rigores da educação, da estrutura familiar tradicional, dos dogmas religiosos seculares e até mesmo as amarras sexuais[121].

E, *paradoxalmente*, esse individualismo que marca a sociedade pós- moderna conduz à massificação e à padronização. A vida individual estimula o homem pós-moderno a depender de outras estruturas que ele, por si, torna-se incapaz de compreender.

Na radiografia de Ulrich Beck

---

120. LYRA, Roberto. *Novíssimas escolas penais*. Rio de Janeiro: Borsoi, 1956. p. 92-93.

121. MORAES, Alexandre Rocha Almeida de. *Direito penal racional*: propostas para a construção de uma teoria da legislação e para uma atuação criminal preventiva. Curitiba: Juruá, 2016. p. 95-96.

Cap. 1 • CIÊNCIA GLOBAL DO DIREITO PENAL

Individualização significa dependência do mercado em todas as dimensões da conduta na vida. As formas de subsistência que surgem correspondem a um *mercado de massa* e a um *consumo de massa* atomizados, inconscientes de si mesmos, voltados para moradias, móveis e artigos do dia a dia projetados em série, promovidos por meios de comunicação de massa e absorvidos por opiniões, hábitos, gostos e estilos de vida predeterminados. Em outras palavras, as individualizações conduzem as pessoas a uma padronização e um direcionamento controlados de fora, para os quais os nichos das subculturas estamentais e familiares sempre foram estranhos[122].

Consequentemente, o tempo é de insegurança, a qual emerge da própria transformação social, que, como já afirmado, opera suas molas propulsoras sobre bases individuais, e que, por vezes, acaba sendo potencializada por determinados veículos de informação e imprensa que transmitem, irresponsavelmente, medo e aflição, potencializando percepções inexatas e absolutamente divorciadas da realidade concreta.

Para Silva Sánchez,

> A lógica do mercado reclama indivíduos sozinhos e disponíveis, pois estes se encontram em melhores condições para a competição mercadológica ou laborativa. De modo que, nessa linha, as novas realidades econômicas, às que se somaram importantes alterações ético-sociais, vêm dando lugar a uma instabilidade emocional-familiar que produz uma perplexidade adicional no âmbito as relações humanas. Pois bem, nesse contexto de aceleração e incerteza, de obscuridade e confusão, se produz uma crescente desorientação pessoal (*Orientierungsverlust*), que se manifesta naquilo que já se denominou *perplexidade da 'relatividade'*[123].

E, tomado por esta incômoda sensação de insegurança, o homem comum clama por proteção. Não por acaso, pululam contratos de seguro oferecidos por empresas especializadas que, em última análise, são retroalimentadas por essa espiral autofágica. Quem pode, compra proteção privada. Quem não pode, roga por proteção estatal.

---

122. BECK, Ulrich. *Sociedade de risco*: rumo a uma outra modernidade. Tradução Sebastião Nascimento. São Paulo: Editora 34, 2011. p. 195.

123. SILVA SÁNCHEZ, Jesús-María. *A expansão do direito penal*: aspectos da política criminal nas sociedades pós-industriais. Tradução Luiz Otavio de Oliveira Rocha. 3. ed. São Paulo: RT, 2013. p. 42.

Paralelamente à insegurança, além de incrementar as formas e instrumentos de agressão aos bens jurídico-penais já tradicionalmente tutelados pelo sistema penal, como facilmente se depreende do espetacular aumento do livre comércio clandestino de peças e veículos automotores roubados e/ou furtados no Brasil e em toda a América Latina, da falsificação e do contrabando de cigarros e produtos eletrônicos, e do incremento do tráfico de drogas, esta sociedade pós- moderna também produz sua *própria* e *nova criminalidade*.

A modernidade trouxe consigo seu novo terrorismo, que em nada se parece com práticas promovidas por grupos separatistas no século passado; seu novo tráfico de drogas, claramente potencializado por avançadas técnicas de produção de estupefacientes sintéticos e pela facilidade sentida no transporte e disseminação social em rotas consumidoras mundialmente interligadas; seu novo e altamente lucrativo tráfico de armas, animais e plantas silvestres; seu novo tráfico de seres humanos para fins de exploração sexual, inclusive pedofilia pela rede mundial de computadores, transplante clandestino de órgãos e escravidão, agora batizada de condição análoga à de escravo; e, finalmente, a denominada *macrocriminalidade econômico-financeira*, aquela que potencializa, em última análise, a busca desmedida pelo lucro fácil, com o incremento e o apoio da corrupção de agentes públicos para a consecução de seus fins espúrios.

Em comum, todas essas novas formas de criminalidade moderna apresentam, como traço característico, a elevada organização dos grupos que a elas se dedicam e a altíssima potencialidade lesiva decorrente de suas práticas.

À evidência, não se trata de uma organização superficial, rudimentar, momentânea e historicamente combatida pelo Direito Penal clássico por meio da tipificação do conhecido delito de quadrilha ou bando – agora com a roupagem de associação criminosa – que, frise-se, não passando de punição de atos preparatórios, sempre foi aceito pela doutrina.

Ao revés, trata-se da criminalidade organizada inserida no âmago do mundo pós-moderno e que, na dicção de Luis Arroyo Zapatero,

> [...] es el produto de la suma y combinación de diversos elementos, teñidos todos por una aplicación de un exceso de inteligencia y de la extraordinaria capacidad de organización que dan todos los médios contemporâneos, tanto de movilidad y de comunicaciones, como la capacidad de daño que el crimen organizado tiene, tanto

Cap. 1 • CIÊNCIA GLOBAL DO DIREITO PENAL

se trate de operaciones económicas, como de tráfico de substancias ilegales o de armas[124].

Identificado por uma desmedida potencialidade lesiva, o denominado Direito Penal clássico, marcadamente reativo e voltado para a tutela de bens jurídico- penais individuais, revela-se insuficiente, agora, para o enfrentamento dessa nova e organizada criminalidade moderna, em cada uma de suas facetas.

Não por acaso, Rafael Berruezo destaca que

> Preocupa a las sociedades en general que el derecho penal no pueda dar respuesta a un fenómeno que tiene sus origenes en estructuras de poder, como es el caso de empresas legalmente constituídas, que pueden cometer ilicitos produto de su propia actividad, o que funcionan como máscaras para encobrir conductas prohibidas como lavado de dinero. En la moderna formulación de organizaciones criminales parecen no estar incluídas essas agrupaciones concebidas al margen de la ley para cometer delitos tradicionales, ni las que, refugiándose en su mayor fortaleza física y el temor que infunden, dominan desde la oscuridad a una comunidad. Suele emplearse la designación aludida para aquellas que, amparándose en técnicas jurídico-económicas, guardan la apariencia de legalidad e incluso abusan de las herramientas del ordenamiento, para construir estructuras de complejidad y desviaciones incalculables[125].

Daí a importância de se buscar uma maior aproximação entre a dogmática penal e a *nova* criminologia para o enfrentamento desta crescente e extremamente lesiva criminalidade econômica moderna, vale dizer, das investigações empíricas da criminologia sociológica, fortalecida pelas escolas norte-americanas no século XX, para a construção de uma dogmática aplicável à realidade concreta, prestigiando-se uma verdadeira e eficiente Ciência Global do Direito Penal.

Daí a importância, em suma, de se estudar não apenas o delinquente de maneira isolada e parcial, tal como proposto pela Escola Positivista italiana, mas o delinquente e a própria lei penal que a ele se

---

124. ZAPATERO, Luis Arroyo. Política criminal y estado de derecho en las sociedades contemporáneas. In: ZAPATERO, Luis Arroyo; LASCANO, Carlos; NIETO, Martin Adan (Coord.). *Derecho Penal de la Empresa*: del Derecho Penal Económico del estado social al Derecho Penal de la empresa globalizado. 1. ed. Ciudad Autónoma de Buenos Aires: Ediar, 2012. p. 28.

125. BERRUEZO, Rafael. *Derecho Penal Económico*. Montevideo: Editorial B de F, 2010. p. 16.

aplica, unindo o sujeito cognoscente e o objeto cognoscível com vistas à análise do resultado e eficácia do próprio sistema jurídico-penal no contexto social.

Para Fernando Torrão, a sociedade global, tal como hoje a conhecemos, fruto da evolução tecnocientífica, não deve deixar de suscitar – seja por imperativos de consciência, seja por considerações pragmáticas – uma profunda reflexão enquadrada no universo da razão prática, no contexto do qual se encontra, naturalmente, o sistema jurídico e o próprio subsistema jurídico-penal.

Para o professor Auxiliar da Faculdade de Direito da Universidade Lusíada do Porto, neste espaço de reflexão deve-se ter presente, inicialmente, os estudos oriundos da criminologia, nomeadamente aqueles que revelam a vocação de cada sociedade para produzir a sua própria criminalidade[126].

1.4.2.1. Considerações criminológicas sobre a delinquência econômica: o legado de Edwin H. Sutherland como ponto de partida

O interesse criminológico sobre o incremento e o controle da delinquência econômica, malgrado encontre referências teóricas em outros estudos, com especial destaque para Gabriel Tarde e a sua *teoria da imitação*[127], identifica em Edwin H. Sutherland um de seus principais precursores.

Vivenciando as consequências caóticas de um crescimento demográfico desordenado na cidade de Chicago[128], fomentado, sobretudo,

---

126. TORRÃO, Fernando. Direito Penal, globalização e pós-modernidade (desconstrução do paradigma liberal?). In: BELEZA, Teresa Pizarro; CAEIRO, Pedro; PINTO, Frederico de Lacerda da Costa (Orgs.). *Multiculturalismo e Direito Penal*. Coimbra: Almedina, 2014. p. 73.

127. De acordo com Eduardo Viana Portela Neves, "Tarde foi o primeiro a desenvolver e estudar a criminalidade em função da origem social, sendo fundamental, nesse processo, o que ele chamou de *leis da imitação*. Ele acreditava, basicamente, na ideia de que os fatores que provocam o crime não são pobreza, anomalia, mas sim sentimento de felicidade ou infelicidade; satisfação ou insatisfação. Para ele, portanto, fatores ligados a raça e clima são menos importantes que os fatores sociais." (NEVES, Eduardo Viana Portela. A atualidade de Edwin H. Sutherland. In: SOUZA, Artur de Brito Gueiros (Org.). *Inovações no direito penal econômico*: contribuições criminológicas, político-criminais e dogmáticas. Brasília: Escola Superior do Ministério Público da União, 2011. p. 51).

128. Smanio e Fabretti lembram que "A Escola de Chicago foi de suma importância à criminologia moderna. Foi a primeira linha científica a romper com qualquer concepção etiológica do delinquente – abandona completamente a hipótese de que haja um 'homem delinquente'

pelo incremento da imigração que, no início do século XX, era atraída pela sua pulsante indústria automobilística, Sutherland assiste à edição da Lei Seca, no ano de 1919 (em vigor a datar de 1920), e ao vertiginoso fortalecimento do gangsterismo estadunidense, personalizado na conhecida figura do mafioso Al Capone, pessoa economicamente poderosa e indiscutivelmente inserida nas camadas sociais mais altas daquela época. Com base nessa radiografia social, conferindo à criminologia um viés marcadamente sociológico, busca demonstrar o óbvio, melhor dizendo, que os membros das classes sócio-político-econômicas dominantes também delinquem.

Em sua obra *White Collar Crime*, Sutherland comprova a inadequação e a insuficiência dos estudos criminológicos tradicionais para o estudo da delinquência e do controle social do delito, marcadamente fundamentados em duas bases de pesquisas intimamente relacionadas às classes socioeconômicas menos favorecidas: o histórico pessoal do delinquente e os bolsões de pobreza por ele ocupado sob os aspectos habitacional e urbanístico.

Para Sutherland, tais pesquisas criminológicas, marcadamente estigmatizantes, sempre associaram índices de pobreza com delinquência, como se este fenômeno fosse uma verdadeira patologia social.

Nessa ordem de ideias, já no final dos anos 30 do século XX, após assistir ao *crack* da bolsa de Nova Iorque, no ano de 1929, e ao *New Deal* do Presidente Roosevelt – programa econômico marcado pelo incremento do intervencionismo do Estado na economia e pela resistência oferecida pela classe empresarial dominante àquela política intervencionista –, Sutherland cunha a expressão *white-collar crime* e formula as bases da sua *teoria da associação diferencial*, rechaçando por completo a ideia de que o crime é produto de uma disfunção das pessoas inseridas em classes sociais e econômicas menos favorecidas[129].

Nas palavras de Sutherland:

---

e foca seus esforços em compreender as circunstâncias sociais que levam as pessoas à criminalidade. A Escola de Chicago, adotando o método empírico, tinha na cidade industrial do século XX um verdadeiro laboratório e enorme campo de estudo. Preocupava-se com a prevenção do crime, não em termos de tratamento (como os positivistas) ou punição (como os clássicos), mas sim na perspectiva de um produto social passível de interferência." (SMANIO, Gianpaolo Poggio; FABRETTI, Humberto Barrionuevo. *Introdução ao Direito Penal*: criminologia, princípios e cidadania. 4. ed. São Paulo: Atlas, 2016. p. 84).

129. No ano de 1939, Sutherland promove uma conferência sobre os crimes de colarinho branco perante a Sociedade Americana de Sociologia, marco criminológico para o nascimento do Direito Penal Econômico.

A hipótese da associação diferencial indica que o comportamento criminoso é aprendido em associação com aqueles que definem de forma favorável tal comportamento criminoso e em isolamento daqueles que o definem de forma desfavorável. A pessoa em uma situação apropriada se engaja em tal comportamento criminoso se, e somente se, o peso das definições favoráveis excede o peso das definições desfavoráveis[130].

Para Shecaira, a teoria da associação diferencial

> [...] assenta-se na consideração de que o processo de comunicação é determinante para a prática delitiva. Os valores dominantes no seio do grupo 'ensinam' o delito. Uma pessoa converte-se em delinquente quando as definições favoráveis à violação superam as desfavoráveis[131].

E, na síntese de Luciano Feldens, as conclusões de Sutherland podem ser assim compreendidas:

> a) ao contrário do que podem demonstrar as estatísticas convencionais, pessoas de uma classe socioeconômica elevada envolvem-se largamente em comportamentos criminais; b) esse comportamento criminal difere do comportamento criminal dos ocupantes das classes mais baixas, principalmente no que diz respeito aos procedimentos (*administrative procedures*) que são utilizados ao lidar-se com os acusados; c) as variações de procedimentos não podem ser tomadas como significantes do ponto de vista da causação do crime[132].

É certo que, não obstante seja um marco na evolução dos estudos criminológicos, a obra de Sutherland, como observa Ryanna Pala Veras, não deixou de ser atacada por certos autores positivistas, dentre eles Hermann Mannheim, que criticaram sua teoria, por reputarem-na extremamente vaga e permeada pelo emprego e utilização de conceitos muito abertos, tais como "respeitabilidade" e "elevada classe social".

---

130. SUTHERLAND, Edwin H. *Crime de colarinho branco*: versão sem cortes. Tradução Clécio Lemos. Rio de Janeiro: Revan, 2015. p. 351.

131. SECHAIRA, op. cit., p. 194.

132. FELDENS, Luciano. *Tutela penal de interesses difusos e crimes do colarinho branco*: por uma relegitimação da atuação do Ministério Público: uma investigação à luz dos valores constitucionais. Porto Alegre: Livraria do Advogado, 2002. p. 127.

Todavia, nenhum de seus críticos foi capaz de apresentar critérios seguros que pudessem aperfeiçoar a teoria de Sutherland e a sua definição de *white- collar crime*. Mais disso, nenhum deles foi capaz de desmentir a desigualdade existente no sistema penal e a distinção de tratamento que se dá entre delinquentes ricos e delinquentes pobres, seja na formulação de tipos penais, seja na previsão de respostas proporcionais às lesões por eles causadas[133].

De toda a sorte, do ponto de vista da criminologia social, a delinquência econômica deve ser compreendida como a relativa "a las infracciones lesivas del orden económico, cometidas por personas de alto nível socioeconómico en el desarrollo de su actividad professional"[134].

E, ainda sob esse ponto de vista criminológico, ao lado dos espantosos danos financeiros e do incrível enriquecimento ilícito que proporciona aos seus delinquentes, a criminalidade econômica também produz *danos imateriais*, tão lesivos quanto os materiais, e que podem ser identificados na perda da *confiança* e na deformação do *equilíbrio econômico do mercado*.

De fato, é por essa razão que a criminalização econômica também busca tutelar, dentre outros interesses, o resguardo de informações privilegiadas no mercado mobiliário (*insider trading*), a manutenção da livre concorrência e a garantia da veracidade das informações prestadas aos consumidores de um determinado produto ou serviço, sem o que se compromete a confiança dos agentes econômicos na realidade negocial concreta[135].

Para Miguel Bajo e Silvina Bacigalupo,

> En este sentido la delincuencia económica requiere una especial atención por la gravedad de uno de sus efectos caraterísticos: El de resaca o espiral (*Sog- und Spiralwirkung*), cuya descripción es la seguiente: en un mercado de fuerte competência la deslealtat en la competencia se produce cuando se han agotado las posibilidades legales de lucha. En esta situación quien primero delinque presiona al resto a la comisión de nuevos hechos delictivos (efecto de

---

133. VERAS, Ryanna Pala. *Nova criminologia e os crimes do colarinho branco*. 1. ed. São Paulo: WMF Martins Fontes, 2010. p. 43-4.

134. BAJO, Miguel; BACIGALUPO, Silvina. *Derecho Penal Económico*. Madrid: Centro de Estudios Ramón Areces, 2001. p. 29.

135. SOUZA, Luciano Anderson de. *Direito Penal Econômico*: fundamentos, limites e alternativas. São Paulo: Quartier Latin, 2012. p. 62.

resaca), y cada participante se convierte así en eje de una nueva resaca (efecto de espiral)[136].

Não é só isso. Ao lado dos danos materiais e imateriais que causam à sociedade, os delitos econômicos, pela assustadora cifra financeira que movimentam, também conferem maior musculatura ao poder corruptor de seus agentes, que, na desmedida busca pelo lucro fácil, exercendo atividades privadas as quais possuem íntimas ligações com as estatais, não medem esforços e nem recursos para corromper agentes públicos de todos os níveis das Administrações Públicas direta e indireta do Estado e, dessa forma, preservar o perfeito funcionamento das suas engrenagens criminosas.

Nessa quadra, merece destaque a nefasta correlação existente entre os delitos econômicos e a questão da corrupção eleitoral e do financiamento das campanhas eleitorais e dos partidos políticos no Brasil.

O exercício do poder político sempre caminhou de mãos dadas com fatores socioeconômicos. Aliás, sabe-se que, sem uma forte e robusta campanha eleitoral, dificilmente se elegerá alguém para ocupar cargo político de expressão, e que, para a construção de uma campanha eleitoral vitoriosa, mais do que ideias e propostas, é preciso dinheiro.

Não por acaso, José Mouraz Lopes anota que existem áreas obscuras pouco compatíveis com o princípio da transparência dos procedimentos no Estado democrático nos modelos de financiamento dos partidos políticos e das campanhas eleitorais[137].

De fato, a indisfarçável simbiose existente entre o capital e a política, por vezes, serve como ingrediente facilitador para práticas corruptas as quais, ao final, servirão como instrumento para a consecução de mais práticas criminosas, notadamente no campo dos delitos econômicos.

O atual modelo brasileiro de financiamento das campanhas eleitorais, que, após o quanto decidido pelo Supremo Tribunal Federal na Ação Direta de Inconstitucionalidade n. 4.650/2011[138], continua

---

136. BAJO; BACIGALUPO, op. cit., p. 32.

137. LOPES, José Mouraz. *O espectro da corrupção*. Coimbra: Almedina, 2011. p. 75.

138. Ajuizada pelo Conselho Federal da Ordem dos Advogados do Brasil, a ADin n. 4.650/2011 arguiu, com sucesso, a inconstitucionalidade de diversos dispositivos legais que autorizavam o financiamento empresarial das campanhas e dos partidos políticos, quais sejam, os artigos 23, § 1º, I e II, 24 e 81, caput, e § 1º, todos da Lei nº 9.504/97, e os artigos 31, 38, III, e 39, caput, e § 5º, da Lei n. 9.096/95.

sendo misto (mas agora sem a participação de doações de pessoas jurídicas), fomenta diversas práticas ilícitas, dentre elas, a formação do que ficou conhecido como "caixa dois" – a ilegal e não declarada doação de recursos financeiros para fins político-partidários – além de favorecer o vertiginoso incremento do próprio Fundo Partidário.

Aliás, debruçando-se sobre o impacto da vedação de doações provenientes de pessoas jurídicas para campanhas eleitorais no incremento do Fundo Partidário, Alberto Rollo, Raphael Silva e Renato Ribeiro ilustram que

> Em 1994, ano de início do Plano Real, foram empregados R$ 729.162,49, enquanto em 2014 o valor foi de R$ 313.494.822,00, um aumento substancial de 42.994%. Estima-se que a inflação para o mesmo período tenha sido de cerca de 402%. Chama ainda mais atenção o valor empenhado no ano de 2015, R$ 811.285.000, quase três vezes superior ao do ano anterior. O recente aumento expressivo nos gastos com o Fundo Partidário se deve ao fato de que, em abril de 2015, foi sancionada a Lei Orçamentária Anual (Lei n. 13.115/2015), a qual contou com a majoração dos repasses ao Fundo Partidário por meio de emenda proposta pelo senador Romero Jucá (PMDB- PE). Em janeiro de 2016, foi sancionada a Lei Orçamentária de 2016 (Lei n. 12.255/2016), a qual prevê repasses de R$ 819 milhões para o Fundo Partidário[139].

Urge a necessidade de se operar uma legislação penal-econômica que reforce a *prevenção geral negativa*, que sirva de contraestímulo à prática de comportamentos delitivos. As leis penais não podem ser como teias de aranha, as quais aprisionam os pequenos e são rompidas pelos grandes.

Nessa ordem de ideias, estabelecer uma legislação penal diferenciada às avessas para o enfrentamento da criminalidade econômica – reconhecidamente praticada por agentes que ocupam as camadas mais elevadas e favorecidas da sociedade, com a previsão de penas não-privativas de liberdade para seus delinquentes – importa estabelecer um verdadeiro Direito Penal de classes, ou seja, punir o delinquente pobre com pena de prisão e o rico com pena restritiva de direitos ou multa,

---

139. ROLLO, Alberto Luiz; SILVA, Raphael José de; ALMEIDA, Renato Ribeiro de. Financiamento de campanhas eleitorais e dos partidos políticos. In: CAGGIANO, Monica Herman S. (Org.). *Reforma política*: um mito inacabado. 1. ed. Barueri: Manole, 2017. p. 32.

pena pecuniária esta que, frise-se, certamente será paga com o dinheiro obtido por meio das suas próprias atividades criminosas.

Como se não bastasse, ao lado de uma radiografia mais precisa da própria atualidade, os estudos criminológicos também se prestam a desvendar o horizonte do porvir, seja orientando estratégias eficazes de enfrentamento das novas formas de criminalidade que tanto impactam no cenário social, seja indicando aquilo que, por não possuir mais dignidade penal, deva ser objeto de *abolitio criminis*, evitando-se a chamada *overcriminalization*.

No que se refere à criminalidade econômica, objeto destacado da presente obra, enquanto não houver um sério aporte criminológico que indique, de maneira minimamente segura, sua forma, frequência, instrumentos e meios de execução, condições criminológicas individuais, familiares e profissionais, e, especialmente, consequências sociais, toda e qualquer produção legislativa orientada à repressão destes novos centros de agressão será deficitária e correrá o risco de tornar-se puramente simbólica e rapidamente obsoleta.

Não por acaso, Gérson Pereira dos Santos pontua que

> A verificação cotidiana evidencia as inúmeras falhas do Sistema Penal, sobretudo porque estas refletem a defasagem entre a realidade codificada e a realidade maior de que a expressão legislada é apenas parte. Quando o criminólogo increpa a própria lei, e lhe proclama as erronias, não age como um iconoclasta. Ao contrário. Quer, num processo anastomótico, permitir o reencontro do texto editado, ou a editar-se, com a realidade da vida[140].

Em suma, enquanto a criminologia continuar assumindo papel de somenos importância, o sistema penal tradicional, claramente voltado à tutela de bens jurídicos individuais, permanecerá produzindo sérias distorções e paradoxos, punindo o crime de furto qualificado mediante fraude com o dobro da pena prevista para o crime de desvio, ocultação ou apropriação de bens pertencentes ao devedor sob recuperação judicial ou à massa falida, previsto no artigo 173, da Lei n. 11.101/2005, infração penal falimentar que, indiscutivelmente, oferece uma potencialidade lesiva infinitamente maior do que aquela de viés exclusivamente patrimonial.

---

140.   SANTOS, Gérson Pereira dos. *Direito Penal Econômico*. São Paulo: Saraiva, 1981. p. 10.

1.4.3. Vitimologia

O binômio delito-delinquente sempre causou enorme fascínio no imaginário social.

Não por acaso, incontáveis são os livros e os filmes que, com grande sucesso, no mundo inteiro, se dedicam a explorar o crime e a figura do criminoso, fazendo do gênero "suspense-policial", a despeito da época e do contexto em que a obra for lançada, um segmento com ampla aceitação no mercado cultural consumidor.

Com isso, não obstante a gravidade de suas condutas, vários delinquentes acabaram sendo eternizados em páginas de jornais, noticiários televisivos e obras de ficção.

Partindo-se dos escritos bíblicos até os dias atuais, quem nunca ouviu falar no homicida Caín e no "ladrão" Barrabás? Em Jack ("o estripador"), Butch Cassidy ou Al Capone? Em solo brasileiro, cuidando-se de crimes de sangue, no "bandido da luz vermelha" ou no "maníaco do parque"? Na esfera dos delitos de colarinho branco, em Paulo Maluf, Jorgina de Freitas e nos "anões do orçamento"?

De outro vértice, quem é capaz de se lembrar dos nomes de suas vítimas?

A figura da vítima não é costumeiramente esquecida, apenas, no contexto sociocultural geral.

No processo penal, como lembra Antonio Scarance Fernandes, se, nos primórdios da civilização, a vítima exerceu relevante papel na punição dos criminosos, posteriormente, ela foi quase inteiramente esquecida deste cenário[141].

Esse descaso com a vítima após ter sido atingida pela infração penal, seu etiquetamento e pressões a que se vê submetida também são identificados por Nereu José Giacomolli, quando afirma que

> Tradicionalmente, os sistemas jurídicos se preocupam com o destino dos acusados. As vítimas, como regra, ficam em um plano secundário, sem uma proteção do aparato estatal, isto é, praticamente neutralizadas pelo sistema, tanto do ponto de vista do direito material quanto processual penal, tendo que recorrer a uma verdadeira

---

141. SCARANCE FERNANDES, Antonio. *O papel da vítima no processo criminal*. São Paulo: Malheiros, 1995. p. 11.

via crucis dentro do processo penal. Esta é a realidade no sistema jurídico brasileiro[142].

De toda a forma, quando se busca analisar o protagonismo da vítima no processo penal, a maioria da doutrina aceita a existência de três momentos distintos, a saber: (a) idade de ouro da vítima; (b) neutralização do poder da vítima, e (c) revalorização do papel da vítima[143].

A idade de ouro compreende o período que se inicia desde os primórdios da civilização, de larga aplicação da autotutela na solução de controvérsias penais[144], até o fim da Alta Idade Média, quando se passa a adotar o processo penal inquisitivo e a vítima perde seu papel de protagonista do processo, assumindo função claramente acessória ao ser substituída, no conflito, pela figura do monarca.

Já na segunda fase, em pleno liberalismo francês, opera-se uma verdadeira neutralização do poder da vítima. Sofrendo os influxos do iluminismo e dos ideais de humanização das penas da Escola Clássica, o interesse pela figura da vítima diminui na proporção inversa ao crescimento do interesse social pela ressocialização do criminoso.

Nesse momento, o interesse privado na administração da justiça penal é substituído pelo interesse público, sendo que

> No processo, busca-se assegurar ao acusado maiores oportunidades de defesa. Discute-se sobre a construção de presídios onde possa a dignidade do condenado ser preservada. Aquele que já resgatou a sua pena deve ser reabilitado. A vítima está relegada a plano inferior, esquecida pelos estudiosos. Argumentava-se que sua atuação era movida por sentimento de vingança, não de justiça, e, por isso, devia ser limitada a sua participação no processo criminal[145].

---

142. GIACOMOLLI, Nereu José. *Legalidade, oportunidade e consenso no processo penal na perspectiva das garantias constitucionais*: Alemanha, Espanha, Itália, Portugal, Brasil. Porto Alegre: Livraria do Advogado, 2006. p. 83.

143. Por todos, confira-se: CALHAU, Lélio Braga. *Vítima e Direito Penal*. Belo Horizonte: Mandamentos, 2002. p. 24 e ss.

144. De acordo com Niceto Alcalá-Zamora y Castillo, "lo que distingue a la autodefensa no es ni la *preexistência de un ataque*, que falta en varias de sus formas, ni la *inexistencia de un determinado procedimento*, que en ocasiones interviene y hasta podría ser igual al procesal, sino la concurrencia de estas dos notas: a) *la ausencia de juez distinto de las partes*, y b) *la imposición de la decisión por una de las partes a la outra*." (ALCALÁ-ZAMORA Y CASTILLO, Niceto. *Proceso, autocomposición y autodefensa*: contribución al estúdio de los fine del proceso. México: Universidad Nacional Autónoma de México, 2000. p. 53.).

145. SCARANCE FERNANDES, op. cit., p. 16.

Cap. 1 • CIÊNCIA GLOBAL DO DIREITO PENAL

Finalmente, em um terceiro, atual e ainda inacabado momento, vive-se a busca pela redescoberta e revalorização do papel da vítima no processo penal.

O movimento de resgate da importância da figura da vítima teve início após a Segunda Guerra Mundial, com as revelações das atrocidades vividas no holocausto, mas ainda no campo dos estudos da criminologia, que passa a intensificar olhares para as pessoas afetadas nas ações criminosas.

Ganham destaque, neste momento inicial, os estudos promovidos pelo alemão Hans von Hentig e pelo israelense Benjamim Mendelsohn, que se dedicaram a demonstrar a influência do comportamento do ofendido na ação criminosa contra ele próprio praticada.

Hentig, que havia imigrado para os Estados Unidos da América, publica, em 1948, na Universidade de Yale, o estudo intitulado *The criminal and his victims*, estabelecendo uma distinção entre vítimas resistentes e vítimas cooperadoras ou coadjuvantes da ação criminosa.

De acordo com a sua teoria,

> [...] el individuo débil en el reino animal y entre hombres es aquel que posiblemente será la víctima de un ataque. Algunos, como los menores y los ancianos, son débiles de cuerpo; algunos pertenecen al sexo débil, otros son débiles de espíritu. La debilidad puede consistir también en la fuerza excesiva de una impulsión vital, lo que entorpece los mecanismos ordinários de precaución y prevención[146].

Já Mendelsohn, que passa a ser reconhecido após proferir uma palestra em Bucareste, no ano de 1947, sob o título *Um horizonte novo na ciência biopsicossocial: a vitimologia*, também numa linha classificatória de pesquisa, conclui pela existência de três grupos de vítimas, quais sejam: (a) vítima inocente ou ideal, aquela que não teve qualquer participação na produção do resultado; (b) vítima provocadora, imprudente ou voluntária, identificada pela efetiva participação prestada aos fins queridos pelo agente, e (c) vítima agressora, simultânea ou imaginária, aquela que, em verdade, deve ser tida como coautora do resultado querido pelo agente[147].

---

146. NEUMAN, Elias. *Victimología*: el rol de la víctima en los delitos convencionales y no convencionales. México D.F.: Cardenas, 1992. p. 28.

147. DUEK MARQUES, Oswaldo Henrique. A perspectiva da vitimologia. In: DINIZ, Maria Helena (Coord.). *Atualidades jurídicas*. 1. ed. São Paulo: Saraiva, 2001. p. 380.

Curiosamente, sentindo os influxos dos estudos vitimológicos em ebulição na primeira metade do século XX, o Código Penal brasileiro de 1940, ao lado de outras leis penais editadas mundo afora, faz inserir, como uma das oito circunstâncias judiciais insculpidas em seu artigo 59, o "comportamento da vítima" para a fixação da pena-base a ser aplicada ao réu condenado pela prática de crime.

Aliás, vale a pena ressaltar que, coordenado por Israel Drapkin, o primeiro Simpósio Internacional sobre o tema foi propositalmente celebrado na cidade de Jerusalém, Israel, de 2 a 6 de setembro de 1973, nele definindo-se a vitimologiacomo o estudo científico das vítimas do delito, seguido dos encontros ocorridos em Boston/E.U.A. (1976), Münster/Alemanha (1979), Tokio/Japão (1982), e Zagreb/ Iugoslávia (1985)[148].

Na América Latina, dada a realização, no ano de 1965, de um seminário promovido pela Faculdade de Direito de Buenos Aires dedicado à Vitimologia, credita- se a Jimenez de Asúa o mérito de ser o primeiro jurista latino a se ocupar do tema.

Todavia, muito mais importante do que suas classificações foi o impulso que tanto Hentig quanto Mendelsohn deram para o desenvolvimento do estudo da vítima e da vitimização de forma autônoma, como uma ciência própria, explicativa e analítica, cunhada por este último Vitimologia, e não como um ramo ou apêndice da criminologia de então[149].

Nessa ordem de valores, Luis Rodríguez Manzanera afirma que

> En nuestro medio, hemos afirmado que la Victimología puede definirse como el estúdio científico de las víctimas. En este aspecto amplio, la Victimología no se agota con el estúdio del sujeto pasivo

---

148. NEUMAN, op. cit., p. 22.

149. De acordo com Duek Marques, "Embora o estudo das vítimas dos delitos esteja incorporado à Moderna Criminologia, principalmente pela importância desses estudos no exame do controle social, a Vitimologia atual alargou seu campo de pesquisa, não se limitando somente à análise da vitimização decorrente de fatos criminais. Analisa também a vitimização resultante de fatos estranhos ao âmbito penal, tornando-se, por esse motivo, disciplina independente da Criminologia. De fato, além das vítimas de delitos, são objeto de estudo dessa nova ciência as vítimas sociais de modo geral, como as pessoas inválidas, drogadas e abandonadas. O próprio delinquente não é excluído desse campo de estudo, principalmente no tocante aos aspectos relativos à sua estigmatização social." (DUEK MARQUES, Oswaldo Henrique. A perspectiva da vitimologia. In: DINIZ, Maria Helena (Coord.). Atualidades jurídicas. 1. ed. São Paulo: Saraiva, 2001. p. 383).

Cap. 1 • CIÊNCIA GLOBAL DO DIREITO PENAL

del delito, sino que atende a otras personas que son afectadas y a otros campos no delictivos como puede ser el de los acidentes[150].

De toda a sorte, não se pode explicar e compreender o fenômeno criminoso sem a presença da vítima e das investigações vitimológicas que, juntamente com a criminologia, fornecem importantes indicadores sobre a frequência e distribuição dos delitos e sobre os riscos de vitimização.

O aporte da vitimologia permite enxergar e compreender, com mais clareza, as subnotificações de crime, as razões pelas quais vítimas de delitos não comunicam às autoridades públicas do Estado as ações contra elas praticadas, gerando o que se convencionou chamar de "cifra negra da criminalidade" ou "cifra oculta da criminalidade".

Nessa quadra, debruçando-se sobre as cifras ocultas, Shecaira exemplifica que, cuidando-se de crimes sexuais, a diferença entre os fatos delituosos ocorridos e os comunicados às agências de controle social chega a ser de 90%[151].

Seja como for, podem ser apontadas como as causas mais comuns da subnotificação de crimes pelas vítimas em geral, dentre outras: (a) desconfiança nos órgãos que compõem o sistema de justiça criminal (Polícia, Ministério Público e Poder Judiciário); (b) temor de ser descoberta pelo autor do delito e novamente vitimizada por ele; (c) considerar que não é grave a conduta contra ela praticada; (d) entender que a notificação prejudicará o agressor que é membro da família ou integra seu íntimo círculo de amizade ou trabalho; (e) temor de exposição social; (f) desconhecimento da autoria delitiva; (g) evitar a vitimização secundária, isto é, ser novamente vitimizada pelos órgãos de repressão estatal que podem ridicularizá-la ou desacreditá-la; (h) desconhecimento da lei; (i) temor ante a condição econômica e/ou social do agressor, e (j) crença na impunidade.

Mas o interesse da vitimologia não se resume a descortinar a existência das cifras ocultas de criminalidade. Mais disso, com o fortalecimento da vitimologia, o Direito Penal passou a desvendar, para o ofendido, novos horizontes e interesses no conflito criminal.

Como lembram Gianpaolo Poggio Smanio e Humberto B. Fabretti,

---

150. RODRÍGUEZ MANZANERA, Luis. *Victimología*: estudio de la víctima. 2. ed. México D.F.: Editorial Porrúa, 1989. p. 20.

151. SECHAIRA, op. cit., p. 54.

Atualmente, a preocupação consiste em assegurar às vítimas, nas legislações, o acesso à justiça e o tratamento adequado na estrutura judiciária, a reparação de danos por parte do réu, bem como o ressarcimento pelo Estado e a assistência social do ofendido[152].

No Brasil, já se percebe, em alguns diplomas legais, a busca pela valorização do papel da vítima no processo penal.

Ao lado dos clássicos institutos do arrependimento posterior e do arrependimento eficaz, e da tradicional importância conferida à reparação dos danos para a concessão do *sursis* especial, merecem destaque a Lei n. 9.099/95 e a composição civil dos danos prévia à transação penal (artigo 76), a Lei n. 9.714/98, que, ao remodelar as penas restritivas de direitos, cuidou de disciplinar a prestação pecuniária às vítimas (artigo 45, §§ 1º e 2º, do Código Penal), a multa reparatória prevista na Lei n. 9.503/97 (artigo 297), a Lei n. 9.807/99, que, dentre outras medidas, oferece instrumentos de proteção às vítimas, e a Lei n. 11.719/08, que, conferindo nova roupagem ao artigo 387, do Código de Processo Penal, instituiu, em seu inciso IV, a possibilidade de ser fixada, na sentença penal condenatória, em favor da vítima, valor mínimo para reparação dos danos causados pela infração penal, considerando- se os prejuízos por ela sofridos.

Aliás, cuidando-se da reparação de danos pelo juiz criminal, a doutrina majoritária tem entendido que o dispositivo não se limita ao dano material, alcançando, ainda, o dano moral, o dano emergente e os lucros cessantes[153], tanto que, em recente decisão, o Superior Tribunal de Justiça, acompanhando essa orientação, reafirmou o entendimento de que, nos casos de violência contra a mulher no âmbito doméstico, é possível fixar-se indenização mínima por dano moral sem a necessidade de prova específica[154].

E nem poderia ser diferente. Na medida em que a condenação criminal torna certa a obrigação de indenizar o dano causado pelo crime, sublimando qualquer caráter aflitivo deste efeito genérico insculpido no artigo 91, inciso I, do Código Penal, não deve haver diferença ontológica entre a reparação dos danos morais e o ressarcimento por danos materiais.

---

152. SMANIO; FABRETTI, op. cit., p. 108.

153. Por todos, confira-se: BADARÓ, Gustavo Henrique. Processo penal. 3. ed. São Paulo: RT, 2015. p. 534.

154. STJ, RE n. 1.675.874-MS (2017/0140304-3), Rel. Min. Rogério Schietti Cruz.

Cap. 1 • CIÊNCIA GLOBAL DO DIREITO PENAL

Enquanto a indenização por danos materiais busca o ressarcimento do dano patrimonial, a reparação por danos morais opera uma verdadeira compensação, proporcionando à vítima uma verdadeira reparação satisfativa[155].

1.4.3.1. Valorização da vítima: o dano moral coletivo na delinquência econômica

Como se sabe, os delitos econômicos também escapam com muita facilidade dos registros criminais e das estatísticas policiais, constatação que levou Séverin-Carlos Versele a – durante uma comunicação dirigida à Segunda Seção do V Congresso das Nações Unidas para a prevenção do crime e tratamento do delinquente, em Genebra, no ano de 1975, numa clara alusão à expressão "cifra negra" da criminalidade comum – apresentar a outra face da subnotificação, aquilo que chamou de "cifra dourada" de delinquentes, referindo-se ao grupo de criminosos que, por serem detentores do poder político e econômico, permanecem impunes[156].

Todavia, não se pode creditar à subnotificação de delitos econômicos apenas a condição de seus agentes. Há outra razão muito forte para que os órgãos e instâncias formais de controle estatal deixem de registrar e apurar tais práticas: a inexistência de uma vítima ou grupo de vítimas concretamente definidos e individualizados.

Com efeito, há muito se aceita a existência de bens jurídico-penais que não são apenas individuais, mas universais, de titularidade difusa[157].

Com acerto, Smanio ilustra que

> A realidade da vida social na atualidade demonstra a importância dos interesses difusos para o convívio em sociedade. O sistema social, hoje e no futuro próximo, tem nas questões relativas ao meio ambiente, por exemplo, em que os interesses econômicos e a preservação ambiental são muitas vezes contrapostos, um de seus mais sérios problemas. Basta a verificação diária das notícias veiculadas pela imprensa para apurarmos acidentes nucleares, poluição pelas mais diversas substâncias químicas, causando danos que

---

155. CAHALI, Yussef Said. *Dano moral.* 3. ed. São Paulo: RT, 2005. p. 44.

156. FELDENS, op. cit., p. 135-6.

157. TURESSI, op. cit., p. 106 e ss.

poderão ser irreversíveis, pondo em risco a própria sobrevivência da espécie humana[158].

Quando se classifica a natureza dos bens jurídico-penais de acordo com a sua titularidade, na lição de Santana Vega, pode-se distinguir as seguintes categorias:

a) Dentro de los bienes jurídico-penales individuales se incluyen: a.1. los bienes jurídicos personalíssimos: vida integridad física, libertad de movimiento, libertad sexual, honor y, a.2. personales: patrimônio; b) Dentro de los bienes jurídico-penales suprain-dividuales, se distinguen, básicamente, entre: b.1. los bienes jurídico-penales institucionales que son aquéllos en los que la protección de los intereses supraindividuales aparece mediatizada por una persona jurídico-pública, tal serían el caso de los delitos contra la Administración de Justicia, delitos contra la seguridad interior o exterior del Estado y, b.2. los bienes jurídico-penales colectivos, esto es, aquellos que afectan – o mejor sería decir, podrían afectar – a una generalidad de personas individuales, sin mediación de un ente institucional que opere como aglutinador de la protección penal, entre otros: salud pública, maquinaciones para alterar el precio de las cosas, falsificaciones, delitos contra la seguridad del tráfico, delitos contra la libertad y seguridad de los trabajadores, delito ecológico, etc[159].

E, quando se trabalha com delinquência econômica, salta aos olhos a inexistência de uma vítima individual. Nessa quadra de viola-ções, já não se pode falar naquele alvo fixo, pessoa humana ou coisa, à disposição da ação criminosa, como visto na criminalidade comum.

Por consequência, dificilmente alguém se dirige até uma unidade policial ou órgão do Ministério Público para noticiar o conhecimento da existência de um cartel ou de fraudes em certames licitatórios, in-frações penais que, invisíveis aos olhos dos cidadãos, acabam sendo de conhecimento, apenas, de seus autores e beneficiários.

Não obstante, a lesividade causada pela delinquência econômica, por atingir um grupo indeterminado de pessoas, rompe as barreiras individuais e produz efeitos, por vezes, incalculáveis.

---

158. SMANIO, op. cit., p. 113.

159. VEGA, Dulce María Santana. La protección penal de los bienes jurídicos colectivos. Madrid: Dykinson, 2000, p. 77-78.

Cap. 1 • CIÊNCIA GLOBAL DO DIREITO PENAL

Com isso, reforça-se a necessidade de se admitir, também no juízo criminal, a fixação de valor mínimo por indenização de *dano moral coletivo*, a ser revertido não ao Fundo Penitenciário Nacional (FUNPEN), mas a um Fundo especialmente criado por lei para a reparação de danos coletivos provocados por ações criminosas difusas.

Com efeito, como já foi destacado neste trabalho, nas suas linhas dedicadas aos aspectos criminológicos da delinquência econômica moderna, admite- se que, ao lado dos danos materiais, essa prática também produz danos imateriais, traduzidos na perda da confiança e na deformação do equilíbrio econômico de mercado.

Mais disso. Como observam Bajo e Bacigalupo

> La outra cara de los daños producidos por esta delincuencia la constituye el lucro obtenido por el autor, que alcanza cotas también espectaculares. A fin de cuentas una de las características del delito económico es el ser un delito de enriquecimento[160].

Portanto, nada justifica que, diante de práticas criminosas tão socialmente lesivas, a fixação de valor mínimo para reparação de danos morais fique restrita àquelas hipóteses em que o bem jurídico-penal violado tenha cariz individual.

Outrossim, como se sabe, em nosso ordenamento jurídico, desde a edição da Lei n. 12.403, de 4 de maio de 2011, as medidas cautelares alternativas à prisão ganharam nova e especial conformação, ressaltando-se suas características de provisoriedade, revogabilidade, substitutividade e excepcionalidade.

Importantes mudanças foram introduzidas no Código de Processo Penal, como se verifica, por exemplo, pelo fim da autonomia da prisão em flagrante e pela incorporação da chamada monitoração eletrônica, em substituição à prisão preventiva.

De outro giro, medidas cautelares já existentes e tradicionalmente aceitas no Brasil também foram objeto de atenção e releitura pelo novel legislador e experimentaram, com a nova sistemática adotada, sensíveis mudanças.

De todas, para os fins aqui pretendidos, é de se destacar a fiança, disciplinada nos artigos 322 a 350, do Código de Processo Penal.

---

160. BAJO; BACIGALUPO, op. cit., p. 33.

Debruçando-se sobre as origens do instituto, Edilson Mougenot Bonfim lembra que

> [...] a raiz do termo 'fiança' é a mesma que origina o vocábulo 'confiança'. Com efeito, tratava-se, de início, de uma garantia pessoal, um compromisso firmado por pessoa tida por confiável, no sentido de que pagaria determinada quantia caso o afiançado se evadisse. Atualmente, a natureza da fiança é diversa, constituindo uma caução – termo, por sua vez, aparentado etimologicamente a precaução. Trata-se de garantia real, independente, portanto, da idoneidade de quem a presta, consistente na entrega de bens ao Estado, com o fim de assegurar a liberdade do indiciado ou réu durante a *persecutio criminis*, e, secundariamente, também para garantir o pagamento de custas processuais e ônus a que estiver sujeito o réu[161].

De acordo com a sistemática atual, se o réu for condenado, o dinheiro ou objetos dados como fiança servirão ao pagamento das custas, *da indenização do dano*, da prestação pecuniária e da multa[162].

No caso de quebramento da fiança[163], opera-se a perda de metade de seu valor, cabendo ao juiz decidir sobre a imposição de outras medidas cautelares ou até decretar a prisão preventiva do réu. A perda, por sua vez, dar-se-á na sua totalidade, se, após condenado, o acusado não se apresentar para o início do cumprimento da pena definitivamente imposta[164].

Em ambos os casos, após deduzidas as custas e demais encargos, o valor restante será recolhido ao Fundo Penitenciário Nacional[165].

Todavia, pelas razões já apresentadas no tocante à fixação do dano moral coletivo no juízo criminal, ainda para as hipóteses de crimes econômicos, melhor seria que o valor restante da fiança quebrada ou perdida fosse igualmente revertida para um Fundo especialmente criado por lei para a reparação de danos coletivos provocados por ações criminosas difusas.

---

161. BONFIM, Edilson Mougenot. Reforma do código de processo penal: comentários à lei n. 12.403, de 4 de maio de 2011. São Paulo: Saraiva, 2011, p. 51.

162. Código de Processo Penal, artigo 336.

163. Código de Processo Penal, artigo 341.

164. Código de Processo Penal, artigo 344.

165. Código de Processo Penal, artigos 345 e 346.

Queira-se ou não, ainda que indeterminada, a vítima existe e não pode ser ignorada.

1.4.4. Política criminal

A construção da Ciência Global do Direito Penal, em sua vertente de eficiência, funcionalidade e racionalidade, indiscutivelmente exige o aporte da política criminal.

Cunhada por Feuerbach, a expressão "política criminal" sempre foi tradicionalmente empregada como um conjunto de medidas penais, tanto de ordem teórica quanto de ordem prática, voltadas à reação do Estado contra o crime, numa posição claramente acessória à própria dogmática penal.

Todavia, como lembra Mireille Delmas-Marty,

> [...] constata-se hoje que a política criminal destacou-se [sic] tanto do direito penal quando da criminologia e da sociologia criminal e adquiriu uma significação autônoma. E ao fundar, em 1975, os *Archives de politique criminelle*, Marc Ancel imediatamente assinala a necessidade de não reduzi-la ao direito penal e propõe que se veja nela 'a reação, organizada e deliberada, da coletividade contra as atividades delituosas, desviantes ou anti-sociais' [sic], destacando seu duplo caráter de 'ciência de observação' e de 'arte' ou de 'estratégia metódica da reação anticriminal'[166].

De fato, ainda que a política criminal exprima um conjunto de medidas pelas quais o corpo social apresenta, de maneira organizada, respostas ao fenômeno criminal, para a formulação de tais respostas, malgrado a prevalência e a maior visibilidade do próprio Direito Penal, outras práticas e instâncias de controle social, formais e informais, por vezes até estranhas à própria dogmática penal, não podem ser olvidadas e também devem ser utilizadas.

Dessa forma, longe de ser puramente abstrata, a política criminal, nos dias de hoje, para além de meros procedimentos, deve ser vista como uma verdadeira ciência da observação das realidades criminais que desenvolve seu método valendo-se de um processo comparativo, avaliando a própria evolução dos sistemas de reação

---

166. DELMAS-MARTY, Mireille. Os grandes sistemas de política criminal. Tradução Denise Radanovic Vieira. Barueri: Manole, 2004, p. 3.

criminal com vistas à eficácia dos meios empregados e dos resultados obtidos, sistemas estes que, como já foi destacado, não se encontram restritos às leis penais[167].

Nessa ordem de valores, buscando traçar uma verdadeira estratégia para o enfrentamento da criminalidade, a política criminal ultrapassa os limites da dogmática penal, sendo claro que, tanto para a prevenção quanto para a repressão do delito, atividades estranhas ao Direito Penal, notadamente aquelas relacionadas aos programas sociais de educação, saúde, trabalho e lazer, não podem ser esquecidas.

Na visão de Edmundo Oliveira

> O funcionamento do sistema penal, tema privilegiado da pesquisa político- criminal positiva, não deve ficar isolado do meio concreto no qual ele se manifesta, isto é, do contexto político-econômico--social que, ao mesmo tempo, suscita e sofre a ação da política criminal[168].

De toda a sorte, quando se discute política criminal, verifica-se uma forte tendência de se avaliar o sistema penal de um determinado ordenamento sob uma perspectiva que leva em conta o seu maior ou menor rigor punitivo.

Nesse contexto, ganham musculatura os embates travados entre correntes e movimentos intervencionistas, entre os adeptos da ampliação do controle estatal formal por intermédio do próprio Direito Penal, com especial destaque para a orientação punitivista radical de Günther Jakobs e o seu direito penal do inimigo (*Feindstrafrecht*), e proposições não intervencionistas, que, ao revés, sustentam a necessidade de redução da intervenção jurídico-penal nas relações sociais, com a valorização de controles sociais informais, ou até a sua supressão, como se verifica, respectivamente, em Hassemer e no seu direito de intervenção, e em Lüderssen e na sua busca pela abolição das penas como um todo, ambos professores da Escola de Frankfurt (*Frankfurter Schule*).

Cada um deles buscando conferir sustentação àquele modelo que lhes pareça mais adequado para a construção de um sistema que

---

167. Em sentido contrário, Shecaira sustenta que "A política criminal, pois, não pode ser considerada uma ciência igual à criminologia e ao direito penal. É uma disciplina que não tem um método próprio e que está disseminada pelos diversos poderes da União, bem como pelas diferentes esferas de atuação do próprio Estado". (SHECAIRA, op. cit., p. 41).

168. ZAFFARONI; OLIVEIRA, op. cit., p. 421.

Cap. 1 • CIÊNCIA GLOBAL DO DIREITO PENAL

promova a ingerência necessária para a tutela de bens jurídicos, com o menor sofrimento possível ao agente violador da norma penal.

E, nessa esgrima de proposições, não raro surgem discussões sobre o conteúdo e o alcance do garantismo penal e sobre a necessidade de se salvaguardarem as liberdades públicas e os direitos fundamentais das pessoas acusadas da prática de delitos ante o "irascível" poder punitivo do Estado.

Contudo, não se pode reconhecer no garantismo penal um modelo específico de política criminal, uma estratégia própria de enfrentamento da criminalidade, máxime por se tratar de uma construção conceitual que deve ser respeitada, qualquer que seja o modelo de política criminal adotado, e que reclama, para a sua *completa* conformação – ao lado do reconhecimento da existência de uma dupla face dos direitos humanos fundamentais, numa postura negativa e positiva do Estado como imperativo de tutela[169] – a devida leitura do princípio da proporcionalidade em matéria penal, que, como se sabe, para além de proibir excessos (*Übermassverbot*), também veda a proteção penal insuficiente (*Untermassverbot*).

Não há incompatibilidade entre uma política criminal eficiente e o respeito aos direitos humanos fundamentais.

Como afirma José Luis Díez Ripollés, para a fundamentação de uma política criminal, é preciso mais:

> [...] es preciso una estratégia de intervención social que, integrada en el conjunto de las políticas públicas, desarrolle objetivos específicos y evaluables encaminados a prevenir la delincuencia dentro, en todo caso, de parámetros socialmente asumibles. El garantismo, por el contrario, se detiene en la identificación y puesta en valor de esos parámetros comunes a toda política criminal propia de un estado de derecho, pero no da indicaciones sobre qué alternativa

---

169. Nessa ordem de valores, confira-se Maria Luiza Schäfer Streck, para quem, em um modelo democrático de Estado de Direito, "O dever de proteção do Estado, arraigado e sustentado em uma postura unilateral própria do nascedouro da perspectiva iluminista da ciência criminal, passa a ser questionado por uma espécie de 'lado B'. Em outras palavras, quando se fala em proteção de direitos fundamentais, o novo paradigma necessariamente deveria apontar para um duplo viés: se antes se protegia o cidadão contra o Estado, agora faz-se frente ao Estado e através dele. Para ser mais simples, o Estado se transforma de 'inimigo' para 'amigo' dos direitos fundamentais" (STRECK, Maria Luiza Schäfer. *Direito penal e Constituição*: a face oculta da proteção dos direitos fundamentais. Porto Alegre: Livraria do Advogado, 2009. p. 21).

político-criminal, de entre las compatibles con esos parámetros, se há de escoger[170].

Nessa quadra, a construção um Direito Penal eficiente, com fundamento em uma política criminal racional, informada por critérios causais-explicativos fornecidos pela criminologia, não pode ter aporte metodológico, exclusivamente, na taxa de encarceramento por 100.000 habitantes.

Sem olvidar-se da importância deste indexador, é evidente que os números por ele retratados, por si, são absolutamente insuficientes para uma visão global do sistema, notadamente porque concentram a avaliação do rigor penal exclusivamente a partir do emprego da pena privativa de liberdade, esquecendo-se da existência de penas restritivas de direitos que, em nosso ordenamento jurídico, como regra, podem ser aplicadas em substituição àquelas nas hipóteses em que a reprimenda fixada não seja superior a 4 (quatro) anos de reclusão ou detenção, para os crimes dolosos, e em quaisquer hipóteses, para os crimes culposos.

Mais disso. A metodologia que se vale exclusivamente da taxa de encarceramento por 100.000 habitantes ignora por completo outros indicadores de extrema relevância para uma análise mais realista do fenômeno criminal e da eficiência dos seus instrumentos de enfrentamento, tais como, por exemplo, as subnotificações de delitos, a desproporção existente entre o número de registros policiais e o número de investigações formalmente promovidas pelos órgãos de Polícia Judiciária, o número de feitos em tramitação perante as diversas Varas Criminais do país, a elevadíssima previsão de mecanismos recursais que prolongam exageradamente a marcha processual em detrimento de sua razoável duração, o número de condenações em primeiro grau e de reformas pelas instâncias superiores, a efetiva duração do cumprimento das penas privativas de liberdade em regime fechado durante o seu processo de execução e, por fim, a quantidade de bens e valores recuperados ao final da persecução penal e a reparação do dano à vítima.

De outro vértice, também deve ser objeto de análise de uma política criminal racional a capacidade que o sistema tem de fomentar mecanismos de ressocialização do delinquente, estabelecendo estraté-

---

170. DÍEZ RIPOLLÉS, José Luis. El abuso del sistema penal. *Revista Electrónica de Ciencia Penal y Criminologia*, Espanha, n. 19-01, 2017. p. 4.

Cap. 1 • CIÊNCIA GLOBAL DO DIREITO PENAL

gias que busquem, ao lado da prevenção geral negativa, a prevenção especial positiva.

Dessa forma, somente segundo uma visão mais abrangente da política criminal enquanto parte integrante da Ciência Global do Direito Penal, pode-se perceber o equívoco na eleição de critérios exclusivamente dogmáticos para a classificação das infrações penais em graves, médias e leves, com tratamentos legislativos absolutamente diferenciados entre si, seja no que diz respeito à concessão de medidas despenalizadoras – como a transação penal e a suspensão condicional do processo, previstas, respectivamente, nos artigos 76 e 89, da Lei n. 9.099/95 –, seja no que tange à substituição de penas privativas de liberdade em restritivas de direitos, com os elásticos critérios fornecidos pelos artigos 44 e seguintes, do Código Penal.

Não se podem estabelecer programas e estratégias eficazes para o enfrentamento da delinquência única e exclusivamente com base nos preceitos secundários dos tipos penais, sem que se leve em conta o bem jurídico-penal tutelado.

Aqui, é de se indagar: pode-se realmente admitir como de pequeno potencial ofensivo, nos moldes do artigo 61, da Lei n. 9.099/95, um crime de ameaça que, concretamente dirigido a uma pessoa, faça com que ela tenha de alterar não apenas a sua rotina, mas a de sua família inteira, por vezes, até abandonando seu emprego e sua cidade para se mudar, sem planejamento algum e às pressas, para localidade distante de seus parentes e amigos, em busca de proteção e segurança? É razoável aceitar-se, diante da lesividade que promove ao bem jurídico-penal tutelado, que o sistema penal responda a essa violação com o instituto despenalizador da transação penal?

As respostas podem ser obtidas com Moraes, quando, ao oferecer propostas para a construção de um Direito Penal racional, afirma que

> A delimitação sobre os conceitos de pequeno, médio e alto potencial ofensivo devem ser revistos porque se criou no país uma presunção fictícia de que 'menor potencial ofensivo' diz respeito à quantidade de pena e não à natureza do bem jurídico protegido. Em segundo lugar, não está claramente delimitado, com visão de unidade, conexão e coerência, a criminalidade que efetivamente constituiu alto potencial ofensivo e que recomenda sanções e medidas mais rigorosas[171].

---

171. MORAES, op. cit., p. 252.

Não por acaso, a aplicação prática desse tipo de legislação produziu e ainda continua produzindo incertezas e distorções no mundo jurídico, como reconhecidamente visto no âmbito da Justiça especializada Militar e da violência doméstica contra a mulher, sendo alvo de sucessivas alterações legislativas e jurisprudenciais que, longe de conferirem unidade, coerência e completude ao sistema penal, acabam por transformá-lo em uma verdadeira colcha de retalhos, com inequívocos reflexos sobre a segurança jurídica, compreendida como uma norma- princípio que exige dos três Poderes do Estado a adoção de comportamentos que contribuam para a existência de um estado de confiabilidade e calculabilidade jurídicas[172].

É por essa justa razão, nas palavras de Hormazábal Malarée, que

> [...] una política penal en una sociedad democrática fundada en la protección de bienes jurídicos no puede perder de vista al hombre y sus derechos fundamentales. Ello implica que el hombre no puede ser objeto de manipulación, transformarse en um medio, sino que tiene que ser el fin dentro del proceso democrático[173].

Ocorre que, debruçando-se sobre a legislação penal econômica no Brasil, constata-se uma absoluta ausência de visão global do sistema repressivo e de controle da efetividade das normas penais, que, no mais das vezes, em sua maioria, carregam, com razão, a pecha de serem pura e meramente simbólicas.

Não há uma verdadeira política criminal de enfrentamento à criminalidade econômica no Brasil, racional e eficaz, capaz de medir resultados práticos e orientar alterações legislativas futuras. Criminaliza-se, de um lado e, de outro, alargam-se os benefícios para que não sejam aplicadas, para tais infrações penais, penas privativas de liberdade, num claro movimento de "morde e assopra".

Há, apenas, um assistemático emaranhado de leis penais, constando do repertório jurídico brasileiro sobre criminalidade econômica, dentre outros, os seguintes textos legais: Código Penal (artigos 168-A e 337-A, delitos contra a previdência social, e artigos 359-A a 359-H, delitos contra as finanças públicas acrescidos pela Lei n. 10.028/00);

---

172. ÁVILA, Humberto. Teoria da segurança jurídica. 4ª ed. São Paulo: Malheiros, 2016, p. 704.

173. MALARÉE, Hernán Hormazábal. Bien jurídico y estado social y democrático de derecho (el objeto protegido por la norma penal). 2ª ed. Santiago de Chile: Jurídica ConoSur, 1992, p. 156.

Cap. 1 • CIÊNCIA GLOBAL DO DIREITO PENAL

Lei n. 1.079/50 (crimes de responsabilidade); Lei n. 1.521/51 (crimes contra a economia popular); Lei Delegada n. 4/62 (intervenção no domínio econômico e asseguramento da livre distribuição de necessários ao consumo do povo); Lei n. 4.595/64 (crimes relativos às instituições bancárias e financeiras); Lei n. 4.591/64 (crimes e contravenções penais no setor imobiliário); Lei n. 4.728/65 (crimes relacionados com a alienação fiduciária em garantia e ações de sociedades anônimas); Lei n. 4.729/65 (crime de sonegação fiscal); Decretos-leis n. 16/66 e n. 47/66 (incriminação acerca da produção, do comércio e transporte ilegal de açúcar e álcool).

E, também: Decreto-lei n. 73/66 (incriminação de condutas de administradores de sociedades seguradoras com insuficiência de reserva); Decreto- lei n. 201/67 (responsabilidade de prefeitos e vereadores); Lei n. 5.741/71 (esbulho possessório no SFH); Lei n. 6.453/77 (energia nuclear); Lei n. 6.649/79 (contravenções penais no setor de locação de imóveis urbanos); Lei n. 6.766/79 (crimes no parcelamento e loteamentos irregulares do solo urbano); Leis n. 6.895/80 e n. 9.610/98 (direitos autorais); Lei n. 7.492/86 (crimes contra o sistema financeiro nacional); Leis n. 7.646/87 e n. 9.609/98 (propriedade intelectual sobre programas de computador); Lei n. 8.078/90 (defesa e proteção do consumidor); Lei n. 8.137/90 (crimes contra a ordem tributária, econômica e contra as relações de consumo); Lei n. 8.176/91 (crimes contra a ordem econômica e cria o sistema de estoques de combustíveis); Lei n. 8.212/91 (seguridade social); Lei n. 8.245/91 (locações de imóveis urbanos); Lei n. 8.666/93 (crimes de licitações); Lei n. 9.613/98 (crimes de lavagem ou ocultação de bens, direitos e valores); Lei Complementar n. 105/01 (crimes contra o sigilo das operações de instituições financeiras); e Lei n. 11.101/05 (crimes falimentares).

Portanto, permanece atual a crítica lançada por Gérson Pereira dos Santos, no início da década de 80, do século XX, quando já acenava para a falta de coerência sistêmica do Direito Penal Econômico no Brasil.

Nas palavras do penalista da Faculdade de Direito da Universidade Federal da Bahia,

> Em sua maioria, os textos penais, particularmente fragmentários em matéria econômica, são desconhecidos, imprestadios, tecnicamente mancos. Convive-se, em função das leis vigentes, com um passado de amenidades, no qual era o delito um hóspede indesejável, embora eventual, quando mais importante é viver o presente, o tempo que passa, em que a criminalidade, notadamente a econômica, transpõe

impunemente as pautas dos diplomas penais, olhando-os à maneira dos antigos invasores que, acostumados às vitórias, contemplavam do alto e dos longes as ruínas da cidadela irremediavelmente conquistada[174].

Dessa forma, a atuação do legislador penal no campo econômico, de *lege ferenda* ou *lata*, deve se dar a partir da construção de uma Ciência Global do Direito Penal, com base em sólidos estudos criminológicos e seguras observações da política criminal, sob pena de transformar as leis penais incriminadoras em meros textos desprovidos de eficácia prática, contribuindo sobremaneira para o seu descrédito e para o aumento da crise que insiste em lhe lançar a pecha de mero símbolo custoso e ineficaz.

---

174. SANTOS, Gérson Pereira dos, op. cit., p. 92.

2

CRIMINALIDADE MACROECONÔMICA ORGANIZADA

2.1. CONCEITO, BENS E INTERESSES TUTELADOS

Superado o enfoque criminológico do tema no capítulo anterior, a análise conceitual da criminalidade macroeconômica organizada, sob o ponto de vista dogmático, exige que se faça, ainda que de forma breve, uma prévia incursão sobre o conteúdo do Direito Penal Econômico e os bens e interesses por ele tutelados.

Como se sabe, malgrado objeto de apontamentos por outros penalistas alemães no início do século passado, dentre eles Grünhut, em 1929, e Alsberg, em 1931, credita-se a Klaus Tiedemann, no início da década de 70, do século XX, o mérito de ter sido o responsável pelas primeiras incursões doutrinárias de maior fôlego sobre a ingerência do Direito Penal na ordem econômica[1].

Para o Professor da Universidade de Friburgo, o Direito Penal Econômico pode ser representado pelo conjunto de normas que sancionam com penas condutas que afetam o desenvolvimento do sistema econômico ou de suas instituições[2].

No Brasil, naquela década de 70 do século anterior, Manoel Pedro Pimentel também se ocupou do tema, e, seguindo o caminho trilhado por Tiedemann, conceituou o Direito Penal Econômico como o conjunto de normas que tem por objeto sancionar as condutas que, no âmbito das relações econômicas, ofendam ou ponham em perigo bens ou interesses juridicamente relevantes[3].

---

1. CAVERO, op. cit., p. 21.
2. TIEDEMANN, op. cit., p. 69 e ss.
3. PIMENTEL, Manoel Pedro. *Direito Penal Econômico*. 1. ed. São Paulo: RT, 1973. p. 10.

Numa primeira investida, pode-se dizer que o Direito Penal econômico, de forma geral, compreende o conjunto de normas penais que visam a proteger a ordem econômica.

Portanto, dentro dessa ampla concepção, a ordem econômica envolve, na síntese de Rodolfo Tigre Maia, não apenas aspectos sistêmicos de regulação, como também as relações existentes entre os próprios agentes econômicos e as estabelecidas entre estes e seus empregados e consumidores, infrações à propriedade industrial e intelectual, violações societárias diversas e até lesões ao patrimônio das empresas, causadas por seus funcionários[4].

Consequentemente, alcançados por esse largo espectro de abrangência, identificam-se como delitos econômicos os crimes de sonegação fiscal, contrabando e descaminho, os crimes contra a saúde pública e previdência social, os delitos contra o sistema financeiro e contra as relações de consumo.

Entretanto, em que pese a importância dessa primeira orientação conceitual que, acertadamente, estabelece como paradigma para o Direito Penal econômico a tutela da ordem econômica, sua formulação, bastante ampla, merece ser mais bem explicitada.

Como se sabe, a expressão "ordem econômica", polissêmica, pode ser interpretada de diferentes maneiras.

Na conhecida lição de Vital Moreira, podem ser conferidos três sentidos à locução "ordem econômica", quais sejam: (I) o modo de ser empírico de uma determinada economia concreta; (II) o conjunto de todas as normas jurídicas, religiosas, morais, etc., que dizem respeito à regulação do comportamento humano, numa clara concepção sociológica do ser; e (III) a ordem jurídica da economia[5].

Nessa quadra, questionando a amplitude conceitual conferida ao Direito Penal econômico e as dificuldades oferecidas na delimitação de seu objeto, Ela Weicko V. de Castilho anota que a ordem econômica, do ponto de vista normativo, ao estabelecer o sistema e o modelo econômico de um país, incide sobre toda a atividade econômica, sendo que, num contexto capitalista, cujos pilares são a propriedade privada e a liberdade de contrato, não seria desarrazoado concluir que os crimes de

---

4. MAIA, Rodolfo Tigre. *Tutela penal da ordem econômica*: o crime de formação de cartel. São Paulo: Malheiros, 2008. p. 66-67.

5. MOREIRA, Vital. *A ordem jurídica do capitalismo*. Coimbra: Coimbra: 1973. p. 67-71.

Cap. 2 • CRIMINALIDADE MACROECONÔMICA ORGANIZADA

furto e de estelionato, ou até um delito de homicídio por motivação econômica, ofenderiam essa ordem[6].

De fato, a observação procede, impondo-se uma restrição ao tema.

Não se pode aceitar que crimes patrimoniais comuns, tais como o furto e o estelionato, crimes dolosos contra a vida motivados por questões econômicas, e até crimes contra a honra com idêntica motivação sejam concebidos como delitos econômicos.

Ao revés, os delitos econômicos devem ser identificados como aqueles que lesam ou põem em perigo (concreto ou abstrato) de lesão a própria regulação jurídica da intervenção estatal na economia de um determinado país, excluindo-se interesses privados eventualmente atingidos.

Mais uma vez, vale a pena conferir a lição de Maia, para quem

> [...] a perspectiva restritiva a ordem econômica propriamente dita é vista como sendo o conjunto de estruturas organizativas da produção, da circulação e da distribuição de bens e serviços existente em determinada formação social, em um dado momento histórico, numa perspectiva que é ancorada, ainda, no controle da observância, pelos agentes econômicos, de determinadas políticas públicas que emanam do Estado para sua regulação global ou setorial[7].

Portanto, para essa corrente mais restrita, o bem jurídico-penal tutelado pelo Direito Penal Econômico deve ter natureza predominantemente supraindividual.

Não por acaso, Bajo e Bacigalupo distinguem o Direito Penal Econômico em duas classes, Direito Penal Econômico em *sentido estrito* e Direito Penal Econômico em *sentido amplo*.

Para os Professores da Universidade Autônoma de Madri, "Derecho penal económico en sentido estricto es el conjunto de normas jurídico--penales que protegen el orden económico entendido como regulación jurídica del intervencionismo estatal en la Economía[8]".

Já Direito Penal Econômico em sentido amplo, "es el conjunto de normas jurídico-penales que protegen el orden económico entendido

---

6. CASTILHO, Ela Wiecko V. de. *O controle penal nos crimes contra o sistema financeiro nacional (Lei n. 7.492, de 16 de junho de 1986)*. Belo Horizonte: Del Rey, 1998. p. 69.

7. MAIA, op. cit., p. 65-66.

8. BAJO; BACIGALUPO, op. cit., p. 13.

como regulación jurídica de la producción, distribución y consumo de bienes y servicios"[9].

Dessa forma, como já adiantado, adota-se, aqui, uma formulação mais restrita do que venha a ser o Direito Penal Econômico, identificado como aquele conjunto de normas penais que se prestam a regular a intervenção do Estado no domínio econômico, excluindo-se de seu espectro de proteção a tutela de bens jurídico-penais predominantemente individuais.

Consequentemente, o bem jurídico-penal tutelado pelo Direito Penal Econômico pode ser identificado, de acordo com Raul Cervini, como "el estatuto jurídico de la economía de mercado, constituyendo sus ejemplos más representativos las normas de represión del monopólio, las prácticas restrictivas y las demás acciones que afectan la libre concurrencia"[10].

Aliás, como afirma García Cavero,

> Si la *ratio legis* de determinado tipo penal no es la protección de expectativas normativas de conducta derivadas específicamente del modelo económico (libre mercado o función social del Estado), el tipo penal no formará parte del Derecho penal económico, aun cuando pueda infringirse en el ámbito económico. Se tratará, en todo caso, de tipos penales del Derecho penal tradicional o de outro ámbito especializado del Derecho penal que han tenido lugar ocasionalmente en el marco de relaciones económicas[11].

Nessa linha de ideias, conquanto Rafael Berruezo também defenda a tese de uma conceituação mais restrita do que venha a ser o Direito Penal Econômico, a ele agrega o Direito Ambiental, a regulação do meio ambiente, já que, nas palavras do próprio autor

> [...] el deterioro constante del mismo influye directa o indirectamente en la producción económica de un sector, ya sea por la degradación del medio ambiente, provocando menor rendimiento de los suelos, mortandad de peces en los rios, etc., e indirectamente, al afectar la salud de los habitantes, ocasionando una disminución de la capacidad laboral de los mismos[12].

---

9. Ibid., p. 14-15.

10. CERVINI, Raúl. Derecho Penal Económico: concepto y bien jurídico. *Revista Brasileira de Ciências Criminais*, ano 11, abril-junho 2003. p. 82.

11. CAVERO, op. cit., p. 50.

12. BERRUEZO, op. cit., p. 6.

Cap. 2 • CRIMINALIDADE MACROECONÔMICA ORGANIZADA

De outro vértice, não se pode conferir autonomia científica ao Direito Penal Econômico em relação ao Direito Penal, mas, tão-somente, a identificação de um âmbito delimitado de ingerência, qual seja, a ordem econômica. Cuida-se, na dicção de Cezar Roberto Bitencourt, de uma subárea do Direito Penal clássico[13].

No ponto, é preciso consignar que o Direito Penal Econômico não se volta contra o natural processo evolutivo tecnológico das sociedades pós-industriais, e não se traduz em instrumento próprio de regimes totalitários.

O intervencionismo estatal na ordem econômica é uma consequência própria de um modelo democrático que reclama uma postura positiva por parte do Estado na busca pelo equilíbrio do mercado e da livre concorrência.

Ademais, o combate à estigmatização (de que o Direito Penal é acusado de promover) passa em revista o reforço da sua ingerência em campos e quadras de interesses supraindividuais, essenciais para a sadia convivência social, tais como a segurança viária, o meio ambiente – seja ele natural, artificial, artístico ou do trabalho – e, ao que interessa mais de perto no presente estudo, a ordem econômica. Com efeito, Feldens alerta que

> A necessidade de intervenção do Estado na preservação dos direitos fundamentais e/ou interesses constitucionais é missão de um Direito Penal valorativamente ajustado ao modelo de Estado Constitucional nas vestes de um Estado de Direito Democrático e Social, um modelo no qual há coisas sobre as quais o legislador *não pode* decidir e algumas outras sobre as quais *não pode deixar* de decidir[14].

Também não se pode confundir criminalidade econômica com crime de empresa, tomando-se um pelo outro. À criminalidade de empresa liga-se a ideia de delitos econômicos praticados por meio de uma pessoa jurídica, com sérios problemas de obtenção de provas e de imputação, numa clara relação de continente e conteúdo.

De acordo com Raúl Cervini e Gabriel Adriasola, há uma relação de gênero e espécie, sendo que "el Derecho penal de la empresa par-

---

13. BITENCOURT, Cezar Roberto. *Tratado de Direito Penal Econômico*. São Paulo: Saraiva, 2016. v. 1. p. 9.

14. FELDENS, Luciano. *Direitos fundamentais e Direito Penal*: a Constituição penal. 2. ed. Porto Alegre: Livraria do Advogado, 2012. p. 57.

105

ticipa de los condicionamentos sociales, normativos y metodológicos de la categoria mayor que constituye el Derecho penal económico"[15].

Estabelecidas essas premissas fundamentais, com a internacionalização da economia e o livre comércio entre os povos, uma série de mudanças ocorreram e continuam ocorrendo no cenário mundial.

Dentre tantas outras, Yves Dezalay e David M. Trubek destacam, como as mais importantes, as seguintes transformações: (a) mudanças nos padrões de produção: os novos sistemas de especialização tornaram mais fáceis a produção e outras atividades econômicas em muitas partes do mundo, facilitando o deslocamento de atividades econômicas de um país para outro; (b) união de mercados financeiros: a criação de mercados de capital unidos globalmente facilitou o livre fluxo de investimentos através das fronteiras; (c) aumento da importância das empresas multinacionais: as grandes empresas multinacionais capacitaram-se e expandiram sua produção por todo o mundo, fomentando a mudança de fábricas de um país para outro e fortalecendo seu potencial de negociação; (d) aumento da importância do intercâmbio e crescimento de blocos regionais de comércio: as regras internacionais que promovem o livre comércio têm diminuído as barreiras de comércio e flexibilizado aspectos da regulamentação nacional; (e) ajuste estrutural e privatização: todo o antigo bloco soviético e grande parte dos países em desenvolvimento são influenciados por pressões externas voltadas à estabilidade econômica e desenvolvimento de instituições privadas de mercado; (f) hegemonia de conceitos neoliberais de relações econômicas: amparada pelo Fundo Monetário Internacional – FMI, a visão neoliberal da economia, com forte ênfase aos mercados privados, tem sido expandida pelo mundo afora, impactando nos mercados europeu, latino- americano e asiático; (g) tendência mundial à democratização, proteção dos direitos humanos e renovado interesse no "império do direito": ao lado das pressões para a superação de barreiras econômicas, verifica-se um esforço internacional para a criação de políticas liberais, controle da arbitrariedade governamental, proteção dos direitos fundamentais e fortalecimento da democracia, e (h) surgimento de protagonistas supranacionais e transnacionais promovendo direitos humanos e democracia: novos protagonistas, notadamente ONG's de proteção aos direitos humanos, meio ambiente e democratização têm feito parte

---

15. CERVINI, Raúl; ADRIASOLA, Gabriel. *El derecho penal de la empresa desde una visión garantista.* Montevideo: B de F, 2005. p. 55.

Cap. 2 • CRIMINALIDADE MACROECONÔMICA ORGANIZADA

desse momento global e fomentado o desenvolvimento jurídico em campos de proteção coletiva nacionais[16].

Com a criminalidade econômica não é diferente. Outrora voltados aos mercados internos, os delitos econômicos ganharam musculatura e, nos dias de hoje, indiscutivelmente assumiram vocação internacional. Na observação de Eugenio Raúl Zaffaroni,

> La realidad del poder planetário es demasiado irracional, en comparación con los inmediatamente anteriores momentos de poder mundial o, por lo menos, se vivencian de esta manera. Lo que antes fueron delitos contra la economía nacional, como acaparamiento, alteraciones artificiales de los mercados, aprovechamiento de información confidencial, evasiones impositivas, monopolios y oligopolios, e incluso conductas que bordean las tipicidades nacionales de delitos menos sofisticados, como extorsión y estafa, son ahora conductas lícitas en la economía mundial. En ausencia de poder regulador o criminalizante en el plano internacional, se trata de cunductas impunes, con la particularidad de que se cometen em proporciones macroeconómicas, es decir, que importan cifras astronómicas[17].

Não por acaso, Jeffrey Robinson sentencia que, à medida que o globo encolhe, o perigo representado pelos grupos criminosos organizados transnacionais aumenta de maneira proporcional[18].

Esse tipo de criminalidade, chamada *macrocriminalidade econômica*, claramente desenvolvida e praticada por organizações criminosas altamente estruturadas e com ramificações em vários segmentos produtivos, dentro e fora do país, destaca-se pela ganância de seus agentes e pela desmedida busca pelo lucro fácil, ampliando seus campos de atuação para quaisquer atividades potencialmente rentáveis, como se verifica, por exemplo, no vertiginoso aumento do tráfico de pessoas para fins de transplante de órgãos, trabalho escravo e exploração sexual.

Aliás, como alerta Maria João Guia,

---

16. DEZALAY, Yves; TRUBEK, David M. A restruturação global e o direito: a internacionalização dos campos jurídicos e a criação de espaços transacionais. In: FARIA, José Eduardo (Org.). *Direito e globalização econômica: implicações e perspectivas*. 1. ed. São Paulo: Malheiros, 2015. p. 29-30.

17. ZAFFARONI, Eugenio Raúl. La globalización y las actuales orientaciones de la política criminal. In: PIERANGELI, José Henrique (Coordenador). Direito Criminal. 1. ed. Belo Horizonte: Del Rey, 2000. p. 22.

18. ROBINSON, Jeffrey. *A globalização do crime*. Rio de Janeiro: Ediouro, 2001. p. 209.

Calcula-se que o número de vítimas do tráfico de seres humanos ronde os 2,4 milhões, de entre os 12,3 milhões de pessoas vítimas de trabalho forçado em todo o mundo (Troncho, 2006). Os lucros obtidos através destas actividades criminosas são avultadíssimos. A Organização Internacional do Trabalho (OIT) publicou o já mencionado relatório 'Uma Aliança Global Contra o Trabalho Forçado' no qual especifica que os lucros obtidos com a exploração sexual forçada é um dos mais lucrativos, ascendendo aos 27,8 mil milhões de dólares anualmente, sem qualquer custo acrescido[19].

Vale a pena destacar que, seja na Europa continental, nas Américas ou na Ásia, a chamada criminalização da imigração, movimento cunhado pela doutrina como *crimmigration*[20], passou a ser tema recorrente.

Políticas de barreira com vistas à expulsão têm conduzido o imiganteà marginalização, como se a contenção dos fluxos imigratórios, em detrimento da supremacia e da prevalência dos interesses dos cidadãos nacionais, fosse tarefa precípua de leis penais.

Destaca-se, ainda, pela aparente legalidade de parte de suas atividades que, como uma "equipe de apoio", encontram-se inseridas em nichos legais do mercado econômico para, dessa forma, conferir cobertura e dissimular, perante os órgãos do Estado, seus negócios ilícitos.

Com arrimo em Cervini e Adriasola, Rafael Berruezo ilustra que

> Toda organización criminal desarrollada, principalmente si se dedica a macrodelitos económicos, además de procurar una planificación estratégica y táctica, un modo de actuar racional y certo nivel de distribución de roles, pretende estabelecer dependências reciprocas estrechas entre las actividades ilegales y legales. Tienen que participar en algún nicho del mercado legal para tener así una 'segunda pierna' de apoyo o 'cobertura táctica', para poder encobrir y ocultar sus negocios ilicitos y para obtener grandes beneficios al operar en la zona gris de la economía[21].

Nessa direção, Eduardo Fabián Caparrós também anota que

---

19. GUIA, Maria João. *Imigração e criminalidade*: caleidoscópio de imigrantes reclusos. Coimbra: Almedina, 2008. p. 130.

20. Por todos, confira-se: STUMPF, Juliet. The crimmigration crisis: imigrants, crime and sovereign power. *American University Law Review*, Washington, v. 56, n. 2, 2006, p. 367-419.

21. BERRUEZO, op. cit., p. 14.

Cap. 2 • CRIMINALIDADE MACROECONÔMICA ORGANIZADA

Buena parte de las actividades realizadas por las redes de delincuencia se desarrollan en una amplia zona incierta o de penumbra en la que se alternan continuamente legalidad e ilegalidad y en la que no siempre es fácil determinar donde se encuentra la frontera que separa los comportamentos reglados de aquellos otros que se enfrentan al Derecho[22].

Salta aos olhos a necessidade de maior aprofundamento e discussão em torno das chamadas "ações neutras", daquelas condutas que, malgrado (aparentemente) lícitas, auxiliam e contribuem para o sucesso da prática delitiva e para a manutenção da própria organização criminosa.

Estudioso do tema, Luís Greco chama de neutras aquelas contribuições a fato ilícito alheio que, à primeira vista, pareçam completamente normais, "todas as contribuições a fato ilícito alheio não manifestamente puníveis"[23].

Para o autor, o problema das ações neutras é um problema de tipo objetivo, uma "vez que é função deste, e não do tipo subjetivo, fixar os limites externos do proibido e do permitido"[24].

Dessa forma, uma ação neutra poderá ser objeto de imputação objetiva ao tipo penal se a sua não-prática implicar uma melhor proteção ao bem jurídico-penal tutelado.

Portanto, para Greco, é a inidoneidade da proibição que serve como critério de imputação, sendo que "a exigência da idoneidade da proibição significa que só haverá risco juridicamente desaprovado se a não-prática da ação proibida representar uma melhora relevante na situação do bem jurídico concreto"[25].

Além disso, ainda sob o ponto de vista dogmático, num contexto de delinquência macroeconômica organizada, a forma mais adequada de se promover a responsabilização dos superiores hierárquicos da estrutura criminosa, e não apenas dos agentes subalternos, continua sendo por meio dos delitos omissivos impróprios (artigo 13, § 2º, do Código Penal).

---

22. FABIÁN CAPARRÓS, Eduardo. *El delito de blanqueo de capitales*. Madrid: Colet, 1998. p. 42.

23. GRECO, Luís. *Cumplicidade através de ações neutras*: a imputação objetiva na participação. Rio de Janeiro: Renovar, 2004. p. 110.

24. Ibid., p. 116.

25. Ibid., p. 142.

Destarte, sem que se fale em responsabilização do agente de forma objetiva, sabe-se que, nos delitos omissivos impróprios, não se investiga o nexo de causalidade, uma vez que, normativa, sua fundamentação recai sobre o dever jurídico de agir, alcançando o dever legal, o dever de garantidor da não produção do resultado, e a chamada ingerência ou situação precedente.

Como lembra Paschoal,

> Dizer que alguém pratica um crime omissivo impróprio significa que este alguém responde por um resultado proibido pela lei penal, normalmente cometido por meio de ação, haja vista o fato de não o ter evitado, quando tinha o dever de agir para evitar o resultado, podia agir para evitar o resultado e a ação omitida seria idônea para tal fim[26].

Nesse sentido, confira-se Marta Felino Rodrigues, para quem,

> Se é essencial a todos os crimes o evento jurídico, isto é, a lesão ou perigo de lesão do bem jurídico tutelado, só alguns crimes têm um evento material ou resultado exigível no momento consumativo do crime. O crime de omissão imprópria é neste sentido, um crime material ou de resultado, porque é punido em função do desvalor do resultado. Resultado este entendido, nas omissões impróprias, como o não impedimento do evento lesivo pela acção devida e que foi omitida[27].

A importância dos crimes omissivos impróprios consiste em se identificar nos dirigentes das empresas criminosas, que não executam diretamente os núcleos dos tipos penais descritos por aqueles que ocupam as esferas mais baixas da organização, que não corrompem, que não oferecem vantagens indevidas, que não ocultam bens, etc., a figura do garantidor, compensando-se a inexistência de um tipo omissivo específico para toda a sorte de atividades ilícitas por eles desenvolvidas.

Nessa direção, confira-se o magistério da doutrina de Luís Greco e Augusto Assis, para quem

---

26. PASCHOAL, Janaina Conceição. *Ingerência indevida*: os crimes comissivos por omissão e o controle pela punição do não fazer. Porto Alegre: Sergio Antonio Fabris, 2011. p. 39.

27. RODRIGUES, Marta Felino. *A teoria penal da omissão e a revisão crítica de Jakobs*. Coimbra: Almedina, 2000. p. 20.

Cap. 2 • CRIMINALIDADE MACROECONÔMICA ORGANIZADA

A grande vantagem da responsabilidade omissiva, do ponto de vista da ampliação do âmbito de responsabilização dos superiores hierárquicos, é que *não é preciso existir um comando*. De uma perspectiva prática, essa vantagem torna-se ainda maior, uma vez que provar a existência de um comando no interior de uma estrutura complexa pode ser uma tarefa bastante difícil. Com isso, a responsabilização omissiva aproxima-se, à primeira vista, da *responsabilização por ocupar uma posição*[28].

Ainda nessa quadra, Bernd Schünemann anota que

> La eminente importancia político-criminal del delito impropio de omisión en el ámbito de la criminalidad de empresa resulta de la habitual divergencia, ya mencionada, entre acción y responsabilidad en las instituciones jerárquicas. Como consecuencia del principio de *descentralización*, característico en la organización de la empresa moderna, y de la transformación de la función de poder y decisión de las altas instancias, por él condicionada, la 'organización de la responsabilidad' – por decirlo con una expresión tópica – amenaza con convertirse en la 'organizada irresponsabilidad', lo que desde un punto de vista jurídico-penal se expressa a través de un cambio de la imputación del hecho hacia abajo, si no hacia los membros de la organización que estan más abajo, ya que sólo ellos llevan a cabo por si mismos la actuación tipificada en el supuesto de hecho penal o administrativo[29].

Dessa forma, é preciso entender e aceitar que a delinquência macroeconômica organizada não pode receber o tratamento dogmático conferido à delinquência comum.

Tício e Mévio, outrora furtadores contumazes de acordo com os tradicionais manuais de Direito Penal, hoje em dia, integram grandes organizações criminosas. Em vez de ingressarem em um armazém para subtrair café e, por erro sobre a coisa, subtraírem soja, a conhecida dupla criminosa agora corrompe agentes públicos, frauda licitações por meio da cartelização de suas empresas, lava o dinheiro ilicitamente obtido em

---

28. GRECO, Luís; ASSIS, Augusto. O que significa a teoria do domínio do fato para a criminalidade de empresa. In: GRECO, Luís et al. *Autoria como domínio do fato*: estudos introdutórios sobre o concurso de pessoas no direito penal brasileiro. 1. ed. São Paulo: Marcial Pons, 2014. p. 109.

29. SCHÜNEMANN, Bernd. Cuestiones básicas de dogmática jurídico-penal y de política criminal acerca de la criminalidad de empresa. *Anuario de derecho penal y ciencias penales*, Tomo 41, Fasc/Mes 2, 1988. p. 533.

paraísos fiscais fincados em ilhas do Caribe e, como se não bastasse, ainda financia campanhas político-eleitorais por meio de "caixa dois".

De mais a mais, vale a pena destacar que, cuidando-se de delinquência macroeconômica organizada, os meios probatórios a serem utilizados não podem ser os meios e instrumentos tradicionalmente empregados para a comprovação de infrações penais combatidas pelo Direito Penal clássico.

À evidência, não se pode exigir, para a procedência das ações penais que versem sobre essa forma de criminalidade, o manejo dos meios tradicionais de prova, por exemplo, a confissão do agente e a sua confirmação pela prova testemunhal, sob pena de se exigir do órgão acusatório que produza a chamada "prova diabólica", aquela de impossível produção.

Aqui, o julgador deve, necessariamente, lançar mão do método lógico- dedutivo para avaliar a prova e, dessa forma, julgar a conduta que lhe foi narrada, conferindo-se à soma dos indícios o seu devido valor probante, já que dificilmente contará com a certeza visual do crime proporcionada pela prisão em flagrante do criminoso por agentes do Estado que se encontravam em patrulhamento de rotina pelas ruas da cidade.

Nessa direção, Paulo Augusto Moreira Lima adverte que

> Não se pode negar que o desejo de todo juiz criminal é poder julgar com uma relativa certeza da ocorrência do crime, o que é costumeiramente alcançado nos crimes clássicos por provas diretas como confissões, prisões em flagrante e testemunhas que presenciaram o fato. Mas, diante da nova criminalidade que se apresenta, praticada de forma dissimulada, às ocultas, por vezes mediante a utilização de 'laranjas' e empresas de fachada, o juiz que exige provas diretas como pressuposto inarredável para proferir eventual condenação, não se contentando com a prova possível, no mais das vezes indiciária, coloca sua tranquilidade pessoal acima da responsabilidade que tem como julgador[30].

Enquanto o Direito Penal clássico e os tradicionais meios de prova continuarem sendo empregados para a tutela de bens jurídico-penais

---

30. LIMA, Paulo Augusto Moreira. A prova diabólica no processo penal. In: SALGADO, Daniel de Resende; QUEIROZ, Ronaldo Pinheiro (Orgs.). *A prova no enfrentamento à macrocriminalidade*. 1. ed. Salvador: Juspodivm, 2016. p. 132.

Cap. 2 • CRIMINALIDADE MACROECONÔMICA ORGANIZADA

coletivos, como no caso da ordem econômica, o sistema de Justiça Criminal continuará produzindo graves distorções e, em última análise, injustas e indevidas absolvições.

2.2. DIREITO PENAL ECONÔMICO VERSUS DIREITO ADMINISTRATIVO SANCIONADOR

Investigando as bases históricas do Direito Administrativo sancionador, Ana Carolina Carlos de Oliveira observa um movimento pendular entre a criminalização de condutas pelo Direito Penal e opção pela sua regulação na seara administrativa, que, na constatação da autora, guarda íntima relação com as opções políticas da época e a conformação do Estado em tempos de crise[31].

Seja como for, sobretudo no campo econômico, a relação próxima existente entre as condutas tipificadas como delitos e aquelas previstas como violações administrativas proporciona acaloradas discussões envolvendo os limites e as fronteiras entre o Direito Penal Econômico e o Direito Administrativo sancionador.

Nessa quadra, muito se discute se, diante da ingerência penal no campo econômico, não seria o caso de se identificar no Direito Administrativo sancionador o terreno mais adequado para esta forma de regulação, descriminalizando condutas.

Discute-se, em suma, se existe ou não identidade entre ilícitos administrativos e ilícitos penais a justificar a descriminalização de certos tipos penais na seara econômica, evitando-se o que Miguel Reale Junior chama de administrativização do Direito Penal, movimento que, aos olhos do autor, torna a lei penal um regulamento, sancionando a inobservância a regras de conveniência da Administração Pública, que são, antes de tudo, matérias de cunho disciplinar[32].

Como se pode imaginar, o tema é controverso, esgrimindo-se basicamente duas orientações doutrinárias a seu respeito: a tese diferenciadora e a tese unitária.

Buscando diferenciar substancialmente o ilícito penal do administrativo, a tese diferenciadora – inicialmente defendida por

---

31. OLIVEIRA, Ana Carolina Carlos de. *Hassemer e o Direito Penal brasileiro*: direito de intervenção, sanção penal e administrativa. São Paulo: IBCCRIM, 2013. p. 103.

32. REALE JUNIOR, Miguel. *Instituições de Direito Penal*. Parte geral. 4. ed. Rio de Janeiro: Forense, 2013. p. 21.

James Goldschmidt e, posteriormente, revisitada por Erik Wolf e Eberhard Schmidt – descortina uma distinção ontológica entre injusto administrativo e penal. Para Goldschmidt, cabe ao Direito Penal proteger direitos subjetivos ou bens jurídicos individualizados, ao passo que, ao Direito Administrativo sancionador, cabe operar ante as desobediências dos mandados emitidos pela própria Administração Pública[33].

Nessa ordem de ideias, a desvalorização ético-social é inerente ao Direito Penal e característica exclusiva deste ramo do Direito, enquanto as infrações administrativas são meras contrariedades às ordenações estatais, sem identificação social de injusto[34].

Portanto, nessa quadra diferenciadora, vislumbra-se uma diferença *qualitativa* entre o ilícito penal e o ilícito administrativo.

Nas palavras de García Cavero,

> Las normas administrativas aseguran expectativas referidas al funcionamiento global de un sector del tráfico social y tiene como finalidad únicamente que estos sectores no colapsen, lo que, por outra parte, le permite también utilizar mecanismos cognitivos de reestabilización. Las normas penales, por el contrario, protegen expectativas normativas derivadas de la identidad normativa esencial de la sociedad o, lo que es lo mismo, los aspectos que permiten en el sistema social concreto una realización personal, de manera que fundamentan un reproche de culpabilidad material al autor[35].

A adoção da tese diferenciadora espanca por completo a alegação de violação ao postulado da proibição do *bis in idem*.

Com efeito, a partir do reconhecimento de que o ilícito penal e o ilícito administrativo visam a proteger bens e valores absolutamente distintos, nada impede que haja, num caso concreto, a dupla punição por um fato.

De outro giro, contrapondo-se à teoria diferenciadora, credita-se a Heinz Mattes a condição de ter sido o responsável pelo desenvolvimento da teoria unitária entre o Direito Penal e o Direito Administrativo

---

33. BAJO; BACIGALUPO, op. cit., p. 77.

34. GRECO FILHO, Vicente; RASSI, João Daniel. *O combate à corrupção e comentários à Lei de responsabilidade de pessoas jurídicas (Lei n. 12.846, de 1º de agosto de 2013)*. São Paulo: Saraiva, 2015. p. 106.

35. CAVERO, op. cit., p. 68-69.

Cap. 2 · CRIMINALIDADE MACROECONÔMICA ORGANIZADA

sancionador e, dessa forma, sustentar uma verdadeira identificação entre os dois ilícitos distinguidos pela teoria anterior.

De acordo com Oliveira,

> Mattes via dificuldades em encontrar a reprovação ética de alguns ilícitos penais de bagatela, ao mesmo tempo em que considerava a reiteração de infrações administrativas de conteúdo econômico eticamente reprováveis, na medida em que seus efeitos seriam sofridos por toda a coletividade. Para o autor, se fazia necessário uma concepção social, e não meramente individual, do homem como destinatário da proteção do Direito[36].

Deveras, a partir da concepção unitária entre os ilícitos penal e administrativo, finca suas bases na ideia de que o Direito Administrativo sancionador desenvolve-se com os fundamentos principiológicos do próprio Direito Penal; ganha corpo a tese de que a diferença entre ilícito penal e administrativo é de natureza meramente *quantitativa,* relativa à natureza da resposta estatal diante da violação que se busca evitar.

Partidários da teoria unitária, Bajo e Bacigalupo não reconhecem uma diferença ontológica, de conteúdo material, entre o ilícito penal e o ilícito administrativo, mas apenas de natureza formal.

Para os Professores da Universidade Autônoma de Madri,

> [...] la diferencia entre delito y la infracción administrativa, es decir, entre ilícito penal y el ilícito administrativo, sólo puede encontrar-se en consideraciones formales. Así se entiende por ilícito administrativo la infracción castigada por órganos administrativos y en virtud de la facultad gubernativa de la Administración (o, en su caso, disciplinaria). Por el contrario, estaremos en presencia de un ilícito penal, si la infracción está castigada con una pena de las previstas en el Código penal y aplicada por los Tribunales de Justicia en virtud del *ius puniendi*[37].

No Brasil, adepta da concepção unitária, Helena Regina Lobo da Costa afirma que a concepção diferenciadora entre as instâncias penal e administrativa nega a existência de pontos de contato entre os dois ramos do Direito, como se pudessem se desenvolver um ao lado do

---

36.   OLIVEIRA, op. cit., p. 119.

37.   BAJO; BACIGALUPO, op. cit., p. 79.

outro, de forma paralela, criando um fechamento artificial no sistema e causando resultados insatisfatórios à luz da coerência e lógica jurídicas[38]. Nessa direção, Fábio Medina Osório sentencia:

> Não parece razoável distinguir normas penais de normas administrativas a partir dos valores tutelados ou da imoralidade inerente a umas ou outras infrações. Valores éticos podem e devem ser protegidos pelo Direito Administrativo. Inexiste óbice nesse sentido. Basta que a presença reguladora ou sancionadora do Estado seja reclamada pela realidade social.
>
> E o Direito Penal, a seu turno, está cada vez mais pragmático, tutelando interesses difusos e coletivos, muito mais centrado na defesa de direitos constitucionais do que propriamente na justificação moral de seus preceitos proibitivos[39].

De fato, a diferença entre os ilícitos penal e administrativo é de natureza formal. Não há diferença ontológica entre ambos, mas apenas de cunho normativo.

Assim, quando se trabalha com a ideia de delitos econômicos e da necessária oxigenação do Direito Penal pelo emprego de conceitos e institutos próprios do Direito Administrativo e da Economia, como visto no capítulo vestibular deste estudo, constata-se a existência de grande discricionariedade por parte do legislador ordinário em optar por uma ou por outra forma de ingerência e regulação.

A opção entre criminalizar uma determinada conduta ou sancioná-la no campo administrativo é de natureza legislativa.

Todavia, em que pese discricionária, a atuação do legislador penal ordinário não é ilimitada.

Como já indicado ao longo deste estudo, salta aos olhos a necessidade da construção de uma coerente política criminal num contexto mais amplo de Ciência Global do Direito Penal.

E, para tanto, impõe-se o devido respeito aos princípios de Direito Penal constitucional que, como se sabe, encontram fundamento *expresso* e *implícito* no texto da Lei Maior.

---

38. COSTA, Helena Regina Lobo da. Direito administrativo sancionador e direito penal: a necessidade de desenvolvimento de uma política sancionadora integrada. In: BLAZECK, Luiz Maurício Souza; MARZAGÃO JÚNIOR, Laerte I. (coords.). *Direito Administrativo sancionador.* 1. ed. São Paulo: Quartier Latin, 2014. p. 113.

39. OSÓRIO, Fábio Medina. *Direito Administrativo sancionador.* 5. ed. São Paulo: RT, 2015. p. 123.

Cap. 2 • CRIMINALIDADE MACROECONÔMICA ORGANIZADA

Com efeito, identificada a Constituição Federal como limite e fundamento para o Direito Penal, do seu texto são extraídos princípios penais reveladores de prerrogativas de direitos humanos fundamentais (*Rechtsstaats*), expressos e implícitos, que, de maneira intrínseca, devem orientar o legislador penal ordinário no exercício de sua típica função de elaborar as leis.

De acordo com Luiz Luisi,

> Nas Constituições que são expressão do *Rechtsstaats* as normas concernentes ao direito penal se traduzem em postulados que, em defesa das garantias individuais, condicionam restritivamente a intervenção penal do Estado. Nas Constituições de nossos dias estas instâncias de resguardo dos direitos individuais em matéria penal persistem vigorosas, mas nelas se encontram uma série de preceitos que implicam no alargamento da atuação do direito penal de moldes a ampliar a área de bens objeto de sua proteção. Ou seja: de um lado nas Constituições contemporâneas se fixam os limites do poder punitivo do Estado, resguardando as prerrogativas individuais; e de outro lado se inserem normas propulsoras do direito penal para novas matérias, de modo a fazê-lo um instrumento de tutela de bens cujo resguardo se faz indispensável para a consecução dos fins sociais do Estado[40].

Nessa direção, Nilo Batista identifica cinco princípios básicos de Direito Penal que conformam o sistema punitivo, limitando a atuação do legislador penal, quais sejam, o princípio da legalidade, da intervenção mínima, da lesividade, da humanidade e da culpabilidade[41].

Além de tudo, conforme já adiantado, adotando-se a tese de que a diferença entre os ilícitos penal e administrativo é de natureza quantitativa, a opção pelo recurso do Direito Penal e consequente criminalização de uma determinada conduta na seara econômica deve passar necessariamente em revista o ajustado manejo de outro importante princípio de Direito Penal constitucional que, malgrado previsto de forma expressa no artigo 12, da Declaração dos Direitos e dos Deveres do Homem e do Cidadão, de 22 de agosto de 1975, e

---

40. LUISI, Luiz. *Os princípios constitucionais penais*. 2. ed. Porto Alegre: Sergio Antonio Fabris, 2003. p. 12.

41. BATISTA, Nilo. *Introdução crítica ao Direito Penal brasileiro*. 11. ed. Rio de Janeiro: Revan, 2007. p. 64.

na Oitava Emenda à Constituição do Estados Unidos da América do Norte, de 1791, deixou de ser expressamente agasalhado nas modernas Constituições ocidentais.

Fala-se, aqui, do *princípio da proporcionalidade*, que, em nosso ordenamento jurídico, encontra fundamento implícito no artigo 5º, incisos XLII, XLIII, XLIV, XLVI e XLVII, da Constituição Federal de 1988.

Investigando as origens do postulado da proporcionalidade, Suzana de Toledo Barros ilustra que o primado é fruto de ideais iluministas dos séculos XVII e XVIII, como forma de se dar garantia à liberdade individual em face dos interesses da Administração[42].

Assim, não obstante idealizado para se combater o arbítrio estatal no campo administrativo, o princípio da proporcionalidade rompeu as barreiras daquele subsistema e, em matéria penal, encerra a ideia de que a gravidade da pena deve ser proporcional à gravidade do injusto penal praticado.

No ponto, é interessante notar que o próprio Cesare Bonesana, importante figura do movimento humanista no período da Ilustração, ao inaugurar capítulo dedicado à proporcionalidade em sua conhecida obra *Dos delitos e das penas*, afirma que o interesse de todos não é somente que não se cometam crimes, mas que os delitos mais funestos à sociedade sejam os mais raros, pontuando que os meios que a legislação emprega para impedir os crimes devem ser mais fortes à medida que o delito é mais contrário ao bem público e pode tornar-se mais comum[43].

Todavia, a moderna leitura da proporcionalidade em matéria penal reclama um novo olhar para novos horizontes.

De fato, se por um lado o princípio da proporcionalidade indiscutivelmente encerra a proibição do excesso (*Übermassverbot*), vedando a aplicação de penas desproporcionais à conduta criminosa e ao bem jurídico tutelado, em um Estado democrático de Direito, que enxerga

---

42. BARROS, Suzana de Toledo. *O princípio da proporcionalidade e o controle de constitucionalidade das leis restritivas de direitos fundamentais*. Brasília: Brasília Jurídica, 1996. p. 21.

43. "Il est de l'intérêt general qu'il ne se commette pas de délits, ou du moins qu'ils soient d'autant plus rares qu'ils causent plus de mal à la société. Ainsi donc, plus les délits sont nuisibles au bien public, plus forts doivent être aussi les obstacles qui les em écartent. Il doit donc y avoir une proportion entre les délits et les peines." (BONESANA, Cesare. *Des délits et des peines*. Traduction de Maurice Chevallier. Préface de Robert Badinter. Paris: Flammarion, 1991. p. 72).

Cap. 2 • CRIMINALIDADE MACROECONÔMICA ORGANIZADA

uma dupla face de direitos fundamentais e exige, ao lado de posturas absenteístas, intervenções estatais positivas como imperativos de tutela, esse postulado descortina uma outra faceta que, de outro ângulo, veda a proteção penal insuficiente (*Untermassverbot*).

Na constatação de Maria Luiza Schäfer Streck,

> Passados dois séculos, é possível dizer que a visão de cunho liberal deixou de lado aquilo que se pode chamar de proteção positiva dos direitos fundamentais por meio do Direito Penal, preocupação típica do Estado Democrático de Direito. Em outras palavras, o Direito Penal e os penalistas, em sua parcela considerável, deixaram de lado a relevante circunstância de que o Estado pode ser protetor dos direitos fundamentais. Nesse sentido, 'pode' deve ser entendido como deve, mormente a partir de uma perspectiva compromissória e dirigente assumida pela Constituição do Brasil[44].

Com efeito, é nesse contexto e nessa quadra de proteção que são extraídos, do texto constitucional, ordens de criminalização ao legislador penal ordinário que, limitando sua atuação discricionária, indicam determinadas áreas protetivas das quais o Direito Penal não pode deixar de intervir.

Para Antonio Carlos da Ponte, os mandados de criminalização indicam matérias sobre as quais o legislador penal ordinário não tem a faculdade de legislar, mas a obrigatoriedade de tratar, promovendo a tutela penal de determinados bens ou interesses de forma adequada e integral[45].

Dele não discorda Luciano Feldens, para quem, em determinados casos, a Constituição funciona como fundamento normativo do Direito Penal, transmitindo um *sinal verde* ao legislador ordinário, o qual, diante da normatividade da disposição constitucional que o veicula, não pode lhe negar passagem[46].

No texto da nossa Carta Política de 1988, são apontadas como mandados expressos de criminalização as normas previstas no artigo

---

44. STRECK, op. cit., p. 90-91.

45. PONTE, op. cit., p. 152.

46. FELDENS, Luciano. *Direitos fundamentais e Direito Penal*: a Constituição penal. 2. ed. Porto Alegre: Livraria do Advogado, 2012. p. 73.

5º, incisos XLII[47], XLIII[48], XLIV[49], no artigo 5º, § 3º[50], no artigo 7º, inciso X[51], no artigo 225, § 3º[52], e no artigo 227, § 4º[53].

No direito comparado, Luiz Carlos dos Santos Gonçalves anota que a Constituição italiana prevê, em seu artigo 13, que será punida toda a violência física e moral sobre as pessoas sujeitas de qualquer modo a restrições em sua liberdade; a Constituição espanhola, por sua vez, traz mandados expressos de criminalização relacionados à proteção do meio ambiente, em seu artigo 45, 3, do patrimônio histórico cultural, em seu artigo 46, e aos abusos de órgãos públicos nas hipóteses em que a restrição de liberdades fundamentais é permitida, em seu artigo 55, 2.

Na América do Sul, Gonçalves ilustra que a Constituição da Argentina, reformada no ano de 2004, contém, ao lado de outros mandados de criminalização, ordens de criminalização referentes à contratação da escravatura (artigo 15), a sedição (artigo 22), a usurpação de poderes (artigo 29), aos atos de força contra a ordem institucional e o sistema democrático (artigo 36), e à traição à Nação (artigo 119)[54].

Ocorre que, ao lado dos mandados expressos de criminalização, a Constituição Federal também estabelece uma série de valores, os quais, independentemente de norma expressa, indiscutivelmente reclamam a

---

47. Artigo 5º, XLII – a prática do racismo constitui crime inafiançável e imprescritível, sujeito à pena de reclusão, nos termos da lei.

48. Artigo 5º, XLIII – a lei considerará crimes inafiançáveis e insuscetíveis de graça ou anistia a prática da tortura, o tráfico ilícito de entorpecentes e drogas afins, o terrorismo e os definidos como crimes hediondos, por eles respondendo os mandantes, os executores e os que, podendo evitá-los, se omitirem.

49. Artigo 5º. XLIV – constitui crime inafiançável e imprescritível a ação de grupos armados, civis ou militares, contra a ordem constitucional e o Estado democrático.

50. Artigo 5º, § 3º. Os tratados e convenções internacionais sobre direitos humanos que forem aprovados, em cada Casa do Congresso Nacional, em dois turnos, por três quintos dos votos dos respectivos membros, serão equivalentes às emendas constitucionais.

51. Artigo 7º. São direitos dos trabalhadores urbanos e rurais, além de outros que visem à melhoria de sua condição social: X – proteção do salário na forma da lei, constituindo crime sua retenção dolosa.

52. Artigo 225, § 3º. As condutas e atividades consideradas lesivas ao meio ambiente sujeitarão os infratores, pessoas físicas ou jurídicas, a sanções penais e administrativas, independentemente da obrigação de reparar os danos causados.

53. Artigo 227, § 4º. A lei punirá severamente o abuso, a violência e a exploração sexual da criança e do adolescente.

54. GONÇALVES, Luiz Carlos dos Santos. *Mandados expressos de criminalização e a proteção de direitos fundamentais na Constituição brasileira de 1988*. Belo Horizonte: Fórum, 2007. p. 142-143.

Cap. 2 • CRIMINALIDADE MACROECONÔMICA ORGANIZADA

ingerência do Direito Penal como forma de adequada e proporcional garantia de proteção.

Portanto, ao lado das determinações expressas, descortina-se no texto da Lei Maior a existência de verdadeiros *mandados implícitos de criminalização* com vistas à efetivação de valores constitucionalmente consagrados, vedando-se, em determinadas áreas, proteções penais insuficientes ou deficientes.

Aliás, foi com fundamento nessa orientação doutrinária que o *Bundesverfassungsgericht* (Tribunal Constitucional Federal alemão), a partir da conhecida decisão de 25 de fevereiro de 1975, que declarou inconstitucional a Lei de Reforma do Código Penal (5. StRG, de 18 de junho de 1974), reconheceu a existência de mandados implícitos de criminalização. Naquela decisão, a Corte constitucional alemã declarou inconstitucional lei que tratava do aborto, possibilitando a interrupção da gravidez nos três primeiros meses de gestação[55].

Para Feldens,

> [...] sustentar a taxatividade dos deveres de proteção jurídico-penal, atrelando-os exclusivamente aos mandados explícitos de penalização, seria tanto como admitir que o Direito está primordialmente posto à defesa do objeto (patrimônio) e não do sujeito de Direito (vida), conclusão inequivocadamente indesejável em um regime de Estado de Direito que encontra na dignidade humana a sua *ratio essendi*[56].

Nessa direção, Francesco Palazzo obtempera que, a despeito da presença de cláusulas expressas de criminalização, a ordem constitucional impõe a proteção penalística de valores como parte integrante do sistema penal[57].

Assim, reforça-se a ideia de que cabe ao Direito Penal democrático, orientado pela dignidade da pessoa humana, servir de instrumento para a efetiva tutela de bens e valores constitucionalmente consagrados, de forma expressa e implícita, vedando-se, dessa forma, proteções penais insuficientes.

---

55. TURESSI, op. cit., p. 173.

56. FELDENS, Luciano. *Direitos fundamentais e Direito Penal*: a Constituição penal. 2. ed. Porto Alegre: Livraria do Advogado, 2012. p. 94.

57. PALAZZO, Francesco C. *Valores constitucionais e Direito Penal*. Tradução Gérson Pereira dos Santos. Porto Alegre: Sergio Antonio Fabris, 1989. p. 105-106.

Com isso, tamanha a importância de se combater o abuso do poder econômico, que, para o efetivo enfrentamento de condutas anticoncorrenciais, não se pode prescindir do Direito Penal.

Como se verá adiante, a livre concorrência, vetor orientador da ordem econômica expressamente previsto no artigo 170, inciso IV, da Constituição Federal de 1988, reveste-se de indisfarçável dignidade penal e de necessidade de proteção pelo Direito Penal.

Como observa Araujo Junior,

> [...] a luta social contra os abusos do poder econômico não deve se esgotar nas acçoes administrativas. O Direito Penal, com seu caráter preventivo e repressivo, não pode ficar alheio a tal combate. Já dissemos, quando apresentamos a doutrina da Novíssima Defesa Social, que o Direito Penal não é o único, nem muito menos o melhor instrumento de luta contra a criminalidade, porém, sem nenhuma questão de fé, podemos afirmar a sua parcial utilidade, especialmente no campo do Direito Penal dos Monopólios e da Concorrência. [...]. A atuação administrativa é sempre mais rápida do que a jurisdicional, porém, ao lado dessa vantagem, encontramos alguns inconvenientes, dentre os quais se destaca o fato de a sanção administrativa não possuir o mesmo caráter de publicidade que a pena, resultando daí o seu pequeno poder de intimidação geral. Além disso, a exclusiva atuação administrativa, especialmente em países como o Brasil, que não conhecem ainda, um Direito de Contra-Ordenações, pode conduzir a punições sem julgamento[58].

No campo da prevenção e da repressão às condutas anticoncorrenciais, deve-se fazer com que ambos os subsistemas – tanto o Direito Penal quanto o Direito Administrativo sancionador – atuem de forma harmônica e complementar, reservando-se a ingerência penal para violações mais graves, até porque, como se sabe, não há uma simetria perfeita entre a legislação penal e a legislação antitruste na previsão de ilícitos contra a ordem econômica.

E isso tudo sem falar na independência das instâncias que, outrora prevista no artigo 19, da Lei n. 8.884/1994, foi novamente explicitada no artigo 35, da atual Lei Antitustre – Lei n. 12.529, de 30 de novembro de 2011[59].

---

58. ARAÚJO JUNIOR, João Marcello de. *Dos crimes contra a ordem econômica*. São Paulo: RT, 1995. p. 96-97.

59. Artigo 35. A repressão das infrações da ordem econômica não exclui a punição de outros ilícitos previstos em lei.

Em suma, como destaca Valter Foleto Santin, cuidando-se de delitos contra a ordem econômica, a atuação do Direito Administrativo sancionador não impede a atuação das normas penais, a despeito de ser *ultima ratio*, tendo em vista que o fato pode ter significação jurídica em várias áreas, com sanções administrativas, civis e penais, sem exclusão de nenhuma delas, exemplificando o autor a insuficiência das sanções administrativas para o enfrentamento a fraudes de combustível[60].

2.3. FUNDAMENTOS E LIMITES DA INGERÊNCIA PENAL SOBRE A ORDEM ECONÔMICA: A CONSTITUIÇÃO DIRIGENTE

Conferir-se concretude ao conteúdo material do delito não é tarefa das mais fáceis.

Selecionar bens jurídicos dignos e merecedores da tutela penal, criminalizando condutas, exige do legislador penal ordinário que opere um instrumento idôneo capaz de justificar, de forma racional, a sua opção legislativa.

Dessa forma, para transpor o conteúdo abstrato do bem jurídico-penal, o processo valorativo deve, necessariamente, passar em revista o texto constitucional. A leitura constitucional do Direito Penal fundamenta não apenas a criminalização de condutas ou ao agravamento das já tipificadas como crime, mas também a necessidade de descriminalização.

Portanto, deve existir uma ordenação axiológica jurídico-constitucional que norteie a atuação do legislador penal ordinário, limitando a atuação do Direito Penal.

De acordo com Feldens,

> [...] por atingir potencialmente direitos de liberdade, constitucionalmente albergados como tais, o fundamento de validade da norma penal deve ser extraído, necessariamente, da própria Constituição da República, instrumento político-normativo que, a um só tempo, como lugar cimeiro das fontes de direito, promove a garantia

---

60. SANTIN, Valter Foleto. *Crime econômico no comércio de combustível adulterado*. São Paulo: Verbatim, 2012. p. 122.

de direitos individuais, constitui a sociedade e, por conseguinte, delineia o Estado social[61].

Logo, toda criminalização que não desrespeite o texto da Lei Maior deve ser admitida.

Empregar o texto constitucional como parâmetro de legitimação da lei penal importa utilizá-lo como *limite negativo* do Direito Penal, sendo certo que a eleição de bens jurídicos passíveis de proteção penal pode ser realizada aleatoriamente, desde que os valores constitucionais tenham sido preservados[62].

Destarte, com base nessa justa ancoragem constitucional do Direito Penal, para a legítima conformação da sua ingerência sobre a *ordem econômica*, deve-se deitar olhos sobre a denominada Constituição econômica, aqui identificada como o conjunto de normas voltadas para a ordenação da economia[63].

Aliás, quando se fala em Constituição econômica, fala-se tanto em Constituição econômica *formal* quanto *material*. Aquela compreendendo o conjunto de normas formalmente inseridas no texto da Constituição Federal, e esta contendo dispositivos que, malgrado não alocados no bojo da Lei Maior, apresentam indisfarçável conteúdo econômico orientado à realidade que deve disciplinar.

Nessa ordem de valores, Moreira leciona que:

> A CE material seria definida segundo um critério económico, abrangendo todas as normas e instituições jurídicas pertinentes segundo esse critério, independentemente da sua fonte constitucional ou legal (ou até regulamentar). Ao invés, a CE formal seria definida pelo simples critério da presença de 'disposições económicas' no documento constitucional[64].

---

61. FELDENS, Luciano. *Tutela penal de interesses difusos e crimes de colarinho branco*: por uma relegitimação da atuação do Ministério Público: uma investigação à luz dos valores constitucionais. Porto Alegre: Livraria do Advogado, 2002. p. 107.

62. PONTE, op. cit., p. 164.

63. BASTOS, Celso Ribeiro. Existe efetivamente uma Constituição Econômica? *Revista de Direito Constitucional e Internacional*. Vol. 39. Ano 10. São Paulo: RT, abril-junho 2002. p. 92.

64. MOREIRA, Vital. *Economia e Constituição*: para o conceito de Constituição econômica. Coimbra: Coimbra, 1974. p. 78-79.

Cap. 2 • CRIMINALIDADE MACROECONÔMICA ORGANIZADA

Assim, desde logo se percebe que a adoção de um conceito "material" de Constituição econômica reforça a necessidade do emprego da legislação ordinária para conferir concretude aos seus princípios programáticos.

O conteúdo da Constituição econômica não se exaure no texto constitucional[65].

Contudo, a ordem econômica nem sempre foi matéria de natureza constitucional.

Como lembra Manoel Gonçalves Ferreira Filho, o formato de Constituição que o século XVIII consagra como imprescindível à reta organização do Estado, preocupada com o "político", descura do elemento econômico[66].

Foi somente no início do século XX, claramente marcado por um cenário de forte beligerância entre os povos e palco de gravíssimos conflitos armados que indiscutivelmente alteraram os rumos e os destinos das Nações, que o "econômico" entrou em cena e alcançou *status* constitucional.

Ao lado de disputas bélicas mais pontuais envolvendo apenas dois países ou regiões delimitadas, como nos casos da "Guerra do Vietnã" e "Guerra das Malvinas", o século passado assistiu à eclosão e ao desenvolvimento de graves confrontos armados de proporções mundiais, à deflagração das Primeira e Segunda Guerras Mundiais que, findas, cederam espaço, logo ao final do ano de 1947, ao surgimento da denominada Guerra Fria, corrida armamentista nuclear protagonizada pelos Estados Unidos da América e pela antiga União das Repúblicas Socialistas Soviéticas e que, até o ano de 1989, dividiu o globo em dois grandes blocos político- econômicos.

Na observação de Caggiano, nesse período, o tema econômico passou a representar o ponto nevrálgico dos diálogos travados na esfera jurídica e política, porquanto o impacto das mutações sobre as instituições políticas e a estabilidade dos governos verificada no panorama da economia mostrava-se grave[67].

Nas palavras de Diogo de Figueiredo Moreira Neto,

---

65.   GRAU, op. cit., p. 78.

66.   FERREIRA FILHO, Manoel Gonçalves. *Direito Constitucional Econômico*. São Paulo: Saraiva, 1990. p. 3.

67.   CAGGIANO, op. cit., p. 1.

JUSTIÇA PENAL NEGOCIADA E CRIMINALIDADE MACROECONÔMICA ORGANIZADA

A consciência de que guerras não seriam ganhas apenas com as forças armadas se impusera, à medida em que os conflitos passaram a ser *totais*, importando a todas as expressões do poder nacional: não só a militar, como a política, a econômica e a social. A guerra, por ser total, só podia ser vencida com uma *política total*, de preferência, até totalitária, na qual o desenvolvimento tornava-se uma imprescindível infraestrutura[68].

Nessa ordem de valores, a Constituição do México, de 1917, costuma ser indicada como o estandarte de valorização jurídica da ordem econômica no plano constitucional[69].

De fato, a Constituição mexicana de 1917 oferece princípios voltados à orientação do uso dos recursos econômicos pela própria Administração, como visto em seu artigo 134, além de conferir nova leitura ao direito de propriedade, em seu artigo 27, flexibilizando o caráter absoluto da propriedade privada ao distingui-la em originária e derivada.

Claramente influenciada pela legislação antitruste norte-americana daquela época, a Constituição mexicana de 1917 busca combater o monopólio, a elevação artificial do preço de produtos e as práticas tendentes a eliminar a concorrência[70].

Pouco mais adiante, com o término da Primeira Guerra Mundial, surge a Constituição alemã, de 11 de agosto de 1919.

Diante de uma Alemanha arrasada pelo conflito bélico, a Constituição de Weimar nasce com ideais de promoção de justiça social, incorporando em seu texto normas de conteúdo econômico claramente voltadas à reconstrução do país, de forma sistematizada e ordenada.

Não obstante o pioneirismo creditado à Constituição mexicana, de 1917, há, na Constituição de Weimar, de 1919, o protagonismo na difusão de normas regulamentadoras do intervencionismo estatal na ordem econômica.

Não por acaso, sentindo os influxos da Constituição mexicana, de 1917, e da Constituição de Weimar, de 1919, a Constituição da Espanha,

---

68. MOREIRA NETO, Diogo de Figueiredo. *Constituição e revisão*: temas de direito político e constitucional. Rio de Janeiro: Forense, 1991. p. 366-367.

69. SILVA, José Afonso da. *Curso de Direito Constitucional positivo*. 16. ed. São Paulo: Malheiros, 1999. p. 760.

70. TAVARES, André Ramos. *Direito Constitucional Econômico*. 2. ed. São Paulo: Método, 2006. p. 89.

Cap. 2 • CRIMINALIDADE MACROECONÔMICA ORGANIZADA

de 1931, malgrado interrompida pela guerra civil de 1936, também confere restrições à livre iniciativa eà propriedade privada, subordinando aos interesses da economia nacional toda a riqueza do país.

Nessa linha, a Constituição de Portugal, de 1933, ao incluir em seu texto um capítulo exclusivo dedicado à ordem econômica, restringe a liberdade individual do cidadão em nome do "bem comum" social.

Encerrado o segundo conflito bélico mundial, a Constituição da França, de 19 de abril de 1946, também se ocupa da ordem econômica ao prever, em seu artigo 25, a criação do denominado *Conseil Économique*, órgão consultivo encarregado de estatuir regras e examinar projetos de lei na área econômica antes da sua apresentação perante a Assembleia Nacional[71].

Na Itália, a Constituição promulgada em 27 de dezembro de 1947 trata, em seu Título III, das "Relações econômicas", falando abertamente na função social da propriedade privada.

Em solo brasileiro, sentindo os influxos da Constituição de Weimar, de 1919, a primeira Constituição a tratar da intervenção do Estado sobre a ordem econômica foi a de 1934.

Debruçando-se sobre as origens da Carta de 1934, Celso Ribeiro Bastos ilustra que

> [...] a crise econômica de 1929, bem como o surgimento de movimentos sociais pleiteando melhores condições de vida, trabalho e distribuição de renda, geraram controvérsias quanto à validade da democracia liberal e do liberalismo econômico. Consequências diretas deste quadro foram o surgimento de correntes extremas, tanto de direita, quanto de esquerda, e a eclosão de regimes fortes em diversas partes do globo. O movimento irrompido em São Paulo, em 9 de julho de 1932, chamado 'Constitucionalista', embora não tenha alterado a data fixada para a convocação da Assembléia [sic], traduziu-se, sem dúvida, num elemento de pressão para que ela se cumprisse. O trabalho desenvolvido pelos Constituintes, em função do alto nível de seus membros, dos acirrados debates travados e perpetuados nos Anais da Constituição de 1934, acabou por traduzir-se em fonte de grande significação jurídica, de alto valor científico. A Constituição foi promulgada após a aprovação final da redação, em 16 de julho de 1934. Esse Estatuto Político,

---

71. Artigo 25. Le Conseil économique peut, en outre, être consulte par le Conseil de ministres. Il l'est obligatoriement sur l'établissement d'um plan économique national ayant pour objet le plein emploi des hommes et l'utilisation rationale des ressources matérielles.

a par de assumir teses e soluções da Constituição de 1891, rompeu com a tradição até então existente, porque, sepultando a velha democracia liberal, instituiu a democracia social, cujo paradigma era a Constituição de Weimar[72].

Composto por vinte e nove artigos, o Título IV, da Constituição de 1934, de viés marcadamente intervencionista, trata da *ordem econômica e social*, encampando a tendência da época de se ampliar a ingerência do Estado com vistas à promoção social, empregando a expressão "existência digna" e conferindo ao Poder Público a faculdade de monopolizar, mediante lei especial, determinada indústria ou atividade econômica[73].

Com efeito, ao lado do seu artigo 116[74], o artigo 117, da Lei Maior de 1934, dava o tom estatizante à intervenção do poder público na área econômica[75].

Mais adiante, inspirado em ideais fascistas e nacionalistas que refletiam o período histórico mundial da época, notadamente na Itália e em Portugal, Getúlio Vargas, em verdadeiro golpe de Estado, apresenta, em 10 de novembro de 1937, uma nova Carta[76].

---

72. BASTOS, Celso Ribeiro; MARTINS, Ives Gandra da Silva. *Comentários à Constituição do Brasil.* Saraiva, 1988. v. 1. p. 299-300.

73. TOLEDO, Gastão Alves de. *O Direito Constitucional Econômico e sua eficácia.* Rio de Janeiro: Renovar, 2004. p. 131.

74. Artigo 116. Por motivo de interesse público e autorizada em lei especial, a União poderá monopolizar determinada indústria ou atividade econômica, asseguradas as indenizações, devidas, conforme o artigo 112, nº 17, e ressalvados os serviços municipalizados ou de competência dos Poderes locais.

75. Artigo 117. A lei promoverá o fomento da economia popular, o desenvolvimento do crédito e a nacionalização progressiva dos bancos de depósito. Igualmente providenciará sobre a nacionalização das empresas de seguros em todas as suas modalidades, devendo constituir--se em sociedades brasileiras as estrangeiras que atualmente operam no País.

76. Passando em revista a sequência de episódios que colocaram um fim ao regime democrático, José Murilo de Carvalho ilustra que "O primeiro movimento foi a deposição do governador do Rio Grande do Sul, Flores da Cunha, ex-aliado de Vargas. Com o ato, o governo federal derrotou o último reduto da velha política oligárquica estadualista. Uma rápida operação bélica, orientada por Góis Monteiro, forçou o governador a fugir do país. A seguir, o governo iniciou campanha contra um dos candidatos à sucessão presidencial, José Américo de Almeida, acusando-o de ter posições comunistas. Finalmente, um documento forjado por oficiais integralistas foi usado como pretexto final para fechar o Congresso e decretar nova Constituição. O documento, batizado de Plano Cohen, descrevia um pretenso plano comunista para derrubar o governo. Para causar mais impacto, o plano previa o assassinato de vários políticos." (CARVALHO, José Murilo de. *Cidadania no Brasil:* o longo caminho. 24. ed. Rio de Janeiro: Civilização Brasileira, 2018. p. 109-110).

Cap. 2 • CRIMINALIDADE MACROECONÔMICA ORGANIZADA

Em seu título "Da Ordem Econômica", a Carta de 1937 busca substituir o capitalismo por uma economia corporativista, estabelecendo, em seu artigo 135, que a intervenção do Estado no domínio econômico poderia ser mediata ou imediata, revestindo a forma do controle, do estímulo ou da gestão direta[77].

Inaugurando o período de exceção, sob a égide da Carta de 1937, inúmeros decretos-leis foram editados no campo da intervenção econômica, com especial destaque para o Decreto-lei n. 869, de 18 de novembro de 1938, que, tendo em sua redação a colaboração de Nelson Hungria, foi o primeiro texto legal brasileiro voltado à repressão de práticas atentatórias à livre concorrência, definindo os crimes contra a economia popular, sua guarda e seu emprego.

De acordo com o artigo 2º, do Decreto-lei n. 869/38, eram considerados crimes contra a economia popular, punidas com prisão celular, de 2 a 10 anos e multa, as seguintes condutas: I – destruir ou inutilizar, intencionalmente e sem autorização legal, com o fim de determinar alta de preços, em proveito próprio ou de terceiro, matérias primas ou produtos necessários ao consumo do povo; II – abandonar ou fazer abandonar lavouras ou plantações, suspender ou fazer suspender a atividade de fábricas, usinas ou quaisquer estabelecimentos de produção, ou meios de transporte, mediante indenização paga pela desistência da competição; III – promover ou participar de consórcio, convênio, ajuste, aliança ou fusão de capitais, com o fim de impedir ou dificultar, para o efeito de aumento arbitrário de lucros, a concorrência em matéria de produção, transporte ou comércio; IV – reter ou açambarcar matérias primas, meios de produção ou produtos necessários ao consumo do povo, com o fim de dominar o mercado em qualquer ponto do país e provocar a alta dos preços; V – vender mercadorias abaixo do preço de custo com o fim de impedir a concorrência; VI – provocar a alta ou baixa de preços, títulos públicos, valores ou salários por meio de notícias falsas, operações fictícias ou qualquer outro artifício; VII – dar indicações ou fazer afirmações falsas em prospectos ou anúncios, para o fim de subscrição, compra ou

---

77. Artigo 135. Na iniciativa individual, no poder de criação, de organização e de invenção do indivíduo, exercido nos limites do bem público, funda-se a riqueza e a prosperidade nacional. A intervenção do Estado no domínio econômico só se legitima para suprir as deficiências da iniciativa individual e coordenar os fatores da produção, de maneira a evitar ou resolver os seus confitos e introduzir no jogo das competições individuais o pensamento dos interesses da Nação, representados pelo Estado. A intervenção no domínio econômico poderá ser mediata e imediata, revestindo a forma do controle, do estímulo ou da gestão direta.

venda de títulos, ações ou quotas; VIII – exercer funções de direção, administração ou gerência de mais de uma empresa ou sociedade do mesmo ramo de indústria ou comércio com o fim de impedir ou dificultar a concorrência; IX – gerir fraudulentamente ou temerariamente bancos ou estabelecimentos bancários, ou de capitalização; sociedades de seguros, pecúlios ou pensões vitalícias; sociedades para empréstimos ou financiamento de construções e de vendas de imóveis a prestações, com ou sem sorteio ou preferência por meio de pontos ou quotas; caixas econômicas; caixas Raiffeisen; caixas mútuas, de beneficência, socorros ou empréstimos; caixas de pecúlio, pensão e aposentadoria; caixas construtoras; cooperativas; sociedades de economia coletiva, levando-as à falência ou à insolvência, ou não cumprindo qualquer das cláusulas contratuais com prejuízo dos interessados; X – fraudar de qualquer modo escriturações, lançamentos, registos, relatórios, pareceres e outras informações devidas a sócios de sociedades civis ou comerciais, em que o capital seja fracionado em ações ou quotas de valor nominativo igual ou inferior a 1:000$000, com o fim de sonegar lucros, dividendos, percentagens, rateios ou bonificações, ou de desfalcar ou desviar fundos de reserva ou reservas técnicas.

De acordo com Nilo Batista, o Decreto-lei n. 869/1938 viria a constituir- se no centro referencial dessa programação criminalizante, influenciando leis futuras sobre o assunto e correlatas, atribuindo-se o julgamento de tais delitos ao Tribunal de Segurança Nacional, proibindo-se a suspensão condicional da pena e o livramento condicional (artigo 6º), cabendo destacar, ainda, a interdição administrativa da pessoa jurídica em cujo nome se praticasse o delito, uma vez transitada em julgado a sentença condenatória (artigo 5º)[78].

Ainda sob a égide da Carta de 1937, edita-se, em 22 de junho de 1945, o Decreto-lei n. 7.666, denominado "Lei Malaia", que instituía "atos contrários à ordem moral e econômica" e criava, em seu artigo 19, a Comissão Administrativa de Defesa Econômica (CADE), órgão autônomo, com personalidade jurídica própria, mas subordinado diretamente à Presidência da República, competente para legitimar acordos em restrição da concorrência com vistas ao equilíbrio da produção com o consumo, à regulação do mercado, à estabilização dos preços, à padronização ou racionalização da produção, e ao estabelecimento de

---

78. BATISTA, Nilo. *Apontamentos para uma história da legislação penal brasileira*. Rio de Janeiro: Revan, 2016. p. 101-102.

Cap. 2 • CRIMINALIDADE MACROECONÔMICA ORGANIZADA

uma exclusividade de distribuição destinada a satisfazer necessidades conexas[79].

Com o fim da Segunda Guerra Mundial e a derrubada de regimes totalitários que despontavam em solo europeu, o mundo ocidental assiste à retomada da democracia.

E, como se sabe, não se há de falar em democracia sem Estado de Direito e o respeito às regras jurídicas superiores corporificadas em um texto escrito: a Constituição.

Portanto, é a Constituição o documento que modela o poder, assegura a existência de governos mais moderados e o efetivo respeito aos direitos fundamentais. Trata-se, na lição de Diego Valadés, do estatuto jurídico do poder, regulando, dentro desta perspectiva, "cuatro formas de relación con el poder: el derecho al poder, el derecho del poder, el derecho ante el poder y el control del poder"[80].

No Brasil, edita-se a Constituição de 1946, que, em seu Título V, "Da Ordem Econômica e Social", congrega dispositivos sobre a questão econômico-social.

De acordo com Sahid Maluf,

> A Constituição de 1946, como a de 1934, sem suprimir a iniciativa privada nem menosprezar os direitos fundamentais da pessoa humana, procurou amparar as necessidades públicas, acautelar os direitos da coletividade,reprimir tôda [sic] e qualquer forma de abuso do poder econômico, no afã de transformar a 'luta de classes', explorada pelo marxismo, numa real harmonia de classes dentro de uma disciplina legal. Acima da liberdade econômica coloca a Constituição os princípios de justiça social[81].

A Constituição de 1946, ao contrário dos textos de 34 e 37, não estabelece, de forma rígida, a nacionalização de certas empresas e de determinadas atividades. De maneira mais sutil, entrega ao legislador ordinário as chaves que abrem as portas à nacionalização, dando, sem dúvida, maior prestígio ao Poder Legislativo[82].

---

79. BAGNOLI, op. cit., p. 55.

80. VALADES, Diego. La Constitución y el poder. In: VALADÉS, Diego; CARBONELL, Miguel (Coordinadores). *Constitucionalismo ibero-americano del siglo XXI*. 1. ed. Ciudad Universitaria, México, D.F.: Universidad Nacional Autónoma de México, 2000. p. 137.

81. MALUF, Sahid. *Direito Constitucional*. 4. ed. São Paulo: Sugestões Literárias, 1968. p. 450.

82. CAVALCANTI, Themistocles Brandão. *Manual da Constituição*. 2. ed. Rio de Janeiro: Zahar, 1963. p. 240-241.

Debaixo da Constituição de 1946 foram aprovadas a Lei n. 1.521/1951 que, tipificando os crimes contra e economia popular, buscou tutelar a defesa da concorrência, coibindo o acordo e o conluio entre empresas, e a Lei n. 4.137/1962 que, regulamentando o seu artigo 148, criou o Conselho Administrativo de Defesa Econômica – CADE.

A Carta de 1967, ao fixar os princípios fundamentais do ordenamento econômico, não se afastou da linha traçada pela Constituição de 1946.

Influenciada pela doutrina social da Igreja e de certos documentos pontifícios, como a encíclica *Mater et Magistra*, a Carta de 1967 prestigia a necessidade do desenvolvimento econômico e a repressão aos abusos do poder econômico, indicando a justiça social, em seu artigo 157, como meta da ordem econômica brasileira[83].

Ao lado da liberdade de iniciativa, prevista em seu artigo 157, inciso I, a Carta de 1967 incentiva a livre concorrência, estabelecendo, em seu artigo 163, competir preferencialmente às empresas privadas, com o estímulo e o apoio do Estado, organizar e explorar as atividades econômicas.

Em vigor a Constituição de 1967, institui-se, pelo Decreto n. 63.196, de 29 de agosto de 1968, o Conselho Interministerial de Preços – CIP –, com a atribuição de fixar e fazer executar as medidas destinadas à implementação da sistemática reguladora de preços, observada a orientação geral da política econômica do Governo Federal.

Mais adiante, aos 17 dias do mês de outubro do ano de 1969, a Emenda Constitucional n. 1 (Constituição de 1969) explicita, em seu artigo 160, que a ordem econômica, ao lado da justiça social, tem por finalidade realizar o desenvolvimento nacional, com base nos seguintes princípios: liberdade de iniciativa, valorização do trabalho como condição da dignidade humana, função social da propriedade, harmonia e solidariedade entre as categorias sociais de produção, repressão ao abuso do poder econômico, caracterizado pelo domínio dos mercados, a eliminação da concorrência e ao aumento arbitrário dos lucros, e expansão das oportunidades de emprego produtivo.

Com efeito, a Emenda Constitucional n. 1, de 1969, admite greve, exceto para o setor público e atividades essenciais, delimita a competência do setor privado e do setor público na organização e exploração

---

83. FERREIRA FILHO, Manoel Gonçalves. *Curso de Direito Constitucional.* São Paulo: Saraiva, 1967. p. 265.

Cap. 2 • CRIMINALIDADE MACROECONÔMICA ORGANIZADA

da atividade econômica, assegurando ao Estado sua intervenção no domínio econômico[84].

2.3.1. A ordem econômica na Constituição Federal de 1988

Como visto acima, exceção feita à Constituição de 1937, as Constituições brasileiras anteriores dispuseram sobre a "ordem econômica e social" de forma conjunta, tendo a Constituição Federal de 1988, em seu Título VII, optado pela separação do tema em duas ordens, uma "econômica" e outras "social".

Criticando a técnica empregada, Grau anota que:

> A alusão, daquelas, a uma *ordem econômica e social* é creditada a um modismo no uso do adjetivo *social*, o mesmo que se manifesta na expressão *questão social* e vai repercutir nas escolhas das expressões *Direito Social e Legislação Social*. A Constituição de 1988, separando uma da outra – a *ordem econômica* da *ordem social* -, permanece a fazer concessão ao modismo[85].

De toda a sorte, mitigando o regime amplamente intervencionista instituído pela Emenda Constitucional n. 1, de 1969, a Constituição Federal de 1988, valendo-se pela primeira vez da locução *ordem econômica e financeira*, baseia seu sistema econômico na descentralização e no mercado.

Portanto, a disciplina econômica na Constituição Federal de 1988 é de natureza capitalista, sendo reconhecida a legitimidade da apropriação privada dos meios de produção e produto, bem como explicitado, em seu texto, o postulado da livre iniciativa.

Todavia, o texto da Carta Constitucional de 1988 não elimina o intervencionismo estatal, facilmente percebido em seus artigos 173, § 4º[86], e 174[87].

---

84. BAGNOLI, op. cit., p. 62.

85. GRAU, op. cit., p. 69.

86. Artigo 173, § 4º. A lei reprimirá o abuso do poder econômico que vise à dominação dos mercados, à eliminação da concorrência e ao aumento arbitrário dos lucros.

87. Artigo 174. Como agente normativo e regulador da atividade econômica, o Estado exercerá, na forma da lei, as funções de fiscalização, incentivo e planejamento, sendo este determinante para o setor público e indicativo para o setor privado.

Para Ferreira Filho, o artigo 174, da Lei Maior de 1988, é a chave do sistema econômico por ela desenhado, dando ao Estado um papel capital na ordem econômica, na medida em que lhe confere o *status* de "agente normativo e regulador da atividade econômica"[88].

O Título VII, da Constituição Federal de 1988, compõe-se de quatro Capítulos, a saber: I – Princípios Gerais da Atividade Econômica; II – Política Urbana; III – Política Agrícola e Fundiária e da Reforma Agrária, e IV – Sistema Financeiro Nacional.

O artigo 170, caput, da Carta Fundamental de 1988, fornece a estrutura geral do sistema jurídico-econômico nacional, fundado na valorização do trabalho humano e na livre iniciativa, tendo por finalidade assegurar a todos existência digna, conforme os ditames da justiça social.

Como anota Grau, a dignidade da pessoa humana é adotada pelo texto constitucional concomitantemente como *fundamento* da República Federativa do Brasil (artigo 1º, inciso III, da Constituição Federal de 1988), e como *fim* da ordem econômica (mundo do ser)[89].

E, para a consecução de seus objetivos programáticos, o texto constitucional apresenta, como princípios norteadores, os seguintes postulados: I – soberania nacional; II – propriedade privada; III – função social da propriedade; IV – livre concorrência; V – defesa do consumidor; VI – defesa do meio ambiente, inclusive mediante tratamento diferenciado conforme o impacto ambiental dos produtos e serviços e de seus processos de elaboração e prestação; VII – redução das desigualdades regionais e sociais; VIII – busca do pleno emprego, e IX – tratamento favorecido para as empresas de pequeno porte constituídas sob as leis brasileiras e que tenham sua sede e administração no País.

De todos eles, para os fins aqui buscados, cumpre distinguir a *livre concorrência* como princípio geral da atividade econômica.

Quando se fala em livre concorrência, fala-se em liberdade de competição.

Para Luiz Alberto David Araújo e Vidal Serrano Nunes Júnior, a livre concorrência constitui um desdobramento necessário e inexorável

---

88. FERREIRA FILHO, Manoel Gonçalves. *Direito Constitucional Econômico*. São Paulo: Saraiva, 1990. p. 173.

89. GRAU, op. cit., p. 193.

Cap. 2 • CRIMINALIDADE MACROECONÔMICA ORGANIZADA

da livre iniciativa[90]. E é a própria Constituição Federal que assegura, em nosso ordenamento jurídico, justa oportunidade de competição no mercado, reconhecendo, como realidade indisfarçável, a existência do poder econômico ao afirmar, como já destacado acima, em seu artigo 173, que "a lei reprimirá o abuso do poder econômico que vise à dominação dos mercados, à eliminação da concorrência e ao aumento arbitrário dos lucros".

Na lição de Vicente Bagnoli, a livre concorrência, agora, não se reveste mais dos moldes smithianos do liberalismo econômico, no qual o Estado fica ausente da economia, deixando que a própria concorrência no mercado estabeleça os agentes aptos a se perpetuarem, excluindo os demais, até alcançar o ponto de equilíbrio entre produtores e consumidores, pela lei da oferta e da procura[91].

Sob a égide da Constituição Federal de 1988, durante o governo do então Presidente Fernando Collor de Melo, aprova-se, dentre outros diplomas relacionados à ordem econômica, a Lei n. 8.078, de 11 de setembro de 1990 – Código de Defesa do Consumidor –, a Lei n. 8.137, de 27 de dezembro de 1990, que define crimes contra a ordem tributária, econômica e contra as relações de consumo, e a Lei n. 8.158/1991, que cria a Secretaria Nacional de Direito Econômico – SNDE, órgão responsável pela adoção de medidas voltadas à correção de práticas empresariais atentatórias à livre concorrência.

Já no ano de 1994, a Lei n. 8.884 transforma o Conselho Administrativo de Defesa Econômica – CADE – em autarquia federal e implementa o Sistema Brasileiro de Defesa da Concorrência – SBDC.

Todavia, não obstante o avanço sentido na legislação antitruste a partir da década de 60 do século passado, percebe-se que o crescimento econômico brasileiro sempre esteve pautado em uma relação de dependência com outros centros desenvolvidos mundo afora e na escolha pelo fomento de setores estratégicos umbilicalmente ligados à soberania nacional, como energia elétrica, petróleo e siderurgia.

Até o início da década de 90, do século XX, de acordo com Vinícius Marques de Carvalho,

> No Brasil, a relação entre Estado e Mercado se estruturou sob o signo da complementariedade, em que o poder econômico con-

---

90. ARAÚJO, Luiz Alberto David; NUNES JÚNIOR, Vidal Serrano. *Curso de Direito Constitucional*. 13. ed. São Paulo: Saraiva, 2009. p. 470.

91. BAGNOLI, op. cit., p. 80.

centrado não significou um limite às políticas macroeconômicas. A engenharia das políticas, quando não ajudava a estruturar esse poder, tomava-o como um dado da realidade sobre o qual a atuação do Estado poderia incidir principalmente na forma de ação econômica direta, via empresas estatais. Era essa a principal política industrial, voltada para a dinâmica setorial das cadeias produtivas, ajudando a eliminar gargalos verticais. Nesse contexto, a intervenção microeconômica não visava, por meio da típica ação antitruste, fortalecer a racionalidade de livre mercado[92].

Mais adiante, o processo de privatizações e o surgimento das agências de regulação promovem marcantes mudanças no cenário nacional, fazendo surgir uma nova lógica entre a intervenção estatal e a defesa da livre concorrência.

Com efeito, durante o governo do então Presidente Fernando Henrique Cardoso, são criadas agências reguladoras nos setores de telecomunicações (ANATEL), petróleo e biocombustíveis (ANP), saúde complementar (ANS), vigilância sanitária (ANVISA), cinema (ANCINE) e energia elétrica (ANEEL), todas com indisfarçável poder de polícia e dotadas de funções de fiscalização e repressão.

Aliás, vale a pena consignar que, instituídas por leis esparsas, não existe lei específica disciplinando a criação de agências reguladoras, sendo que, de acordo com Maria Sylvia Zanella Di Pietro,

> Embora não haja disciplina legal única, a instituição dessas agências vem obedecendo mais ou menos ao mesmo padrão, o que não impede que outros modelos sejam idealizados posteriormente. Elas estão sendo criadas como autarquias de regime especial. Sendo autarquias, sujeitam-se às normas constitucionais que disciplinam esse tipo de entidade; o regime especial vem definido nas respectivas leis instituidoras, dizendo respeito, em regra, à maior autonomia em relação à Administração Direta; à estabilidade de seusdirigentes, garantida pelo exercício de mandato fixo, que eles somente podem perder nas hipóteses expressamente previstas, afastada a possibilidade de exoneração *ad nutum*; ao caráter final das suas decisões, que não são passíveis de apreciação por outros órgãos ou entidades da Administração Pública[93].

---

92. CARVALHO, Vinícius Marques de. Aspectos históricos da defesa da concorrência. In: CORDOVIL, Leonor et al. *Nova lei de defesa da concorrência comentada* – Lei 12.529, de 30 de novembro de 2011. 1. ed. São Paulo: RT, 2011. p. 21.

93. DI PIETRO, Maria Sylvia Zanella. *Direito Administrativo*. 17. ed. São Paulo: Atlas, 2004. p. 404-405.

Cap. 2 • CRIMINALIDADE MACROECONÔMICA ORGANIZADA

Posteriormente, a Lei n. 8.884/1994 é derrogada pela Lei n. 12.529, de 30 de novembro de 2011, oriunda do Projeto de Lei n. 3.937/2004, que, dentre outras providências, estrutura o Sistema Brasileiro de Defesa da Concorrência, dispõe sobre a prevenção e repressão às infrações contra a ordem econômica, e altera a Lei n. 8.137, de 27 de dezembro de 1990.

A contar da Lei n. 12.529/2011, o Sistema Brasileiro de Defesa da Concorrência – SBDC – passa a ser formado pela Secretaria de Acompanhamento Econômico do Ministério da Fazenda, e pelo Conselho Administrativo de Defesa Econômica – CADE –, este composto por três órgãos: I – Tribunal Administrativo de Defesa Econômica; II – Superintendência-Geral, e III – Departamento de Estudos Econômicos.

Na esteira do preconizado no próprio artigo 1º, caput, da Lei n. 12.529/2011[94], o CADE passa a ter atuação tanto *preventiva* quanto *repressiva* na instituição de políticas que desestimulem práticas anticoncorrenciais, com especial destaque para a formação de cartel[95], descrito pela Resolução CADE 20/1999 como o acordo explícito ou tácito entre concorrentes do mesmo mercado, envolvendo parte substancial de mercado relevante, em torno de itens como preços, quotas de produção e distribuição e divisão territorial, na tentativa de aumentar preços e lucros conjuntamente para níveis mais próximos aos de monopólio, e, mais amiúde, cartéis em licitações, nos exatos termos de seu artigo 36, § 3º, alínea *d*[96].

De acordo com Ana Paula Martinez, no eixo administrativo, a persecução de cartéis somente passou a ser política prioritária do Sistema Brasileiro de Defesa da Concorrência a partir do ano de 2003, sendo que,

> Até aquele ano, o foco das autoridades era no controle de estruturas, com apenas um aso relevante em matéria de cartéis clássicos – a

---

94. Artigo 1º. Esta Lei estrutura o Sistema Brasileiro de Defesa da Concorrência – SBDC e dispõe sobre a prevenção e a repressão às infrações contra a ordem econômica, orientada pelos ditames constitucionais de liberdade de iniciativa, livre concorrência, função social da propriedade, defesa dos consumidores e repressão ao abuso do poder econômico.

95. Artigo 36, § 3º, incisos I e II.

96. Artigo 36. Constituem infração da ordem econômica, independentemente de culpa, os atos sob qualquer forma manifestados, que tenham por objeto ou possam produzir os seguintes efeitos, ainda que não sejam alcançados: § 3º. As seguintes condutas, além de outras, na medida em que configurem hipótese prevista no caput deste artigo e seus incisos, caracterizam infração da ordem econômica: I – acordar, combinar, manipular ou ajustar com concorrente, sob qualquer forma: d) preços, condições, vantagens ou abstenção em licitação pública.

condenação do que se convencionou chamar de cartel do aço em 1999 – além de poucos outros casos no setor de revenda de combustíveis, que tiveram investigações baseadas em provas e indícios colhidos pelo Ministério Público. A partir de 2003, e lançando mão dos instrumentos mais agressivos de investigação inseridos na Lei 8.884/1994 em reforma legislativa em 2000, a Secretaria de Direito Econômico do Ministério da Justiça, então o principal órgão responsável pela investigação de condutas anticompetitivas no Brasil, passou a focar seus recursos na persecução a condutas colusivas[97].

Ainda no campo administrativo, pode-se dizer que, a despeito da legislação de 2011, nos últimos anos, o Sistema Brasileiro de Defesa da Concorrência já tinha revelado iniciativas e concentrado esforços para a apuração de cartelizações em licitações públicas, sobretudo em certames destinados à contratação de serviços de infraestrutura, como se percebe, a título meramente ilustrativo, com a edição da Portaria do Ministério da Justiça n. 1.077, de 30 de maio de 2007, que, durante o seu período de vigência, conferia à Coordenação Geral de Análise de Infrações no setor de Compras Públicas a tarefa de, em colaboração com outros órgãos de controle, como o Ministério Público Federal e os Ministérios Públicos dos Estados, promover investigações de cartéis em segmentos econômicos afetados pela prática, e com a edição de Decreto Presidencial que estabelece o dia 8 de outubro de cada ano como o Dia Nacional de Combate a Cartéis[98].

Mas não é só. Ao lado do incremento visto na repressão a cartéis, a nova lei antitruste também introduz importantíssimas alterações no chamado programa de leniência, ampliando suas hipóteses de concessão para alcançar ilícitos previstos em outros diplomas legais.

2.4. INTERNACIONALIZAÇÃO DO DIREITO PENAL: O PAPEL DOS TRATADOS E CONVENÇÕES INTERNACIONAIS NO COMBATE À CRIMINALIDADE MACROECONÔMICA E À CORRUPÇÃO

Como já foi destacado no capítulo 1 deste estudo, em especial em seu item 1.4.4, uma ajustada política criminal voltada à modernização

---

97. MARTINEZ, Ana Paula. *Repressão a cartéis*: interface entre Direito Administrativo e Direito Penal. São Paulo: Singular, 2013. p. 130-131.

98. Ibid., p. 132.

Cap. 2 • CRIMINALIDADE MACROECONÔMICA ORGANIZADA

do Direito Penal não se restringe, apenas, à criminalização de condutas ou ao endurecimento das penas. Alcança, também, a necessidade de descriminalização ou, por vezes, do abrandamento das respostas penais já existentes no ordenamento jurídico.

Portanto, reafirma-se a necessidade de se buscar uma verdadeira e horizontal simbiose entre a dogmática penal, a criminologia, a vitimologia e a política criminal, com vistas à efetividade do Direito Penal enquanto Ciência.

Aliás, como lembra Roxin,

> [...] transformar conhecimentos criminológicos em exigências político- criminais, e estas em regras jurídicas, da *lex lata* ou *ferenda*, é um processo, em cada uma de suas etapas, necessário e importante para a obtenção do socialmente correto[99].

Dessa forma, sobretudo no campo do Direito Penal Econômico e do combate à macrocriminalidade econômica organizada, para lograr-se uma política criminal coerente, que tenha como horizonte a prevenção do delito, o tratamento do criminoso, bem como as necessidades e os direitos das vítimas, é necessário que os operadores do sistema de Justiça Criminal, em quaisquer de suas facetas, desde o plano legislativo até o término da execução penal, estejam suficientemente preparados para oferecer respostas globais a uma realidade igualmente global e complexa.

Para tanto, não se pode olvidar, no momento histórico atual, do fenômeno da globalização, que, em apertada síntese, exprime a concepção de internacionalização entre os povos e de diminuição das fronteiras entre os Estados- nação, conferindo novo e especial colorido ao conteúdo de soberania e à conformação de direitos políticos e sociais dos cidadãos nacionais.

A concepção originária de soberania, que negava subordinação ou limitação do Estado por qualquer outro poder externo, refletindo a capacidade exclusiva de autodeterminação e autovinculação jurídica, não se sustenta mais diante da nova ordem mundial.

Com o término da 2ª Guerra Mundial, a transformação operada na conformação da soberania das Nações, notadamente com a Carta das Nações Unidas, de 1945, e com a Declaração Universal dos Direitos

---

99. ROXIN, Claus. *Política criminal e sistema jurídico-penal*. Tradução Luís Greco. Rio de Janeiro: Renovar, 2012. p. 82.

Humanos, fez com que a soberania interna dos Estados deixasse de ser uma realidade absoluta e passasse a estar subordinada a dois imperativos fundamentais: a paz e a tutela dos direitos humanos[100].

No plano econômico, a enorme dificuldade sentida para se estabelecer os limites entre o mercado interno e o mercado externo demonstra claramente que os governos locais já não possuem meios e instrumentos seguros o bastante para, por si, blindar suas economias de catástrofes ou solavancos externos, como visto no ano de 2008 com a crise imobiliária norte-americana, que se transformou no estopim de uma grave crise mundial.

Nos dias de hoje, alguns poucos minutos são suficientes para que empresas aparentemente sólidas e economias inteiras entrem em verdadeiro colapso.

Na leitura do sociólogo Zygmunt Bauman, com a globalização,

> O tripé da soberania foi abalado nos três pés. Claro, a perna econômica foi a mais afetada. Já incapazes de se manter guiados apenas pelos interesses politicamente articulados da população do reino político soberano, as nações- estados tornam-se cada vez mais executoras e plenipotenciárias de forças que não esperam controlar politicamente[101].

De fato, a porosidade das economias internas faz com que os mercados financeiros globais imponham suas regras e seus valores ao planeta inteiro, tornando ilusória a ideia de território e de soberania nacionais.

O mundo globalizado deixou de ser espacialmente delimitado e cedeu lugar para uma nova economia e uma nova cultura, a economia informacional-global e a cultura virtual-real, conformando uma nova estrutura social, a sociedade-rede[102].

No campo do Direito e, em especial, do próprio Direito Penal, essa integração supranacional proporcionada pela globalização econômica também se faz presente, descortinando um novo cenário para práticas

---

100. BECHARA, Fábio Ramazzini. *Cooperação jurídica internacional em matéria penal*: eficácia da prova produzida no exterior. São Paulo: Saraiva, 2011. p. 133.

101. BAUMAN, Zygmunt. *Globalização*: as consequências humanas. Tradução Marcus Penchel. Rio de Janeiro: Zahar, 1999. p. 73.

102. CASTELLS, Manuel. *Fin de milenio*. Versión castellana de Carmen Martínez Gimeno. Madrid: Alianza, 1998. v. 3. p. 369-370.

Cap. 2 • CRIMINALIDADE MACROECONÔMICA ORGANIZADA

criminosas organizadas que afetam não apenas um, mas vários países ou blocos econômicos inteiros e de uma só vez.

Na constatação de Juan María Terradillos Basoco

> La criminalidad organizada ha encontrado en el mercado globalizado un amable caldo de cultivo que no sólo brinda instrumentos de cobertura a las operaciones delictivas e impunidad a sus responsables, sino que ha permitido el surgimento de otras nuevas que encuentran en ese modelo económico su razón de ser[103].

Curiosamente, no período anterior à 1ª Guerra Mundial, só é possível identificar sinais de um Direito Penal internacional em três áreas de seu espectro de ingerência: a proscrição da pirataria e sua configuração como delito internacional, a partir do Tratado de Utrecht, em 1712, a ser combatido por todos e em qualquer lugar; o combate ao tráfico de seres humanos desde o ano de 1904; e as Convenções relacionadas ao Direito de Guerra, com especial destaque para os Tratados de Haya de 1899 e de 1907[104].

Todavia, os tempos mudaram.

A título de ilustração, Marco Antonio de Barros anota que

> Não existe estatística segura e confiável do fluxo mundial de dinheiro sujo na economia global. O nosso Planeta abrange mais de 200 países e soma uma população mundial que já ultrapassa sete bilhões de habitantes. E não para de crescer. Apesar disso, o Fundo Monetário Internacional e o Banco Mundial apresentam projeções e estimativas de que o montante pode variar entre 5% a 10% do PIB global, sendo que 80% desse total seria gerado pelo narcotráfico[105].

De toda a forma, nesse contexto surgem, com muita força, as empresas *off shore*, verdadeiras ferramentas colocadas à disposição de determinadas organizações criminosas voltadas à consecução de

---

103. TERRADILLOS BASOCO, Juan María. Criminalidad organizada y globalización. *Revista de Derecho Penal*: Fundación de Cultura Universitária, Montevideo, v. 19, 2ª época, mai. 2011. p. 90.

104. ZAPATERO, Luis Arroyo. A harmonização internacional do Direito Penal: ideias e processos. Tradução Daniel Scheunemann de Souza. *Revista Brasileira de Ciências Criminais*, São Paulo, v. 18, n. 84, mai./jun. 2010. p. 50.

105. BARROS, Marco Antonio de. *Lavagem de capitais e obrigações civis correlatas:* com comentários, artigo por artigo, à lei 9.613/1998. 4. ed. São Paulo: RT, 2013. p. 37.

141

toda a sorte de atos ilícitos, administrativos, civis e penais, inclusive lavagem de dinheiro.

Nessas circunstâncias, grande parte das organizações criminosas realiza a chamada *jurisdiction shopping*, indisfarçável e minuciosa escolha de paraísos jurídicos – países de baixa densidade em sua legislação penal e concorrencial – para a realização de transações comerciais internacionais e instalação física de suas atividades de fachada, aparentemente lícitas, minimizando riscos.

Aliás, como observam Ana Isabel Perez Cepeda e Demelsa Benito Sánchez,

> También es evidente que la globalización genera un espacio económico carente de una regulación efectiva y, paralelamente, la ausência de una respuesta uniforme. Los delincuentes y empresas se aprovechan de que, ante formas similares de criminalidad económica, continúa habiendo distintos niveles de reproche social, de represión penal y gravedad de las penas[106].

Portanto, pode-se afirmar que o crime, fenômeno social por natureza, também se tornou global, e a criminalidade global por excelência é a macrocriminalidade econômica, praticada por grupos organizados e hierarquicamente estruturados, diversa da criminalidade patrimonial tradicional, impondo-se uma mudança paradigmática para o seu enfrentamento, qual seja, a luta contra a impunidade.

Como destaca Silva Sánchez,

> [...] la evitación de la impunidad se há convertido en el más 'moderno' de los fines del Derecho penal y, desde luego, en uno de los factores más relevantes de la modificación – durante la última década – del alcance de principios político-criminales clásicos. El deber de los Estados y de la Comunidad Internacional de castigar simplemente para poner fin a la impunidad aparece en el Preámbulo del Estatuto de la Corte Penal Internacional, en la jurisprudencia de la Corte Interamericana de Derechos Humanos, en sentencias de tribunales constitucionales, así como en un número significativo de obras doctrinales[107].

---

106. CEPEDA, Ana Isabel Perez; SÁNCHEZ, Demelsa Benito. La política criminal internacional contra la corrupción. In: TORRE, Ignacio Berdugo Gómez de la; BECHARA, Ana Elisa Liberatore Silva (Coordinadores). *Estudios sobre la corrupción*: una reflexión hispano brasileña. 1. ed. Salamanca: Centro de Estudios Brasileños/Universidade de Salamanca, 2013. p. 15.

107. SILVA SÁNCHEZ, Jesús María. Nullum crimen sine poena? Sobre las doctrinas penales de la "lucha contra la impunidad" y del "derecho de la víctima al castigo del autor". In: FRANCISCO,

Cap. 2 • CRIMINALIDADE MACROECONÔMICA ORGANIZADA

No mundo globalizado de hoje, de acordo com Paulo Silva Fernandes

> Sociedades são criadas com o intuito único de praticar crimes ou facilitar ou encobrir a sua execução. A evolução da técnica propiciou novas e perigosas formas de delinquir. E o crime por excelência da era global é o crime económico. É o multiplicar, em termos inéditos, tanto da criminalidade económica como da delinquência de colarinho branco, como ainda e por último, dos crimes *of the powerful*, em larga escala, de circuitos criminosos que englobam a circulação de grandes capitais e a movimentação de inúmeras pessoas e organizações, frequentemente à escala internacional ou global, em prol de um fim comum, a obtenção de lucros fabulosos provenientes da prática criminosa, tudo isto a colocar novos e difíceis problemas ao direito penal de cunho 'clássico'[108].

Não se pode negar a realidade e, dessa forma, também não se pode negar que o chamado Direito Penal clássico, voltado à tutela de bens jurídicos individuais, não pode fazer frente ao surgimento destes novos centros de agressão.

Na lição de Arroyo Zapatero,

> Na realidade, tudo o que se denomina Direito Penal moderno, não significa mais que a aceitação do Direito Penal às modernas condições da vida social do tempo contemporâneo, que requerem novas formas e novos instrumentos de proteção dessas novas necessidades sociais. O Direito Penal moderno, o Direito Penal económico, o Direito Penal de risco, não é um capricho dos governos que perseguem medidas meramente simbólicas. Acredito que seja produto de uma sólida necessidade material e jurídica que nós penalistas devemos assumir e construir criticamente[109].

Nessa ordem de valores, a construção de um Direito Penal Econômico mais racional exige que se lance olhos para a política criminal internacional e para a chamada internacionalização do Direito Penal.

Mª. Nieves Martínez; AVENA, Claudia Miranda (Coordinadores). *Víctima, prevención del delito y tratamiento del delincuente*. 1. ed. Granada: Editorial Comares, 2009. p. 19-20.

108. FERNANDES, Paulo Silva. Globalização, "sociedade de risco" e o futuro do direito penal: panorâmica de alguns problemas comuns. Coimbra: Almedina, 2001, p. 36-7.

109. ZAPATERO, Luis Arroyo. A harmonização internacional do Direito Penal: ideias e processos. Tradução Daniel Scheunemann de Souza. Revista Brasileira de Ciências Criminais, São Paulo, v. 18, n. 84, p. 65-6, mai./jun. 2010.

Nas palavras de Tiedemann, a internacionalização da criminalidade econômica exige medidas internacionais de combate[110].

Dessa forma, malgrado o movimento de internacionalização do Direito Penal tenha tido maior visibilidade no período do pós 2ª Guerra Mundial, sobretudo com a aprovação, em 17 de julho de 1998, na Conferência Diplomática de Plenipotenciários das Nações Unidas, do Estatuto de Roma do Tribunal Penal Internacional, com sede em Haia, Holanda, para o julgamento de crimes contra a humanidade[111], nos dias de hoje, com a superação do welfarismo penal[112], percebe- se, ao lado do desprestígio político daquela própria Corte[113], uma guinada na política criminal internacional com vistas à redução dos paraísos jurídico-penais.

No Brasil, a título de ilustração, a Instrução Normativa RFB n. 1.037, de 4 de junho de 2010, publicada no D.O.U. de 07 de junho de 2010, relaciona países ou dependências com tributação favorecida e regimes fiscais privilegiados, assim considerados os que não tributam a renda ou que a tributam à alíquota inferior a 20% (vinte por cento) ou, ainda, cuja legislação interna não permite acesso

---

110. TIEDEMANN, op. cit., p. 51.

111. Debruçando-se sobre a estrutura e o funcionamento do Tribunal, Valerio de Oliveira Mazzuoli destaca que "O Tribunal tem competência subsidiária em relação às jurisdições nacionais de seus Estados-partes (artigo 1º.). Consagrou-se, portanto, o princípio *da complementariedade*, segundo o qual o TPI não pode interferir indevidamente nos sistemas judiciais nacionais, que continuam tendo a responsabilidade primária de investigar e processar os crimes cometidos pelos seus nacionais, salvo nos casos em que os Estados se mostrem incapazes ou não demonstrem efetiva vontade de punir os seus criminosos". (MAZZUOLI, Valerio de Oliveira. *O Tribunal Penal e o direito brasileiro*. 3. ed. São Paulo: RT, 2011. p. 49).

112. Lembra Carolina Villacampa Estiarte que "El welfarismo penal, que se dasarrolló vigorosamente entre los años cincuenta y sesenta hasta su ocaso en los setenta, se basaba en el axioma básico de que las medidas penales, donde fuera posible, debían ser intervenciones destinadas a la rehabilitación en lugar de castigos negativos de tipo retributivo, dando lugar al nacimiento de un nuevo conjunto de principios que hundían sus raíces en el correccionalismo." (ESTIARTE, Carolina Villacampa. *Política criminal internacional*: tráfico de drogas, trata de seres humanos y prostitución. Barcelona: Editorial UOC, 2017. p. 15.).

113. Nas palavras de Villacampa Estiarte, "El Estatuto de Roma constituye un tratado internacional cuya entrada en vigor requería de la ratificación de 60 Estados, lo que se consiguió en el año 2002. En la actualidad, son 122 los Estados signatarios del tratado que lo han ratificado. Sin embargo, ya desde la conferencia internacional de plenipotenciarios que debía dar lugar a la adopción del Estatuto, la oposición a la adopción del mismo de países como Estados Unidos, China o Israel fue evidente. Tales países no han ratificado el tratado, de la misma forma en que tampoco lo han hecho Rusia, India, Irak o Cuba." (Ibid., p. 39-40).

Cap. 2 • CRIMINALIDADE MACROECONÔMICA ORGANIZADA

a informações relativas à composição societária de pessoas jurídicas ou à sua titularidade[114].

De fato, da transnacionalidade que marca a delinquência econômica global emergem sérias dificuldades para a persecução penal, surgimento imperativaa necessidade de mínima padronização e unidade de tratamento entre os países afetados.

Não por acaso, Alberto Silva Franco adverte que

> Algumas normas do ordenamento penal do Estado-Nação, principalmente as que se abrigam na Parte Geral do Código Penal, tais como extradição, o princípio da extraterritorialidade da justiça universal, o reconhecimento de sentença penal estrangeira, etc., devem ser reconceituados de modo a permitir que a legislação penal deixe de ser impotente em face da criminalidade transnacional[115].

E, nesse cenário, ganha em importância o papel dos tratados e convenções internacionais que versem sobre direitos humanos.

O *status* conferido pela Constituição Federal de 1988, em seu artigo 5°, § 3°, com a roupagem que lhe deu a Emenda Constitucional n. 45, de 8 de dezembro de 2004, aos Tratados e Convenções

---

114. Artigo 1º. Para efeitos do disposto nesta Instrução Normativa, consideram-se países ou dependências que não tributam a renda ou que a tributam à alíquota inferior a 20% (vinte por cento) ou, ainda, cuja legislação interna não permita acesso a informações relativas à composição societária de pessoas jurídicas ou à sua titularidade, as seguintes jurisdições: I – Andorra; II – Anguilla; III – Antígua e Barbuda; V – Aruba; VI – Ilhas Ascensão; VII – Comunidade das Bahamas; VIII – Bahrein; XI – Barbados; X – Belize; XI – Ilhas Bermudas; XII – Brunei; XIII – Campione D'Italia; XIV – Ilhas do Canal (Alderney, Guernsey, Jersey e Sark); XV – Ilhas Cayman, XVI – Chipre; XVIII – Ilhas Cook; XX – Djibouti; XXI – Dominica; XXII – Emirados Árabes Unidos; XXIII – Gibraltar; XXIV – Granada; XXV – Hong Kong; XXVI – Kiribati; XXVII – Lebuan; XXVIII – Líbano; XXIX – Libéria; XXX – Liechtenstein; XXXI – Macau; XXXIII – Maldivas; XXXIV – Ilha de Man; XXXV – Ilhas Marshall; XXXVI – Ilhas Maurício; XXXVII – Mônaco; XXXVIII – Ilhas Montserrat; XXXIX – Nauru; XL – Ilha Niue; XLI – Ilha Norfolk; XLII – Panamá; XLIII – Ilha Pitcairn; XLIV – Polinésia Francesa; XLV – Ilha Queshm; XLVI – Samoa Ocidental; XLVIII – San Marino; XLIX – Ilhas de Santa Helena; L – Santa Lúcia; LI – Federação de São Cristóvão e Nevis; LII – Ilha de São Pedro e Miguelão; LIII – São Vicente e Granadinas; LIV – Seychelles; LV – Ilhas Solomon; LVII – Suazilândia; LIX – Sultanato de Omã; LX – Tonga; LXI – Tristão da Cunha; LXII – Ilhas Turks e Caicos; LXIII – Vanuatu; LXIV – Ilhas Virgens Americanas; LXV – Ilhas Virgens Britânicas; LXVI – Curaçao; LXVII – São Martinho; LXVIII – Irlanda.

115. SILVA FRANCO, Alberto. Globalização e criminalidade dos poderosos. *Revista Portuguesa de Ciência Criminal*. Coimbra: Coimbra Editora, ano 10, Fasc. 1º, jan.-mar. 2000, p. 214 apud BALTAZAR JUNIOR, José Paulo. *Crime organizado e proibição de insuficiência*. Porto Alegre: Livraria do Advogado, 2010. p. 144.

Internacionais de Direitos Humanos ratificados e subscritos pelo Brasil confirma essa tendência[116].

Cuida-se, inclusive, de *mandado expresso de criminalização*, hipótese de obrigatória atuação do legislador penal ordinário e intimamente ligada à defesa dos direitos humanos, o que reforça a ideia contida neste trabalho de que, em um Estado democrático de Direito, os direitos fundamentais reclamam, ao lado de posturas absenteístas, atuações positivas por parte do próprio Estado como imperativos de tutela.

Nessa quadra, para os fins aqui pretendidos, merecem destaque as Convenções de Viena contra a lavagem de dinheiro, de Palermo sobre o crime organizado transnacional e de Mérida sobre a corrupção.

Como se sabe, o combate à lavagem de dinheiro ganhou força no plano internacional com a realização da Convenção contra o tráfico ilícito de entorpecentes e psicotrópicos, na cidade de Viena, Áustria, no ano de 1988.

Verdadeiro marco normativo no combate à lavagem de capitais, a Convenção de Viena reconhece o caráter internacional desta modalidade criminosa e, logo em seu artigo 3º, passa em revista as condutas relacionadas à lavagem de dinheiro, fornecendo as diretrizes para a tipificação das condutas no plano interno de cada um dos seus países signatários.

A Convenção de Viena foi promulgada pelo Brasil por meio do Decreto n. 154, de 26 de junho de 1991, sendo considerada a "primeira geração" normativa de combate à lavagem de dinheiro, colocando como delito antecedente apenas o narcotráfico, delito global que sempre movimentou altas somas em dinheiro nos países afetados[117].

De outro lado, no ano de 1994, a Organização das Nações Unidas – ONU – realizou, na cidade de Nápoles, Itália, uma Conferência Mundial sobre o Crime Organizado que, posteriormente, a partir do quanto discutido naquele encontro, serviu de base para a elaboração, no mês de dezembro do ano 2000, ainda na Itália, mas agora na cidade de Palermo, da Convenção sobre Crime Organizado Transnacional, conhecida como "Convenção de Palermo".

---

116. Artigo 5º. § 3º. Os tratados e convenções internacionais sobre direitos humanos que forem aprovados, em cada Casa do Congresso Nacional, em dois turnos, por três quintos dos votos dos respectivos membros, serão equivalentes às emendas constitucionais.

117. CALLEGARI, André Luís; WEBER, Ariel Barazzetti. *Lavagem de dinheiro*. 2. ed. São Paulo: Atlas, 2017. p. 82.

Cap. 2 • CRIMINALIDADE MACROECONÔMICA ORGANIZADA

A Convenção de Palermo estabelece, ao lado da adoção de técnicas especiais de investigação e do compromisso de criminalização, um conceito do que vem a ser grupo criminoso organizado[118].

No Brasil, a Convenção de Palermo entrou em vigor por força do Decreto Legislativo n. 231, de 29 de maio de 2003, e do Decreto n. 5.015, de 12 de março de 2004, tornando-se apta à aplicação.

Então, assistiu-se ao nascimento de ricas discussões doutrinárias que hostilizaram a definição de crime organizado no Brasil, esgrimando-se posições que, pautadas na Lei n. 9.034, de 3 de maio de 1995, negavam sua existência, com posições que, sólidas no texto da própria Convenção de Palermo da ONU, defendiam sua positivação.

Não obstante, o Supremo Tribunal Federal, nos autos do *Habeas Corpus* n. 96.007-SP, não reconheceu a tipificação legal do crime de organização criminosa no Brasil com base no texto daquela Convenção.

Seguiu-se, então, a edição da Lei n. 12.694/2012, que definia organização criminosa como a associação de três ou mais pessoas, estruturalmente ordenada e caracterizada pela divisão de tarefas, ainda que informalmente, com objetivo de obter, direta ou indiretamente, vantagem de qualquer natureza, mediante a prática de crimes cuja pena máxima fosse *igual* ou *superior* a quatro anos, ou que fossem de caráter transnacional, posteriormente revogada pela Lei n. 12.850/13, atualmente em vigor, e que conceitua organização criminosa como a associação de quatro ou mais pessoas estruturalmente ordenada e caracterizada pela divisão de tarefas, ainda que informalmente, com o objetivo de obter, direta ou indiretamente, vantagem de qualquer natureza, mediante a prática de infrações penais cujas penas máximas sejam *superiores* a quatro anos, ou que sejam de caráter transnacional (artigo 1º, § 1º).

Por fim, como já adiantado, também é de se destacar a importância da Convenção Interamericana contra a Corrupção, batizada "Convenção de Mérida".

O Brasil, por meio do Decreto Legislativo n. 348, de 18 de maio de 2005, ratificou, e, por meio do Decreto Presidencial n. 5.687, de

---

118. De acordo com o artigo 2º, "a", da Convenção de Palermo, grupo criminoso organizado é o grupo estruturado de três ou mais pessoas, existente há algum tempo e atuando concertadamente com o propósito de cometer uma ou mais infrações graves ou enunciadas na presente Convenção, com a intenção de obter, direta ou indiretamente, um benefício econômico ou outro benefício material.

31 de janeiro de 2006, promulgou a Convenção das Nações Unidas contra a Corrupção, adotada pela Assembleia-Geral das Nações Unidas em 31 de outubro de 2003, e assinada no Brasil em 9 de dezembro de 2003, na cidade de Mérida, no México.

Curiosamente, por conta da data de sua assinatura, o dia 09 de dezembro é considerado o dia internacional de luta contra a corrupção em todo o mundo.

A Convenção de Mérida acaba por complementar a Convenção das Nações Unidas contra o crime Organizado Transnacional, e, sendo composta por 71 artigos, é considerado o maior texto juridicamente vinculante de luta contra a corrupção.

Em seu corpo, o texto da Convenção de Mérida oferece a estrutura legal para a criminalização de práticas corruptas, a possibilidade de ampliação da cooperação internacional no enfrentamento de paraísos fiscais, e mecanismos de facilitação da recuperação de ativos desviados para o exterior.

No tocante à criminalização de condutas, o Capítulo III da Convenção, que trata da penalização e aplicação da lei, afirma que cada Estado Parte adotará as medidas legislativas que sejam necessárias para qualificar como delito, dentre outras práticas, o *enriquecimento ilícito*, considerado, em seu artigo 20, como "o incremento significativo do patrimônio de um funcionário público relativos aos seus ingressos legítimos que não podem ser razoavelmente justificados por ele".

Todavia, malgrado a expressa orientação de criminalização do enriquecimento ilícito firmada pela Convenção de Mérida, a medida tem encontrado resistência por parcela da doutrina que, forte no princípio da presunção de inocência, sustenta a sua inconstitucionalidade.

Em solo português, por exemplo, a criminalização do enriquecimento ilícito foi frustrada pelo seu Tribunal Constitucional, em virtude, dentre outros argumentos, da afronta ao princípio da presunção de inocência que, frise-se, encontra assento no artigo 8º, II, "h", da Convenção Interamericana de Direitos Humanos (Pacto de San José da Costa Rica), de 22 de novembro de 1969, do qual o Brasil também é signatário.

Como se sabe, o Parlamento português aprovou o Decreto n. 37/XII que, alterando o Código Penal luso, incluía em seu texto o delito de enriquecimento ilícito tanto para particulares (artigo 335-A) como para funcionários públicos, como uma modalidade agravada daquele tipo penal (artigo 386). Tal medida foi objeto de recurso de inconsti-

Cap. 2 • CRIMINALIDADE MACROECONÔMICA ORGANIZADA

tucionalidade oferecido pelo Presidente da República perante a Corte Constitucional que, em sua objeção, ao lado da inexistência de um bem jurídico-penal claramente definido, arguiu, também, a vulneração ao princípio da presunção de inocência.

E, *por maioria*, o Tribunal Constitucional português, pelo Acórdão n. 179/2012, acolheu a tese oferecida no recurso presidencial, declarando inconstitucional a medida reformadora.

Ocorre que, como se sabe, apesar de indiscutível importância para um Estado democrático de Direito, o princípio constitucional da presunção de inocência, cujo domínio mais expressivo de incidência recai sobre a disciplina jurídica da prova, não é absoluto e, inegavelmente, admite restrições, como facilmente se verifica no balizamento das prisões cautelares.

Como se não bastasse, a criminalização do enriquecimento ilícito visa a proteger a *transparência das fontes de ingresso de recursos*, bem jurídico-penal de viés coletivo a ser tutelado pela norma.

Aliás, como lembra Isidoro Blanco Cordero,

> La transparência de la situación patrimonial de los titulares o agentes del poder público es, por si mismo, fuertemente incentivadora de la confianza de los ciudadanos en la imparcialidad o probidad de su actuación. La confianza de los ciudadanos en las instituciones públicas, y especialmente en la capacidad del Estado para hacer cumplir sus normas por parte de los que les sirven, es un fator crucial de la existencia y cohesión de las sociedades democráticas[119].

Assim, para a comprovação do delito de enriquecimento ilícito, não se deve exigir prova da origem ilícita do patrimônio do agente público ou particular, isto é, não se há de perquirir a origem do patrimônio incompatível apresentado pelo agente. Ao revés, deve-se demonstrar, apenas, a sua existência.

Nessa ordem de ideias, o tipo penal que pretenda tutelar a *transparência da evolução patrimonial dos agentes públicos* deve se apresentar como um delito omissivo próprio, uma omissão expressamente prevista pelo ordenamento jurídico, e não como um delito comissivo.

---

119. BLANCO CORDERO, Isidoro. El delito de enriquecimento ilícito desde la perspectiva europea. Sobre su inconstitucionalidad declarada por el Tribunal Constitucional português. *Revista electrónica de la AIDP*, A-02, 2013. p. 14.

O fato típico não deve conter a conduta positiva de constituir patrimônio incompatível com os ganhos lícitos, modelo este que, como já visto, encontra objeções à luz do princípio da presunção de inocência.

Ao contrário, deve traduzir a recusa em não justificar sua origem lícita, comportamento que se torna penalmente relevante a partir do indiscutível dever legal que se impõe a todo e qualquer agente público de explicitar sua evolução patrimonial. Assim concebido, o injusto penal não pune o incremento patrimonial desarrazoado do agente que, objetivamente, apresente ativos incompatíveis com seus ganhos lícitos. Ao revés, pune sua omissão por não o justificar perante os órgãos competentes, espancando por completo eventual afronta ao princípio da presunção de inocência.

Para Blanco Cordero, ao se tipificar o enriquecimento ilícito como delito omissivo próprio,

> No se presume que el funcionario ha cometido un delito con el que há incrementado su acervo patrimonial, sino simplesmente se castiga que no explique razonablemente de donde proceden bienes. La situación típica está integrada por la existencia de un incremento en el patrimônio del funcionario. La omisión de la conducta debida consiste precisamente en la infracción del deber de justificar en todo momento dicha situación patrimonial[120].

Essa, inclusive, a opção legislativa vista no Código Penal argentino, que, em seu artigo 268 (2), pune aquele que, ao ser requerido, não justifica a procedência de um considerável enriquecimento patrimonial seu ou de interposta pessoa para o dissimular[121].

É inegável, pois, que o enriquecimento ilícito de agentes públicos e particulares desponta como uma das facetas da corrupção e

---

120. BLANCO CORDERO, op. cit., p. 15.

121. Artículo 268 (2): Será reprimido con reclusión o prisión de DOS a SEIS años, multa del CINCUENTA POR CIENTO al CIENTO POR CIENTO del valor del enriquecimiento e inhabilitación absoluta perpetua, el que al ser debidamente requerido, no justificare la procedencia de un enriquecimiento patrimonial apreciable suyo o de persona interpuesta para disimularlo, ocurrido con posterioridad a la asunción de un cargo o empleo público y hasta DOS años después de haber cesado en su desempeño. Se entenderá que hubo enriquecimiento no sólo cuando el patrimonio se hubiese incrementado con dinero, cosas o bienes, sino también cuando se hubiesen cancelado deudas o extinguido obligaciones que lo afectaban. La persona interpuesta para disimular el enriquecimiento será reprimida con la misma pena que el autor del hecho.

sua criminalização, por não afrontar o texto constitucional, revela-se adequada e necessária.

Aliás, na lição de Díez Ripolléz,

> Ao Direito Penal se atribui entre outros setores do ordenamento jurídico, a função de intervir quando o conflito tem uma potencialidade de *generalização* tal que, se não se reagir de maneira adequada a ele, poderá gerar efeitos perturbadores que irão mais além do que já produz na concreta interação social afetada. Dito de outro modo, a passividade ante o conflito poria em sério perigo a própria sobrevivência da ordem social[122].

Portanto, é preciso evitar os radicalismos de concepções contrárias que, de um lado, expurgam por completo a legitimidade da criminalização do enriquecimento ilícito, e, de outro, buscam legitimá-la a qualquer custo, inclusive, violando-se princípios caros a um Estado Democrático de Direito.

Nessa quadra, também vale a pena destacar a opção de criminalização do enriquecimento ilícito promovida no ordenamento francês pela Lei de 9 de março de 2004, denominada Perben II, posteriormente modificada pela Lei n. 64, de 23 de janeiro de 2006.

Com o *nomen iuris* "delito de não justificação de recursos", o Código Penal francês, em seu artigo 321-6, pune com pena de três anos de prisão e multa de 75.000 euros o fato de o agente não poder justificar recursos que se correlacionem com o seu nível de vida ou não poder justificar a origem de um bem de que se tem posse.

Na América Latina, ao lado do ordenamento jurídico argentino já mencionado (CP, artigo 268 (2)), destacam-se as criminalizações promovidas na Colômbia (CP, arts. 327 e 412), Chile (CP, artigo 241-bis), Equador (CP, artigo 296), El Salvador (CP, 333) e Peru (CP, artigo 401).

Em nosso ordenamento jurídico, a criminalização do enriquecimento ilícito é objeto do Projeto de Lei n. 5.586/2005, que acrescenta o artigo 317-A ao Código Penal.

E, a despeito das discussões que versam sobre a possível violação ao princípio constitucional da presunção de inocência, a

---

122. DÍEZ RIPOLLÉS, José Luis. *A racionalidade das leis penais*: teoria e prática. Tradução Luiz Régis Prado. São Paulo: RT, 2005. p. 153.

criminalização do enriquecimento ilícito em solo brasileiro é medida de política criminal que, sobretudo nos dias de hoje, merece ser seriamente enfrentada.

Como se sabe, a economia brasileira e o próprio funcionamento da máquina pública no Brasil experimentam grandes perdas com a corrupção.

De acordo com dados compilados pela Fundação Getúlio Vargas (FGV), as práticas corruptas vistas no Brasil podem representar, a cada ano, cifras que variam entre 1% a 4% do PIB nacional, o que equivale a um valor mínimo de R$ 30 bilhões[123].

No plano internacional, estudo promovido no ano de 2015 pela organização Transparência Internacional sobre a percepção da corrupção pela comunidade internacional inseriu o Brasil, que figurava no ranking anterior do ano de 2014 no 69º lugar, na 76ª posição entre os países mais corruptos do globo, dentre os 168 países e territórios analisados e estudados[124].

Trata-se de realidade que não é dado ao legislador penal ordinário ignorar.

2.4.1. Defesa da concorrência no plano internacional multilateral

Como visto acima, com a globalização econômica e os efeitos dela decorrentes, verifica-se a ampliação dos espaços de discussão no âmbito internacional de medidas que busquem a efetiva defesa da livre concorrência e a redução de práticas anticoncorrenciais.

Todavia, malgrado estimulado pela globalização, o embrião do sistema multilateral internacional de defesa da concorrência remonta ao encontro de Bretton Woods, ao final da Segunda Guerra Mundial, quando os países que compunham o bloco vencedor, preocupados com a instabilidade dos mercados internos e externos, buscaram instituir órgãos reguladores da economia mundial, por exemplo, o Fundo Monetário

---

123. MENDES, Francisco Schertel; CARVALHO, Vinicius Marques de. *Compliance*: concorrência e combate à corrupção. São Paulo: Trevisan Editora, 2017. p. 22.

124. Ibid.

Internacional (FMI) e o Banco Financiador da Reconstrução Europeia e seu Desenvolvimento (BIRD ou Banco Mundial)[125].

Seja como for, no âmbito do Direito Penal econômico e do combate à macrocriminalidade econômica, tamanha a importância das experiências adquiridas por autoridades antitruste internacionais que, em nome de suas tão sonhadas *eficiência, eficácia* e *efetividade*, não podem ser sumariamente desprezadas.

Nessa quadra, dentre outras, vale a pena destacar as experiências e os esforços desenvolvidos, no plano internacional, pela Organização para Cooperação e Desenvolvimento Econômico (OCDE), pela Conferência das Nações Unidas para Comércio e Desenvolvimento (UNCTAD), e pela Organização Mundial do Comércio (OMC).

Fundada no ano de 1961 e sediada em Paris, França, a OCDE tem por objetivo fomentar políticas econômicas e sociais convergentes entre seus países- membros.

Seu Secretariado, composto por 2.500 funcionários, publica, anualmente, cerca de 250 documentos e administra um orçamento de mais de 342 milhões de euros.

A despeito de não integrar a OCDE, o Brasil, sobretudo, a partir da assinatura de um acordo de cooperação bilateral no ano de 2015, estreitou seus laços com a Organização, aderindo a várias de suas recomendações.

No ponto, merece especial atenção a Recomendação de 1998, que, além de fomentar o compartilhamento de informações entre os países afetados por práticas anticoncorrenciais, especialmente cartéis do tipo *hard core*, influenciou e estimulou vários países a adotar o acordo de leniência como instrumento de combate à colusão empresarial.

A título de ilustração, colhe-se do item "B.1" daquela Recomendação que

> Os países membros têm um interesse comum em prevenir carteis [sic] de núcleo duro e devem cooperar entre si no cumprimento de suas leis contra tais carteis [sic]. Nessa conexão, eles devem buscar formas em que a cooperação possa ser melhorada por meio de princípios de cortesia aplicáveis a pedidos que outro país conceda anticoncorrencial conduta que afeta adversamente os dois países e

---

125. GABAN, Eduardo Molan; DOMINGUES, Juliana Oliveira. *Direito antitruste*. 4. ed. São Paulo: Saraiva, 2016. p. 279.

deve conduzir seus próprios execução de acordo com os princípios de cortesia quando afetam outros interesses importantes dos países[126].

Aliás, como destaca Martinez, estudo realizado pela OCDE, utilizando dados compilados de 16 cartéis internacionais formados no período compreendido entre os anos de 1996 e 2000, aponta que o impacto no comércio internacional pelas colusões foi da ordem de US$ 55 bilhões, com um sobrepreço que variou de 3% a 65% em relação ao preço em um mercado competitivo[127].

De outro giro, a sigla UNCTAD designa a abreviação, em inglês, para a Conferência das Nações Unidas para Comércio e Desenvolvimento, composta por 194 Estados-membros, e que tem como principais objetivos apoiar os países em desenvolvimento a maximizar os benefícios das oportunidades decorrentes do comércio exterior e auxiliá-los a se integrarem, de modo equitativo, na economia mundial.

No período compreendido entre os dias 13 a 18 de junho de 2004, realizou-se, na cidade de São Paulo, a UNCTAD XI, ficando assentado, naquele encontro, que a boa governança em cada país e no plano internacional são essenciais para sustentar o crescimento e o desenvolvimento econômicos, sendo que, para a erradicação da pobreza e a criação de empregos são necessárias políticas econômicas e instituições democráticas sólidas responsáveis pelas necessidades da população[128].

Por fim, vale a pena consignar a importância da OMC, cujas origens remontam à assinatura do Acordo Geral sobre Tarifas e Comércio (GATT), no ano de 1947, traduzido por um conjunto de normas voltadas à redução de tarifas alfandegárias internacionais.

Com efeito, no âmbito do GATT foram realizadas oito rodadas internacionais de negociações comerciais, sendo que a última delas,

---

126. Tradução livre do autor para o seguinte trecho da Recomendação: "Member countries have a common interest in preventing hard core cartels and should co-operate with each other in enforcing their laws against such cartels. In this connection, they should seek ways in which co-operation might be improved by positive comity principles applicable to requests that another country remedy anticompetitive conduct that adversely affects both countries,and should conduct their own enforcement activities in accordance with principles of comity when they affect other countries' important interests". ORGANISATION FOR ECONOMIC COOPERATION AND DEVELOPMENT – OECD. Fighting hard- core cartels – harm, effective sanctions and leniency programmes. Disponível em: https://www.oecd.org/competition/cartels/1841891.pdf. Acesso em: 23 ago. 2018.

127. MARTINEZ, op. cit., p. 38.

128. GABAN; DOMINGUES, op. cit., p. 270-271.

154

Cap. 2 • CRIMINALIDADE MACROECONÔMICA ORGANIZADA

conhecida como "Rodada Uruguai", iniciada em 1986 e finalizada em 1993, culminou com a assinatura, em abril de 1994, na cidade de Marraqueche, Marrocos, do acordo de criação da Organização Mundial do Comércio, com o início das atividades no dia 1º de janeiro do ano seguinte.

A OMC é composta por diversos órgãos, dentre os quais se destaca a Conferência Ministerial, instância máxima da Organização composta pelos ministros das Relações Exteriores ou de Comércio Exterior dos seus Estados-membros.

Até a presente data são contabilizadas 11 Conferências Ministeriais da OMC, quais sejam, Singapura (1996), Genebra (1998), Seattle (1999), Doha (2001), Cancun (2003), Hong Kong (2005), Genebra (2009 e 2011), Bali (2013), Naióbi (2015) e Buenos Aires (2017).

Sediada em Genebra, Suíça, a OMC conta, atualmente, com 164 países- membros, dentre eles o Brasil, e tem como principal objetivo conferir efetividade às normas que regulamentam o livre comércio internacional.

2.5. BUSO DO PODER ECONÔMICO: A FORMAÇÃO DE CARTEL

Como já destacado neste trabalho, o legítimo uso do poder econômico não é vedado pela nova ordem constitucional brasileira.

Ao afirmar, em seu artigo 173, § 4º, que *a lei reprimirá o abuso do poder econômico*, o texto constitucional reconhece sua existência e não limita seu justo exercício.

Portanto, o harmônico exercício do poder econômico, pautado no interesse social, deve ser estimulado.

O que se veda, pois, é o *abuso do poder econômico* por qualquer um que o detenha, tendo o legislador constituinte originário delegado ao legislador ordinário competência para reprimi-lo.

Nas palavras de Fábio Nusdeo,

> O controle e a repressão não do poder econômico, porque este é inerente à prática do sistema de mercado, mas ao seu abuso, manifestado pelas mais diversas formas, constituem o objeto de toda a legislação de tutela da concorrência ou *antitruste*. Por essa razão, estas

leis existem em todos os países cuja economia se baseie no mercado ou a ele atribuam parte significativa das decisões econômicas[129].

Portanto, resta claro que o poder econômico não pode padecer de mau uso ou abuso, sob pena de afrontar os princípios corolários da ordem econômica, especialmente a livre-iniciativa e a livre-concorrência[130].

Diversas são as formas pelas quais se pode abusar do poder econômico, sendo que todas elas conduzem à dominação de mercados, à eliminação da concorrência e ao aumento arbitrário de lucros.

Como destaca André Ramos Tavares,

> Caso um dos agentes detenha poder desproporcional, infinitamente superior aos demais, o mercado encontra-se numa situação que pode propiciar (é tendente à) concentração de poder econômico, de modo a gerar efeitos diversos dos normalmente atingidos sob uma situação de relativo equilíbrio entre os concorrentes do mercado. Na realidade, o abuso decorrente da posição de vantagem adquirida por determinado agente econômico é atentatório ao princípio da livre-iniciativa e livre concorrência, ocasionando, pois, a possibilidade de excepcionar essa ampla liberdade pela intervenção imediata do Poder Público, na busca da restauração daquele ideal principiológico[131].

Nessa quadra, Tupinambá Miguel Castro do Nascimento ilustra que o exercício do poder econômico pode se dar via medidas já detectadas e conhecidas, e de outras mais sofisticadas e de difícil identificação, tais como a formação de trustes, consórcios, *holdings*, multinacionais e, cartéis[132].

Deles não discorda Ana Frazão de Azevedo Lopes, para quem será ilícito o ato que pretenda rebaixar a concorrência para um nível abaixo do qual se comprometa a liberdade de todos, ou seja, tanto a liberdade entre os agentes econômicos quanto a liberdade dos consumidores[133].

---

129. NUSDEO, Fábio. *Curso de economia*: introdução ao direito econômico. São Paulo, RT, 2001. p. 278.

130. 304 GABAN; DOMINGUES, op. cit., p. 60.

131. TAVARES, op. cit., p. 267.

132. NASCIMENTO, Tupinambá Miguel Castro do. *A ordem econômica e financeira e a nova Constituição*. Rio de Janeiro: Aide, 1989. p. 29.

133. LOPES, Ana Frazão de Azevedo. *Empresa e propriedade*: função social e abuso de direito. São Paulo: Quartier Latin, 2006. p. 190.

Cap. 2 • CRIMINALIDADE MACROECONÔMICA ORGANIZADA

Seja como for, despontam os acordos entre os detentores do poder econômico como uma das mais graves formas de violação à livre concorrência, senão a maior delas.

Aliás, descrevendo famoso episódio envolvendo cinco empresas fabricantes de lisina (um conhecido aminoácido utilizado na fabricação de ração animal), que, entre os anos de 1992 e 1995, formaram um cartel internacional com vistas à dominação do mercado, o economista John M. Connor ilustra que um dos empresários envolvidos, cooperando com autoridades do Departamento de Justiça dos Estados Unidos da América em acordo de leniência, sentenciou: *our competitors are our friends; our customers are the enemy: nossos concorrentes são nossos amigos, nossos consumidores são o inimigo*[134].

Na análise do mencionado economista, o caso do cartel das lisinas representou uma verdadeira mudança paradigmática para o enfrentamento do tema e demonstrou a opção do governo estadunidense em empregar técnicas de investigação muito mais duras do que as que vinham sendo empregadas até então para a apuração de cartéis.

Ainda de acordo com John Connor, ao longo dos três anos de investigação que antecederam a operação do FBI, no ano de 1995, o Departamento de Justiça demostrou que estava disposto a empregar todas as ferramentas disponíveis para sua atuação e que, habitualmente, empregava na coleta de provas contra cartéis de drogas e outras formas de crime organizado, incluindo filmagens e obtenção da cooperação de organizações policiais estrangeiras.

Durante as negociações de culpa com conspiradores de cartéis, os promotores fizeram uso hábil de uma ampla gama de possíveis penalidades para a cooperação, inclusive multas incapacitantes, impondo sentenças de prisão significativas e sempre impedindo a entrada de criminosos condenados em território americano[135].

---

134. CONNOR, John M. "Our customers are our enemies": the lysine cartel of 1992-1995. *Review of Industrial Organization*. Boston, v. 18, n. 1, p. 5-21, 2001.

135. Tradução livre para o seguinte trecho: "In the three-year investigation that preceded the FBI's 1995 raid, the DOJ showed that it was prepared to use all of the tools of its profession that it habitually employs in gathering evidence against drug cartels and other forms of organized crime, including videotaping24 and obtaining the cooperation of foreign police organizations. During guilty-plea negotiations with targeted cartel conspirators, prosecutors have made deft use of a wide range of possible penalties to instill cooperation, including threatening crippling fines, imposing significant prison sentences, and perpetually barring convicted felons from entering U.S. territory." (Ibid., p. 11).

Destarte, costuma-se associar a colusão entre concorrentes a três tipos de ineficiências econômicas: (I) a ineficiência alocativa, relacionada à má distribuição de recursos decorrente do aumento de preços e da restrição da oferta; (II) a ineficiência produtiva, relacionada ao fato de os agentes econômicos operarem com custos mais altos do que teriam na ausência do conluio, e (III) a ineficiência dinâmica, relacionada à perda de bem-estar social motivada pela redução dos incentivos à inovação[136].

Todavia, nem todo acordo entre os agentes econômicos concorrentes conduz necessariamente ao ilícito, mas somente aquele que prejudique a livre concorrência, causando um verdadeiro "efeito dominó" no mercado consumidor, com os seguintes indicadores de ilicitude: elevação dos preços ao consumidor final → queda no consumo → queda do binômio produção/inovação → redução dos postos de emprego → enfraquecimento da economia.

Não por acaso, os órgãos de controle costumam dividir os acordos restritivos à concorrência em *verticais* e *horizontais*.

De acordo com Eduardo Molan Gaban e Juliana M. Domingues,

> Os acordos horizontais são aqueles celebrados entre agentes econômicos que atuam em um mesmo mercado relevante (no mesmo nível de uma cadeia industrial), possuindo direta relação de concorrência. Já os acordos verticais disciplinam relações entre agentes econômicos que desenvolvem suas atividades em mercados relevantes diversos (em níveis diversos de uma cadeia industrial de produção de matéria-prima, de fornecimento e distribuição)[137].

Fala-se, ainda, em cartéis difusos (*soft*) e cartéis clássicos (*hardcore*). Ambos buscam, em última análise, fixar preços e dividir mercados de bens e serviços. Não obstante, diferenciam-se de acordo com a identificação de uma certa institucionalidade entre ambos, sendo possível identificar, nos cartéis do tipo clássico, uma maior estabilidade entre os seus participantes, que contrasta com a eventualidade dos cartéis difusos.

De toda forma, seja do tipo *soft* ou *hardcore*, os cartéis podem ser identificados como arranjos comportamentais que abrangem tanto as relações horizontais quanto as verticais de mercado e que, de maneira

---

136. MARTINEZ, op. cit., p. 37-38.

137. GABAN; DOMINGUES, op. cit., 2016.

Cap. 2 • CRIMINALIDADE MACROECONÔMICA ORGANIZADA

artificial, alteram variáveis relevantes à competição, restringindo ou até eliminando por completo a própria concorrência.

Tais arranjos comportamentais entre os detentores do poder econômico geralmente recaem sobre os preços a serem praticados no mercado consumidor, mas não se limitam a eles, podendo abarcar, por exemplo, divisão de clientes e de fornecedores, rotatividade no mercado, e fraudes em licitações públicas.

2.5.1. O cartel na Lei Antitruste

Outrora previsto no artigo 20, da derrogada Lei n. 8.884/1994, o núcleo repressivo antitruste encontra-se disposto, agora, no artigo 36, da Lei n. 12.529/2011.

Exceção feita ao administrador, direta ou indiretamente responsável pela infração cometida, a Lei de Defesa da Concorrência, consagrando a responsabilidade objetiva, não exige, em seu artigo 36, caput, a verificação de dolo ou culpa para o seu reconhecimento.

Cuidando do sujeito ativo das infrações à ordem econômica, a nova Lei Antitruste, em seu artigo 31, opta por uma formulação bastante abrangente, estendendo o seu alcance a quase totalidade dos agentes detentores do poder econômico, aqui compreendidas as pessoas físicas ou jurídicas, de direito público ou privado, bem como quaisquer associações de entidades ou pessoas, constituídas de fato ou de direito, ainda que temporariamente, com ou sem personalidade jurídica, embora sob regime de monopólio legal[138].

As infrações da ordem econômica previstas na Lei n. 12.529/2011 prescindem de forma própria e não exigem a produção de um resultado naturalístico para a sua verificação, bastando a simples potencialidade de produção de quaisquer dos seguintes efeitos: (I) limitação, falseamento ou de qualquer forma prejuízo à livre concorrência ou à livre iniciativa; (II) dominação de mercado relevante de bens ou serviços; (III) aumento arbitrário dos lucros, e (IV) exercício abusivo de posição dominante.

Portanto, depreende-se que toda e qualquer forma de limitação ou prejuízo à livre concorrência ou livre iniciativa constitui-se em infração da ordem econômica.

---

138. FORGIONI, Paula A. *Os fundamentos do antitruste*. São Paulo: RT, 2012. p. 144.

Nessa quadra, como já adiantado, desponta a formação de cartel como a prática mais aguda de limitação ou de falseamento à livre concorrência.

A título de ilustração, o próprio Sistema Brasileiro de Defesa da Concorrência estima que, apenas no tocante ao aspecto de preço, em média, um mercado cartelizado ostentará preços de 10% a 20% mais caros do que se houvesse competição entre os interessados no fornecimento do produto ou serviço[139].

O número de pessoas atingidas pela formação de cartel não pode ser mensurado.

Não por acaso, a própria Lei de Defesa da Concorrência explicita, em seu artigo 1º, parágrafo único, que o titular dos bens jurídicos por ela tutelados é a coletividade.

E isso sem falar no efeito reflexo que a cartelização de um determinado segmento econômico pode causar nas outras atividades que com ele se relacionam, como, por exemplo, a elevação dos preços de fretes, insumos etc.

Como infração à ordem econômica, a formação de cartel encontra-se assim disposta no artigo 36, § 3º, inciso I, da Lei n. 12.529/2011:

> Artigo 36. Constituem infração da ordem econômica, independentemente de culpa, os atos sob qualquer forma manifestados, que tenham por objeto ou possam produzir os seguintes efeitos, ainda que não sejam alcançados: [...].
>
> § 3º. As seguintes condutas, além de outras, na medida em que configurem hipótese prevista no caput deste artigo e seus incisos, caracterizam infração da ordem econômica: I – acordar, combinar, manipular ou ajustar com concorrente, sob qualquer forma: a) os preços de bens ou serviços ofertados individualmente; b) a produção ou a comercialização de uma quantidade restrita ou limitada de bens ou a prestação de um número, volume ou frequência restrita ou limitada de serviços; c) a divisão de partes ou segmentos de um mercado atual ou potencial de bens ou serviços, mediante, dentre outros, a distribuição de clientes, fornecedores, regiões ou períodos;
>
> d) preços, condições, vantagens ou abstenção em licitação pública.

---

139. BRASIL. Conselho Administrativo de Defesa Econômica. Cartilha do CADE. Disponível em: http://www.cade.gov.br/acesso-a-informacao/publicacoes-institucionais/cartilha-do-cade.pdf. Acesso em: 12 set. 2018.

Cap. 2 • CRIMINALIDADE MACROECONÔMICA ORGANIZADA

Ocorre que, malgrado a importância e a necessidade de se combater a limitação e o prejuízo à ordem econômica pela formação de cartéis – sobretudo diante da imensa dificuldade de apuração pelos órgãos de controle –, poucas foram as colusões empresariais que, até hoje, no Brasil, resultaram em efetiva punição pelo CADE.

Com efeito, promovendo estudo analítico de casos, Felipe Braga Albuquerque e Leonardo José Peixoto Leal ilustram que, no período compreendido entre os anos de 2000 a 2013, não obstante tenha sido a conduta de maior submissão à apreciação do CADE – 49,52% dos casos –, as condenações promovidas no âmbito administrativo pelo reconhecimento da cartelização de mercados foram absolutamente pontuais[140].

Os dados reproduzidos descortinam a premente necessidade de maior articulação e cooperação entre os órgãos formais de controle do Estado (Controladorias, Tribunais de Contas, Polícias e Ministério Público), em todos os níveis e esferas, com vistas à prevenção e repressão a cartéis.

Conquanto seja atribuição do CADE, órgão autárquico da Administração Pública Federal, por seu Tribunal Administrativo de Defesa

---

140. De acordo com os autores, no ano de 2000 foram identificados 4 julgados procedentes pela condenação em cartel (Processos n°s 08012.000792/99-16, 08012.006030/99-51, e 008012.000952/99-82, 08012.003128/98-67), no ano de 2001, 6 condenações (Processos n°s 08000.026056/96-30, 08000.022994/97-79, 08012007044/99-00, 08012000487/2000-40, 08012.006504/97-11, e 200090009699), no ano de 2002, 6 condenações (Processos n°s 08012.002299/2000-18, 08012.006492/97-25, 08012.004372/2000-70, 08012004712/2000-89, 08000.015515/97-02, e 08012.004373/2000-32), no ano de 2003, 9 condenações (Processos n°s 08012.001280/2001-35, 08012.021738/96-92, 08012.006397/97-02, 08000.021976/1997-51,08012.001098/2001-84,08012.004036/2001-18,08012.004156/2001-21, 08012.007515/2000-31, e 08012.003083/2001-51), no ano de 2004, 2 condenações (Processos n°s 08012.009987/1998-13 e 08012.004860/2000-01), no ano de 2005, 6 condenações (Processos n°s 08012.002097/1999-81, 08012.009160/2002-67, 08012.003068/2001-11, 08012.002153/2000-72, 08012.002127/2002-14, e 08012.004086/2000-21), no ano de 2006, 5 condenações (Processos n°s 08012.000099/2003-73, 08012.007042/2001-33, 08012.001112/2000-42, 08012001692/2005-07, e 08012.007406/2001-85), no ano de 2007, apenas 1 condenação (Processo n° 08012.0076/2003-11), no ano de 2008, 2 condenações (Processos n°s 08012.006019/2002-11 e 08012.000283/2006-66), no ano de 2009, apenas 1 condenação (Processo n° 08012.006241/1997-03), no ano de 2010, 3 condenações (Processos n°s 08012.009922/2006-59, 08012.004484/2005-51, e 08012.009888/2003-70), no ano de 2011, não houve registro de condenações, no ano de 2012, apenas 1 condenação (Processo n° 08012.0047/2004-77), e, no ano de 2013, 7 registros de condenações (Processos n°s 08012.003745/2010-83, 08012.004039/2001-68, 08012.010215/2007-96, 08012.00749/2009-39, 08012.004573/2004-17, 08012011668/2007-30, e 08012.003874/2009-38). (ALBUQUERQUE, Felipe Braga; LEAL, Leonardo José Peixoto. Prática de cartel no Brasil: um estudo sobre as decisões do CADE e o perfil das condenações por cartel. *Conpedi Law Review*, v. 1. n. 8, 2015. p. 73 e ss).

Econômica, promover a apuração e a responsabilização daquele que abuse do poder econômico, e, para tanto, nos termos do artigo 20, da Lei n. 12.529/2011, conte com o importante concurso de membro do Ministério Público Federal previamente designado pelo Procurador-Geral da República para, nesta qualidade, emitir pareceres nos processos administrativos para imposição das sanções administrativas por infrações à ordem econômica, força é convir que, por vezes, a conduta colusiva vista entre os detentores do poder econômico produz efeitos predominantemente locais, no bojo de mercados menores, que, por não impactarem diretamente no cenário nacional, por vezes, escapam do seu conhecimento.

Impõe-se, pois, uma verdadeira e concreta ação cooperada entre o CADE e os órgãos públicos estaduais que, de maneira correlata, também se encontram legalmente incumbidos de promover o necessário enfrentamento a cartéis, ampliando-se o fluxo de informações entre todos e minimizando, por vezes, resultados e conclusões díspares sobre o fenômeno investigado.

2.5.2. Tutela penal da livre concorrência: o crime de formação de cartel

Na seara penal, a ideia de cartel sempre esteve associada à criminalidade organizada e, mais amiúde, àquela dedicada ao comércio ilícito de drogas e estupefacientes.

Nessa quadra, nas décadas de 80 e 90, do século XX, a América Latina foi pródiga em revelar para o mundo verdadeiras organizações criminosas responsáveis pela produção e distribuição de narcóticos, com exclusividade de rotas, para seus mercados consumidores na Europa e Ásia, como o visto, por exemplo, com os "cartéis" de Medellín e Cali, na Colômbia.

Em breve escorço histórico, ao discorrer sobre as origens e o desenvolvimento da criminalidade organizada, Eduardo Araújo da Silva lembra que

> Na América do Sul, o cultivo e a exploração da coca remontam ao século XVI, época em que os colonizadores espanhóis monopolizavam o seu comércio em regiões do Peru e da Bolívia, utilizando-se para tanto da mão-de-obra indígena. Posteriormente, agricultores locais dominaram o cultivo da planta e sua transformação em pasta base para o refinamento da cocaína, expandindo suas atividades

Cap. 2 • CRIMINALIDADE MACROECONÔMICA ORGANIZADA

para a Colômbia. A comercialização ilegal dessa substância excitante para os Estados Unidos da América e para a Europa passou a ser comandada por diversos grupos organizados da região, que deram origem aos poderosos e violentos cartéis do narcotráfico, sediados principalmente nas cidades colombianas de Cali e Medellín, os quais hoje também se dedicam ao cultivo e à comercialização do ópio[141].

Com isso, a partir da imprecisão semântica apresentada pelo próprio vocábulo, desde logo se percebe que o legislador penal sempre teve muita dificuldade para oferecer os contornos legais do tipo penal e, dessa forma, criminalizar a formação de cartel.

No ponto, nunca é demais lembrar que tipo e tipicidade exercem papel de extrema relevância na estruturação analítica do crime, pois, para além de desenvolver um papel meramente formal, dão o suporte em que o próprio Direito Penal se apoia para a construção de um caminho para o conhecimento do conteúdo da proibição, isto é, da sua substância[142].

Essa dificuldade legislativa não passou despercebida por Maia, quando, debruçando-se sobre a Lei n. 8.137/1990, indica que, contrariando a tradição do Direito Penal brasileiro, a lei que define crimes contra a ordem tributária, econômica e contra as relações de consumo não adota rubrica antecedendo a norma incriminadora e explicitando o *nomen juris* da figura típica, sequer existindo a expressão vernacular "cartel" no bojo dos inúmeros tipos penais que são ali enunciados[143].

De acordo com o autor, posto que a Lei Complementar n. 95/1998, que regulamenta o artigo 59, parágrafo único, da Constituição Federal de 1988, não contenha qualquer referência à mencionada tradição, as leis penais modificativas da Parte Especial do Código Penal que se seguiram observaram a citada praxe, sendo certo que

> Como resultado de uma verdadeira interpretação autêntica, entretanto, juntamente com outros que são previstos na mesma lei de regência, o tipo penal por nós analisado foi inserido em um grupo de crimes a que o próprio legislador designou coletivamen-

---

141. SILVA, Eduardo Araújo da. *Crime organizado*: procedimento probatório. 2. ed. São Paulo: Atlas, 2009. p. 8.

142. BRANDÃO, Cláudio. *Tipicidade penal*: dos elementos da dogmática ao giro conceitual do método entimemático. 2ª ed. Coimbra: Almedina, 2014. p. 37.

143. MAIA, op. cit., p. 34.

163

te com o *nomen juris* 'formação de cartel'. Com efeito, em razão da redação dada pela Emenda Constitucional 19/1998 ao inciso I do § 1º do artigo 144 da CF de 1988, que passou a prever a existência de infrações penais com repercussão interestadual ou internacional, que demandariam repressão uniforme e cuja apuração passaria a ser incluída no escopo de atribuições funcionais da Polícia Federal, promulgou-se a Lei federal 10.446/2002, com o manifesto propósito de regulamentar o referido preceito. E, ao relacionar exemplificativamente as referidas infrações, o artigo 1º dessa lei utilizou a designação 'formação de cartel' (inciso II) para fazer uma remissão expressa aos crimes que estavam previstos nos incisos I, 'a', II, III e VII, todos integrantes do artigo 4º da Lei federal 8.137, de 27.12.1990[144].

Desde logo se percebe que, em solo brasileiro, optou-se por tomar-se a expressão "cartel" como aquela definidora de atos e condutas atentatórios à ordem econômica, e, para tanto, não se ignora que há mais de um modelo possível de criminalização de colusões empresariais.

Há, de acordo com Regina Fonseca Furtado, três modelos possíveis:

> a) *modelo de la no criminalización*: hay ordenamentos jurídico-penales que no criminalizan ninguna de las conductas de carteles y renuncian totalmente a la sanción de prision, incluso con relación a las conductas más graves contra la competencia; b) *modelo de criminalización parcial*: otros ordenamentos jurídico-penales criminalizan una parte de las conductas anticompetitivas, como por ejemplo los carteles en licitaciones, y c) *modelo de criminalización amplia o total*: criminalizan todas las modalidades de carteles de núcleo duro, como los acuerdos colusorios de fijación de precios o de cuotas de producción, reparto de mercado y en licitaciones[145].

Na Europa, o modelo de não criminalização pode ser visto, por exemplo, na Suécia, Suiça e na Itália. O modelo de criminalização parcial, por sua vez, foi adotado em países como Alemanha, Áustria e Hungria. Já o modelo de criminalização total ou ampla foi adotado, dentre outros países, na França e no Reino Unido[146].

---

144. MAIA, op. cit., p. 34-35.

145. FURTADO, Regina Fonseca. *Carteles de núcleo duro y Derecho penal*: por qué criminalizar las colusiones empresariales? Montevideo: B de F, 2017, p. 118.

146. Ibid., p. 118 e ss.

Cap. 2 • CRIMINALIDADE MACROECONÔMICA ORGANIZADA

Adotado em solo brasileiro de forma pioneira na América Latina, o modelo de criminalização total predomina no cenário mundial, podendo ser visto, fora do continente europeu, em países como Austrália, Canadá, Coréia do Sul, Estados Unidos da América, Israel, Japão, México, República Eslovaca, África do Sul, Tailândia e Zâmbia[147].

Seja como for, a contar do modelo estadunidense antitruste, que prevê a criminalização de cartéis desde no ano de 1890, percebe-se uma tendência mundial de se conferir maior rigor às condutas colusivas, com o recrudescimento qualitativo e quantitativo das sanções penais.

A título exemplificativo, na atualidade, aponta-se o ordenamento jurídico canadense como aquele que sanciona de maneira mais severa a formação de cartéis, com a previsão de multa de até 25 milhões de dólares canadenses para empresas que deles façam parte e a pena de multa e/ou pena de prisão de até 14 anos para as pessoas físicas[148].

Com isso, percebe-se que, como consequência do agravamento repressivo a cartéis, num movimento reflexo, ampliaram-se os programas de leniência, com recompensas bastante atrativas para delações e cooperações.

Em nosso ordenamento jurídico, como já adiantado, o crime de formação de cartel encontra-se tipificado no artigo 4º, inciso II, alíneas "a", "b", e "c", da Lei n. 8.137/1990, punido com pena de reclusão, de dois a cinco anos, e multa[149].

Há, pois, verdadeira ligação entre o crime de formação de cartel e a macrocriminalidade econômica organizada.

A maior ou menor capacidade prática de manipulação do mercado está intimamente relacionada com a capacidade estrutural e hierárquica dos próprios envolvidos.

Na observação de Marcelo Batlouni Mendroni,

> Tomando-se como base a análise das atuações criminosas, não resta qualquer dúvida situar-se [sic] na esfera de organização criminosa econômica. Há preparação, organização, realização de encontros,

---

147. Ibid., p. 135.

148. FURTADO, op. cit., p. 136.

149. Artigo 4º. Constitui crime contra a ordem econômica: II – formar acordo, convênio, ajuste ou aliança entre ofertantes, visando: a) à fixação artificial de preços ou quantidades vendidas ou produzidas; b) ao controle regionalizado do mercado por empresa ou grupo de empresas; c) ao controle, em detrimento da concorrência, de rede de distribuição ou de fornecedores.

reuniões, negociações, divisão de clientela, tudo dirigido para a obtenção de lucro. Constata-se, pelas atuações práticas, que normalmente existe uma das empresas que 'comanda' o cartel, normalmente aquela que dispõe de melhor e maior estrutura, maior clientela, e, portanto, a que domina maior parcela do mercado[150].

O sujeito ativo do delito é, fundamentalmente, o empresário, aquele que, de acordo com o artigo 966 do Código Civil, exerce profissionalmente atividade econômica organizada para a produção ou circulação de bens ou de serviços[151].

O sujeito passivo é a coletividade.

Por fim, vale a pena consignar que, tal qual se verifica com parcerias comerciais (*joint venture*), para a caracterização do cartel não é exigida a verificação de um estado de permanência ou estabilidade da colusão, e nem tampouco a efetiva lesão ao mercado. Trata-se, pois, de crime de perigo abstrato, bastando a potencialidade de dano.

2.5.3. Cartéis em licitações públicas: *déficit* de boa governança na Administração Pública brasileira

Como se sabe, toda e qualquer atividade da Administração Pública deve ser pautada, entre outros, pelos princípios constitucionais da legalidade, impessoalidade, moralidade, publicidade e eficiência.

Com a inclusão do princípio da eficiência no artigo 37, *caput*, da Constituição Federal de 1988, pela Emenda Constitucional n. 19, de 4 de junho de 1998, o legislador constituinte reformador acenou que não basta ao administrador público orientar-se pela legalidade de seus atos. Sem que o princípio da legalidade seja sacrificado, é preciso algo a mais.

Com isso, a lei deixa de ser o único pressuposto de validade da atividade administrativa que deve ser, também, eficiente, produzindo resultados satisfatórios e concretos à sociedade.

---

150. MENDRONI, Marcelo Batlouni. *Crime organizado*: aspectos gerais e mecanismos legais. 2. ed. São Paulo: Atlas, 2007. p. 118.

151. PRADO, Luiz Régis. *Direito Penal Econômico*: ordem econômica, relações de consumo, sistema financeiro, ordem tributária, sistema previdenciário, lavagem de capitais. 2. ed. São Paulo: RT, 2007. p. 44.

Cap. 2 • CRIMINALIDADE MACROECONÔMICA ORGANIZADA

Não por acaso, Flávio Amaral Garcia chega a afirmar que o Direito Administrativo atual elegeu um novo patamar de vinculação jurídica para a Administração Pública, qual seja, a efetiva produção de um resultado determinante, destacando-se o princípio da eficiência como o seu principal veículo condutor[152].

De fato, com a positivação do postulado da eficiência no texto constitucional e na própria Lei n. 8.987/95, em seu artigo 6º, § 1º, – Lei das Concessões e Permissões de Serviços Públicos –, não há como deixar de se exigir que a Administração Pública atue de maneira rápida e eficaz na satisfação dos interesses da população.

Serviço público adequado, seja ele prestado diretamente pela Administração Pública ou executado por particulares, é o que satisfaz as condições de regularidade, continuidade, segurança, atualidade, generalidade, cortesia na sua prestação, modicidade das tarifas e eficiência[153].

Nessa quadra, buscando conferir unidade, coerência e completude ao sistema por ela proposto, a Carta Política de 1988, em seu artigo 37, inciso XXI, elegeu a *licitação* como o procedimento seletivo prévio à contratação pública, ou seja, como "o procedimento administrativo mediante o qual a Administração Pública seleciona a proposta mais vantajosa para o contrato de seu interesse"[154].

É da essência de todo e qualquer procedimento licitatório a efetiva igualdade de competição entre os licitantes na busca da contratação mais vantajosa para a Administração.

Em nosso ordenamento jurídico, a ideia de licitação está umbilicalmente ligada à ideia de livre concorrência entre os competidores, ainda mais pelo fato de, no Brasil, as licitações movimentarem cerca de 700 bilhões de reais por ano, representando aproximadamente 20% do PIB nacional[155].

Malgrado não previsto de forma expressa no artigo 3º, caput, da Lei n. 8.666/93, o princípio da livre concorrência, ao ser expressamen-

---

152. GARCIA, Flávio Amaral. *Licitações e contratos administrativos*: casos e polêmicas. 4. ed. São Paulo: Malheiros, 2016. p. 73.

153. MEDAUAR, Odete. *Direito Administrativo moderno*. 18. ed. São Paulo: RT, 2014. p. 369.

154. MEIRELLES, Hely Lopes. *Licitação e contrato administrativo*. 14. ed. São Paulo: Malheiros, 2006. p. 27.

155. SÃO PAULO (Estado). Ministério Público Centro de Apoio Operacional Cível e de Tutela Coletiva. Patrimônio Público. Fraudes em licitações e contratos: temas do patrimônio público/ Ministério Público do Estado de São Paulo, Centro de Apoio Operacional Cível e de Tutela Coletiva, Patrimônio Público. São Paulo: Ministério Público, 2015. p. 15.

te contemplado no artigo 170, inciso IV, da Constituição Federal de 1988, garante a efetiva igualdade de competição entre os interessados e somente pode ser afastado em casos excepcionais de dispensa e inexigibilidade de licitação, especialmente estabelecidos nos artigos 24 e 25, da própria Lei de Licitações e Contratos.

Na lembrança de Adilson de Abreu Dallari,

> O princípio da isonomia, por si só e independente de qualquer norma, obriga a Administração a valer-se do procedimento da licitação, e ao estabelecer essa obrigatoriedade erige a própria licitação em princípio, pois mesmo na ausência de normas específicas está a Administração obrigada a utilizar-se de procedimentos licitatórios[156].

Dessa forma, ainda que formalmente em ordem, o procedimento licitatório será imprestável se, por detrás, houver burla ao caráter competitivo que dele se espera.

E, para o escorreito funcionamento da própria Administração Pública e respeito à moralidade administrativa, tamanha a magnitude do bem jurídico aqui individualizado, que, ao lado dos tipos penais tradicionalmente insculpidos no próprio Código Penal, tais como o peculato, a corrupção ativa, a corrupção passiva e a concussão, que o legislador especial de 1993, buscando reforçar seus instrumentos legais de proteção, houve por bem lançar mão de tipos penais específicos em seu próprio texto como imperativos de tutela.

Nessa quadra, a parte penal da Lei n. 8.666/93, posteriormente modificada pela Lei n. 8.883/94, prevê tipos que buscam resguardar o procedimento licitatório de forma ampla e completa, alcançando tanto a fase interna quanto a fase externa da licitação, desde o seu nascimento até o final do cumprimento da execução do contrato administrativo pelas partes.

Quando formada, pois, no bojo de licitações públicas, a colusão entre os detentores do poder econômico encontra adequação típica no delito previsto no artigo 90 da Lei n. 8.666/93[157].

---

156. DALLARI, Adilson de Abreu. *Aspectos jurídicos da licitação*. 5. ed. São Paulo: Saraiva, 2000. p. 33.

157. Artigo 90. Frustrar ou fraudar, mediante ajuste, combinação ou qualquer outro expediente, o caráter competitivo do procedimento licitatório, com o intuito de obter, para si ou para outrem, vantagem decorrente da adjudicação do objeto da licitação: Pena – detenção, de 2 (dois) a 4 (quatro) anos, e multa.

Cap. 2 • CRIMINALIDADE MACROECONÔMICA ORGANIZADA

Trata-se de delito pluriofensivo, que busca tutelar, de uma só vez, tanto a moralidade administrativa quanto a livre concorrência e a consequente igualdade de condições entre os competidores do certame público.

Aliás, como destaca André Guilherme Tavares de Freitas,

> O asseguramento do princípio da competitividade da licitação viabiliza que a Administração Pública selecione a proposta mais vantajosa, obtendo, assim, preços mais baixos, uma maior qualidade e uma melhor escolha, além de viabilizar a inovação tecnológica; porém, o principal fator é em relação ao preço, razão pela qual, reflexamente, está se resguardando com essa norma penal o patrimônio público[158].

Cuidando-se do sujeito ativo do crime, esgrimam-se posições doutrinárias que defendem, de um lado, tratar-se de crime próprio, podendo ser praticado somente por quem detenha a especial qualidade de concorrente do certame[159], com orientações mais elásticas que, de outro vértice, o consideram como crime comum, de maneira que qualquer pessoa, concorrente ou não, possa vir a praticá-lo[160].

De fato, a identificação do delito sob exame como crime comum mostra- se a mais adequada. Não se ignora que, em regra, o sujeito ativo da colusão voltada a fraudar licitações seja um de seus próprios concorrentes, mas, de outro giro, também não se pode olvidar que, ao valer-se da locução "para si ou para outrem", nada impede que, num determinado caso concreto, terceiro não concorrente, por vezes até um funcionário público integrante da comissão de licitações, na condição de coautor ou partícipe, fraude o certame para beneficiar eventual interessado.

O sujeito passivo do crime, juntamente com a própria Administração Pública, é o concorrente que, alheio à fraude, vê-se atingido por ela.

De outro ângulo, malgrado o tipo penal insculpido no artigo 90, da Lei de Licitações e Contratos indique a realização do resultado natu-

---

158. FREITAS, André Guilherme Tavares de. *Crimes na lei de licitações*. 3. ed. Rio de Janeiro: Impetus, 2013. p. 85.

159. Por todos, confira-se: GRECO FILHO, Vicente. *Dos crimes da lei de licitações*. São Paulo: Saraiva, 1994. p. 16.

160. Por todos, confira-se: PEREIRA JUNIOR, Jessé Torres. *Comentários à lei das licitações e contratações da administração pública*. 6. ed. Rio de Janeiro: Renovar, 2003. p. 842.

ralístico – a obtenção da vantagem, para si ou para outrem, decorrente da adjudicação do objeto da licitação –, para a sua consumação, não é exigida a verificação concreta desse evento.

Trata-se, pois, de crime formal, que se aperfeiçoa com a quebra do caráter competitivo inerente à licitação, sendo irrelevante a ideia de efetiva lesão ao erário, uma vez que perfeitamente possível a sua verificação ainda que inexista prejuízo financeiro à Administração Pública.

Quanto à natureza do comportamento nuclear, o crime previsto no artigo 90 da Lei n. 8.666/93 pode ser identificado como de forma livre, podendo ser praticado mediante ajuste, combinação, ou *qualquer outro expediente* que frustre ou fraude o caráter competitivo do certame licitatório.

Por oportuno, extrai-se da "Cartilha de Combate à Cartéis em Licitações – guia prático para pregoeiros e membros de comissões de licitação", publicada pela Secretaria de Direito Econômico do Ministério da Justiça[161], que a combinação e o ajuste entre os concorrentes podem ocorrer, dentre outras, a partir da verificação das seguintes condutas:

> (a) fixação de preços, na qual há um acordo firmado entre concorrentes para aumentar ou fixar preços e impedir que as propostas fiquem abaixo de um 'preço-base'; (b) direcionamento privado da licitação, em que há definição de quem irá vencer determinado certame ou uma série de processos licitatórios, bem como as condições nas quais essas licitações serão adjudicadas; (c) divisão de mercado, representada pela divisão de um conjunto de membros do cartel, que, assim, deixam de concorrer entre si em cada uma delas. Por exemplo, as empresas A, B e C fazem um acordo pelo qual a empresa A apenas participa de licitações na região Nordeste, a empresa B na região Sul e a empresa C na região Sudeste; (d) supressão de propostas, modalidade na qual concorrentes que eram esperados na licitação não comparecem ou, comparecendo, retiram a proposta formulada, com intuito de favorecer um determinado licitante, previamente escolhido; (e) apresentação de propostas 'pró-forma', caracterizada quando alguns concorrentes formulam propostas com preços muito altos para serem aceitos ou entregam propostas com vícios reconhecidamente desclassificatórios. O objetivo dessa conduta é, em

---

161. BRASIL. Departamento de Proteção e Defesa Econômica da Secretaria de Direito Econômico do Ministério da Justiça. Cartilha de Combate a Cartéis em Licitações – guia prático para pregoeiros e membros de comissões de licitação (2008). Disponível em http://www.comprasnet. gov.br/banner/seguro/cartilha_licitacao.pdf. Acesso em: 04 set. 2018.

Cap. 2 • CRIMINALIDADE MACROECONÔMICA ORGANIZADA

regra, direcionar a licitação para um concorrente em especial; (f) rodízio, acordo pelo qual os concorrentes alternam-se entre os vencedores de uma licitação específica; (g) subcontratação, pela qual concorrentes não participam das licitações ou desistem das suas propostas, a fim de serem subcontratados pelos vencedores. O vencedor da licitação a um preço supracompetitivo divide o sobrepreço com o subcontratado.

No plano internacional, a Organização para Cooperação e Desenvolvimento Econômico – OCDE –, preocupada com o tema, em recomendação datada de 17 de julho de 2012, apresentou "Diretrizes para Combate ao Cartel em Licitações", ilustrando algumas das medidas a serem tomadas para a redução de riscos para a colusão entre concorrentes, tais como: (1) contar com informações adequadas sobre os produtos e serviços disponíveis no mercado antes de deflagrar o processo licitatório; (2) maximizar a participação potencial de licitantes, reduzindo os custos para a apresentação das propostas; (3) definir os requisitos com clareza, a fim de evitar medidas discriminatórias; (4) elaborar o processo licitatório com transparência, de forma a reduzir a comunicação entre os concorrentes; (5) eleger com cuidado os critérios para avaliar e adjudicar a oferta; (6) estimular a consciência entre os funcionários envolvidos acerca dos danos causados pela colusão entre licitantes no processo de aquisição[162].

Cuidando-se de cartel em licitações públicas, muito se discute se, diante da indisfarçável proximidade vista entre o delito previsto no artigo 90, da Lei n. 8.666/93, e o crime previsto no artigo 4º, inciso II, da Lei n. 8.137/90, a dupla imputação aos detentores do poder econômico levaria à violação do postulado *ne bis in idem*.

Discute-se, em suma, se haveria, entre os dois tipos penais, apenas um conflito aparente de normas, a ser solucionado pelo princípio da especialidade, ou se, de outro ângulo, a hipótese seria de concurso de crimes, com a possibilidade de dupla imputação.

Como se sabe, dá-se o conflito de leis penais quando, ao fato criminoso, mostra-se possível a incidência de dois ou mais tipos penais que, a um só tempo, encontram-se em vigor. Todavia, fala-se em um

---

162. Organisation for Economic Cooperation and Development – OECD. Recomendación del Consejo de la OCDE para combatir la colusión en la contratación pública. 2012. Disponível em http://www.oecd.org/daf/competition/Recomendacion-del-Consejo-OCDE-para-combatir-la-colusion- en-contratacion-publica.pdf. Acesso em: 04 set. 2018.

171

conflito que não pode ser verdadeiro, mas apenas aparente, já que o próprio sistema jurídico, sendo um todo unitariamente ordenado, encontra meios para concluir, com exclusividade, pela incidência de uma norma em detrimento da outra[163].

Nessa hipótese, identificada uma relação de antinomia entre as duas infrações penais, ter-se-ia, de fato, um conflito aparente de normas penais, a ser solucionado pelo princípio da especialidade, já que o delito insculpido no artigo 90, da Lei de Licitações e Contratos, diante dos seus elementos normativos, descortina características ínsitas ao próprio processo licitatório não vistas na Lei n. 8.137/90, tendo incidência o brocardo *lex specialis derogat generali*.

Todavia, não é isso o que ocorre.

De início, vale a pena destacar que para a configuração do crime previsto no artigo 90, da Lei de Licitações e Contratos, não se há de falar, necessariamente, em colusão entre os licitantes, pois, como é cediço, qualquer expediente que coloque em xeque o caráter competitivo do certame basta para macular o procedimento licitatório.

Aliás, não é incomum que, em licitações públicas, a combinação ou o ajuste sejam estabelecidos não entre os competidores, mas entre um deles e os funcionários públicos responsáveis pela condução da licitação.

Como se não bastasse, ao lado da manifesta desconformidade de condutas típicas, extrai-se dos dois tipos penais uma clara distinção de desígnios, com a tutela de bens jurídico-penais que não se confundem: na Lei de Licitações, princípios constitucionais que norteiam a atividade da Administração Pública, notadamente a moralidade e a probidade administrativas, enquanto na Lei n. 8.137/1990, o próprio mercado.

Portanto, nada impede a dupla imputação.

Trata-se, como visto acima, de opção legislativa por um modelo amplo de proteção que, frise-se, diante da necessidade de integral tutela penal de bens jurídicos de indisfarçável magnitude e relevância, também é adotado em importantes ordenamentos jurídicos mundo afora.

Com isso, não se afirma que toda a fraude entre concorrentes de licitações públicas levará ao reconhecimento, *ipsu facto*, do crime autônomo de formação de cartel.

Não é disso que se trata.

---

163. BRUNO, Aníbal. *Direito penal*: parte geral. 3. ed. Rio de Janeiro: Forense, 1967. t. I. p. 274.

Cap. 2 • CRIMINALIDADE MACROECONÔMICA ORGANIZADA

Alega-se, apenas, que, caso demonstrado que os acordos e ajustes entre os competidores também tinham por objetivo, ao lado da maculação de um determinado procedimento licitatório, dominar o mercado, não se há de falar em ofensa ao postulado do *ne bis in idem* pela dupla imputação.

Não obstante, em recente decisão, o Superior Tribunal de Justiça, nos autos do Recurso Especial n. 1.623.985-SP (2016/0232734-9), relator o ministro Nefi Cordeiro, *por maioria de votos*, houve por bem rejeitar denúncia oferecida pelo Ministério Público do Estado de São Paulo pelos crimes de fraude à licitação e cartel, baseando sua decisão na ocorrência de conflito aparente de normas.

A ementa desta decisão foi vazada nos seguintes termos:

> PENAL E PROCESSUAL PENAL. RECURSOS ESPECIAIS. FORMAÇÃO DE CARTEL E FRAUDE À LICITAÇÃO. CONFLITO APARENTE DE NORMAS. ART. 4º, II, DA LEI 8.137/90. AUSÊNCIA DE DESCRIÇÃO DA CONCENTRAÇÃO DO PODER ECONÔMICO. AJUSTES PRÉVIOS COM O FIM DE FRAUDAR PROCEDIMENTO LICITATÓRIO. FORMAÇÃO DE CARTEL AFASTADA. CRIME DO ART. 90 DA LEI 8.666/93. PRESCRIÇÃO DA PRETENSÃO PUNITIVA. RECURSOS ESPECIAIS PROVIDOS. 1.
>
> Recorrentes denunciados como incursos nos arts. 4º, II, *a, b* e *c*, da Lei 8.137/90 (formação de cartel) e 90, *caput*, da Lei 8.666/93 (fraude à licitação), em concurso formal. 2. De acordo com a jurisprudência desta Corte, ocorre o conflito aparente de normas quando há a incidência de mais de uma norma repressiva numa única conduta delituosa, sendo que tais normas possuem entre si relação de hierarquia ou dependência, de forma que somente uma é aplicável (REsp 1.376.670/SC, Rel. Min. Rogério Schietti Cruz, Rel. para Acórdão Min. Nefi Cordeiro, 6ª T. j. em 16/02/2017, DJe 11/05/2017). 3. O delito do art. 4º, II, da Lei 8.137/90 exige a demonstração que os acordos, ajustes ou alianças entre os ofertantes tinham por objetivo domínio de mercado. 4. Não havendo descrição fática suficiente da concentração do poder econômico, ou de que os acordos teriam sido efetivamente implementados com domínio de mercado, não há falar em formação de cartel, porquanto não demonstrada ofensa à livre concorrência. Demonstrado apenas que os ajustes se deram com o fim de fraudar o processo licitatório, subsiste apenas o crime do art. 90 da Lei de Licitações. 5. O delito do art. 90 da Lei 8.666/93 tem natureza formal, ocorrendo sua consumação mediante o mero ajuste, combinação ou adoção

de qualquer outro expediente com o fim de fraudar ou frustrar o caráter competitivo da licitação, independentemente da obtenção da vantagem (adjudicação do objeto licitado para futura e eventual contratação). Precedentes do STF e do STJ. 6. Transcorrendo lapso temporal superior a 8 anos entre a data dos fatos e o recebimento da denúncia, configura-se a perda da pretensão punitiva estatal quanto ao delito do art. 90 da Lei 8.666/93, porquanto os fatos são anteriores à Lei 12.234/2010. 7. Recursos especiais providos. (REsp nº 1.623.985-SP (2016/0232734-9), Rel. Min. Nefi Cordeiro, 6ª T. j. em 17/05/2018, Dje 06/06/2018).

Entretanto, daquele julgado, extrai-se do *voto divergente* do Min. Rogério Schietti Cruz, em parte:

> Dito isso, considero que a denúncia, diversamente da compreensão externada pelo relator, descreveu, quantum satis, a prática dos crimes de formação de cartel e fraude ao caráter competitivo das licitações de modo autônomo, conforme procurarei explicitar. Deveras, malgrado todo o procedimento licitatório encetado pela Companhia Paulista de Trens Metropolitanos e pela Companhia de Metropolitano de São Paulo, entre os anos de 1999 e 2009 – para implementação dos projetos Linha 5 do Metrô, manutenção de Trens Séries 2000, 2100 e 3000, extensão da Linha 2 do Metrô de São Paulo, projeto Boa Viagem, Projeto 320 Carros e Projeto 64 Carros (fl. 301) -, haja sido objeto de investigação, houve desmembramento do procedimento. Tal desmembramento redundou na deflagração de diversos processos penais e a denúncia, no caso dos autos, cingiu-se especificamente ao Procedimento Licitatório n. 400152121 da Companhia do Metropolitano de São Paulo, o qual previu a elaboração de projeto executivo, fornecimento e implantação de sistemas para o trecho Ana Rosa/Ipiranga e sistemas complementares para o trecho Ana Rosa/Vila Madalena da Linha 2 Verde do Metrô de São Paulo. Em razão disso, o exame do feito, conforme a denúncia oferecida pelo Ministério Público, atem-se ao referido procedimento licitatório específico, sem descurar, contudo, da amplitude e da magnitude de todo o procedimento, o qual ensejaria, segundo amplamente divulgado, o custo de alguns bilhões de reais – sendo que, na hipótese, como retrata a imputação, o projeto havia sido orçado, sem a inclusão de aditivos, o valor de R$ 136.660.717,15. [...]. Verifica-se que a denúncia, *ab initio*, já explicita que as empresas detinham domínio considerável de parcela do mercado e aponta a presença de duas das características da formação de cartel, que é a restrição da proposta e a subcontratação ilegal. Tais circunstâncias, consoante

Cap. 2 • CRIMINALIDADE MACROECONÔMICA ORGANIZADA

referido linhas atrás, sinalizam a existência de requisitos inerentes aos crimes contra a ordem econômica, os quais pressupõem o abuso do poder econômico, cuja configuração se dá pelo uso abusivo de domínio do mercado relevante, de modo a restringir ilicitamente a liberdade de iniciativa e a livre concorrência, com a utilização de técnicas de compensação. [...]. Destaca-se, de igual forma, o fato de que, homologado o processo licitatório em 6/4/2005, com despesa prevista no valor de R$ 143.622.513,04, pouco mais de um mês depois, em 15/5/2005, 'a Siemens Ltda. solicitou a subcontratação da empresa PEM Engenharia S/A, que mantinha relações comerciais dom a T"Trans' (fl. 11), e, passados quinze dias, 'a Alstom Brasil Ltda. também solicitou a subcontratação da empresa PEM engenharia S/A' (fl. 11). [...]. Todas essas circunstâncias acabam por reforçar a ideia de que a frustração ao caráter competitivo da licitação motivou-se em fatos que não se relacionam exclusivamente com a colusão ilícita das empresas, mas, ao contrário, são fatores que, por si só, maculam o certame licitatório. O caso relatado na denúncia expõe a fraude no certame licitatório de modo bastante distinto da imputada formação do cartel, porquanto singulariza e distingue cada uma das condutas relacionadas aos delitos de maneira inequívoca. De fato, há, no contexto fático externado pelo Ministério Público, uma clara distinção de desígnios, amparados por condutas que não se confundem, na medida em que a formação do cartel foi motivada, sobretudo, pela expressividade do valor do projeto que, data vênia, salta aos olhos. O benefício dos lucros a serem auferidos por todos os participantes do esquema, em evidente e vultoso prejuízo público, norteou o desejo de celebração do contrato pelas empresas da forma como delineada. Já a fraude ao caráter competitivo da licitação ocorreria em qualquer caso, mesmo que ausentes as circunstâncias ligadas à formação de cartel, haja vista que o conhecimento prévio de informações sigilosas por determinada empresa, bem como a existência de restrição injustificada no edital quanto ao número de consórcios participantes e o direcionamento da licitação, tudo com o auxílio de agentes públicos. [...]. Ainda sobre a eventual relação de hierarquia ou de dependência entre as normas penais em debate, penso, com a devida vênia, que não há, entre a lei que regula a ordem econômica e a que trata das licitações, nenhuma relação de hierarquia ou mesmo de complementariedade. [...]. Por tudo isso, entendo, para efeitos de recebimento da denúncia, que não há conflito aparente de leis no caso, a justificar a aplicação de algum dos critérios de solução *initio litis*, como fez o Magistrado de primeiro grau, e, *a fortiori*, não há que se falar em relação de causalidade ou especialidade, pois, em princípio, parecem tratar-se de crimes autônomos.

De toda a sorte, considerada como acertada a possibilidade de dupla imputação, constata-se que a resposta penal àqueles que, em colusão horizontal, violam o caráter competitivo do procedimento licitatório, viola a proporcionalidade em matéria penal, na faceta da sua proibição de proteção penal insuficiente.

Com efeito, o delito previsto no artigo 90 da Lei n. 8.666/93 é punido com pena de detenção, de 2 a 4 anos, e multa. Consequentemente, o início do cumprimento da pena privativa de liberdade não poderá ocorrer no regime fechado, mas no aberto ou, excepcionalmente, no semiaberto, a depender das condições pessoais do apenado, sendo possível falar-se, em tese, na sua substituição por penas por restritivas de direitos.

Mais disso. Ao estabelecer normatividade própria para a fixação da pena de multa, excepcionando a regra contida no artigo 49, do Código Penal, a Lei n. 8.666/93, em seu artigo 99, apresenta um subsistema que se mostra inseguro e, simultaneamente, desproporcional em relação ao dano que venha a ser causado ao erário, fixando índices que variam entre 2% a 5% do valor do contrato licitado, valor este que, pela fraude, torna-se de difícil verificação.

Dessa forma, como se não bastasse a desproporcional resposta penal oferecida pela legislação ao agente condenado pela prática do delito de fraude à licitação, percebe-se, também, a ausência de um efeito extrapenal específico que, repercutindo fora do Direito Penal, decorra da própria condenação, impedindo o agente violador da norma, a partir de fundamentada declaração na sentença condenatória, de contratar com o poder público por determinado período de tempo.

Há, pois, um indisfarçável *déficit* de boa governança na Administração Pública brasileira, sendo de todo recomendada, para fins penais, a criação de um cadastro nacional, de consulta obrigatória para todos os entes e órgãos públicos submetidos à Lei de Licitações e Contratos, contendo a relação dos condenados pela prática do crime de formação de cartel, de crimes licitatórios e contra a Administração Pública em geral, com vistas ao aperfeiçoamento da escolha da proposta mais vantajosa no certame público, tal qual já se verifica nas condenações definitivas por ato de improbidade administrativa, com a edição da Resolução n. 44/2007, do Conselho Nacional de Justiça – CNJ[164].

---

164. No ponto, Émerson Garcia ilustra que "A inexistência de um sistema nacional integrado de informações sobre os antecedentes dos ímprobos, o que em muito reduzia a efetividade

Cap. 2 • CRIMINALIDADE MACROECONÔMICA ORGANIZADA

Mas não é só. É preciso entender que o combate ao ilícito envolvendo fraudes em licitações públicas exige a participação de todos, entes públicos e também particulares, visando ao fortalecimento de um sistema mais amplo de controle e prevenção, tal como indicado no artigo 5º, inciso IV, alínea "a", da Lei n. 12.846, de 1º de agosto de 2013, a chamada "Lei Anticorrupção".

Nessa quadra, é de todo recomendável a instituição e o efetivo funcionamento, pelas empresas interessadas, de programas de *compliance* como requisito expresso nos editais de licitações públicas.

Como se sabe, o termo *compliance* origina-se do verbo inglês *to comply*, que traduz o significado de cumprir, executar, obedecer, observar, satisfazer o que lhe é imposto, melhor dizendo, o dever de cumprir, de estar em conformidade e fazer cumprir as leis[165].

E, nas palavras de Antonio Rodrigo Machado e Paulo Afonso Cavichioli Carmona,

> A obrigatoriedade estabelecida em edital de contratação para a apresentação de mecanismos de *compliance* por empresas trata-se de questão decorrente diretamente do Poder de Polícia da Administração Pública, uma vez que interfere na aplicação de mecanismos fiscalizatórios e converge ao conceito do exercício de controle mais eficiente, já que o Estado passará a contar com o exercício de fiscalização também na estrutura interna das empresas privadas, sob o argumento do atendimento de objetivos públicos[166].

Não por acaso, a recente Lei n. 13.303, de 16 de junho de 2016, denominada "Lei das Estatais", ao regulamentar o estatuto jurídico da empresa pública e sociedade de economia mista da União, Estados, Distrito Federal e Municípios, inovou ao instituir diversas regras de boa governança e *compliance*, e, dessa forma, formar um sistema interno de

---

das sanções aplicadas, foi suprida com a edição da Resolução nº 44, de 20 de novembro de 2007, do Conselho Nacional de Justiça, que instituiu o Cadastro Nacional de Condenados por Ato de Improbidade Administrativa – CNCIA, a ser gerido pelo órgão e obrigatoriamente municiado por todos os tribunais do país, com exposição permanente pela *Internet*." (GARCIA, Émerson; ALVES, Rogério Pacheco. *Improbidade administrativa*. 6. ed. Rio de Janeiro: Lumen Juris, 2011. p. 587).

165. COIMBRA, Marcelo de Aguiar; MANZI, Vanessa Alessi (Orgs.). *Manual de compliance*: preservando a boa governança e a integridade das organizações. São Paulo: Atlas, 2010. p. 2.

166. MACHADO, Antonio Rodrigo; CARMONA, Paulo Afonso Cavichioli. Compliance: instrumento de controle nas licitações públicas. A & C – *Revista de Direito Administrativo & Constitucional*, Belo Horizonte, ano 18, nº 72, abr./jun. 2018. p. 80-81.

controle com vistas à gestão de riscos, como o visto, por exemplo, em seu artigo 9º, § 1º, que prevê a criação de um verdadeiro código de conduta contendo princípios e mecanismos de combate à corrupção, e, no tocante a licitações públicas, enxergar na proposta mais vantajosa aquela que, de acordo com o seu artigo 31, dentre outros atributos, destine-se a evitar operações em que se caracterize sobrepreço ou superfaturamento.

Contudo, ao lado da instituição de mecanismos preventivos, é preciso compreender que, no plano repressivo, o enfrentamento das práticas relacionadas à macrocriminalidade econômica organizada também reclama, em conjunto com a via clássica do contraditório e da dialética, a adoção de medidas de natureza negocial, ampliando-se espaços de consenso entre acusação e defesa, de maneira a tornar o sistema de Justiça Penal mais célere, eficiente e eficaz, como será visto no Capítulo 3 deste livro.

3

NEGOCIAÇÃO PENAL COMO INSTRUMENTO DE POLÍTICA CRIMINAL PARA O ENFRENTAMENTO DA CRIMINALIDADE MACROECONÔMICA ORGANIZADA

3.1. DURAÇÃO RAZOÁVEL DO PROCESSO

Atualmente, o Brasil e o mundo inteiro vivenciam forte debate sobre a necessidade de ampliação, ou não, do consenso e das hipóteses de autocomposição para a solução das controvérsias penais.

Muito criticado por não ser suficientemente dotado de instrumentos céleres e eficazes para a prestação jurisdicional e pacificação de conflitos, ao sistema de Justiça Penal das sociedades pós-industriais, atribui-se a mácula de ser caro, lento, pouco efetivo, e descumpridor das finalidades da pena.

Nessa linha, Maximiliano Rusconi chega a apontar o Direito Penal como um dos mecanismos mais ineficientes de controle social, inclusive do ponto de vista do seu custo-benefício, com índices inusitados de violência diante de tão escassos resultados[1].

Na era pós-moderna, globalizada, massificada, *on line*, em que o físico cedeu espaço ao digital, as expectativas sociais não se coadunam com longos prazos para a solução de litígios.

Nos dias atuais, em que se ampliou o acesso à Justiça com a legitimação do Ministério Público para a tutela de interesses transindividuais, flexibilizou-se a ideia de que a via judicial é a única e necessária

---

1. RUSCONI, Maximiliano. *Las fronteras del poder penal.* Buenos Aires: Ciudad Argentina, 2005. p. 2.

via para a pacificação de conflitos, e, paulatinamente, conferiu-se maior visibilidade ao sistema judicial, a crise do sistema de Justiça Penal remete a uma crise de cultura na aplicação da lei penal ao caso concreto.

Não por acaso, Silva Sánchez acena para a existência de uma crise que transborda os limites da dogmática penal e que alcança o Direito Penal enquanto Ciência.

Nas palavras do penalista espanhol, "es ésta una crisis de identidad, en la que lo cuestionado es el próprio modelo de adoptar y su auténtica utilidad social, y también una crisis de "legitimidad epistemológica", de validez científica"[2].

Cada vez mais, a cada dia que passa, o sistema de Justiça como um todo e, em especial, o seu sistema de Justiça Penal, deixa de ser visto pela opinião pública como algo sacro, fechado e inatingível, e passa a ser identificado como uma engrenagem míope e descompassada com o mundo real.

Na análise de Carlos Adérito Teixeira,

> [...] a crise da justiça pode reconduzir-se, a um só tempo, a uma 'crise de pendências' e a uma 'crise de dependências', nos labirínticos corredores do *forum*. As respectivas causas ou o seu diagnóstico têm sido sobejamente enunciados: aumento inusitado de processos (duplicam em 6 anos!); insuficiência de meios; falta de eficiência ou baixa produtividade na prestação laboral dos operadores judiciários; uso de expedientes dilatórios; resistências à mudança por (todos os) operadores do Direito; inovação escassa, etc., etc. [...]. A crise da justiça reflecte isso tudo e acaba por se reconduzir, em sentido corrente, a uma 'crise de mentalidades' e, em sentido mais restrito, a uma 'crise de cultura judiciária'[3].

Em solo brasileiro, seguro em dados analíticos, o sociólogo José Murilo de Carvalho, ao apresentar o descompasso entre o sistema de Justiça e a vida real, assevera que

> Lentidão e ineficiência continuam sendo a marca do sistema judiciário. Um exemplo basta para demonstrar a afirmação. Em 2007, o governo federal definiu a meta de finalizar até 2012 pelo menos

---

2. SILVA SÁNCHEZ, Jesús-María. *Aproximación al Derecho Penal contemporâneo*. 2. ed. ampliada y actualizada. Montevideo: B de F, 2012. p. 5.

3. TEIXEIRA, Carlos Adérito. *Princípio da oportunidade*. Manifestações em sede processual penal e sua conformação jurídico-constitucional. Coimbra: Almedina, 2000. p. 12.

Cap. 3 • NEGOCIAÇÃO PENAL COMO INSTRUMENTO DE POLÍTICA CRIMINAL

90% dos 134.944 processos até então abertos por homicídio doloso. O resultado foi que apenas 32% deles foram concluídos. Entre esses poucos, foi oferecida denúncia em 479 casos, isto é, em 3% dos casos finalizados e 0,3% do total de casos. O Brasil soluciona anualmente entre 5% e 10% dos processos de homicídio. Os números para a França são 80%, para a Inglaterra, 90%. No caso de corrupção, excetuando-se o julgamento do mensalão, a regra ainda é a impunidade dos acusados graças aos infindáveis recursos e apelações processuais. A meta do Conselho Nacional de Justiça de 2012 para julgar, até o final de 2013, todos os processos relativos a corrupção entrados até 2011 chegou ao fim do prazo com apenas 54% dos casos nessa situação. A situação levou o próprio ministro-chefe da Controladoria Geral da União, Jorge Hage, a afirmar, referindo-se a crimes de corrupção no serviço público: 'É quase impossível hoje ver um processo condenatório chegar ao fim'[4].

De fato, a lentidão do aparato judicial coloca em xeque a paz social.

A necessária transparência que se busca conferir ao sistema de Justiça Penal traz com ela a justa cobrança por resultados socialmente adequados.

Não é razoável ter de permanecer quatro ou cinco horas em uma Delegacia de Polícia para confeccionar um simples boletim de ocorrência ou, ainda, que a Polícia Judiciária gaste anos para concluir seus inquéritos policiais, com baixíssimos índices de esclarecimento de autoria.

Dessa forma, também não é aceitável que delitos graves sejam alcançados pela prescrição da pretensão punitiva ou executória do Estado, em ações penais inertes nas prateleiras dos cartórios judiciais (ou de seus computadores), e que infindáveis mecanismos recursais possam ser legalmente manejados pelos acusados com o único propósito de procrastinar o trânsito em julgado de decisões condenatórias que lhe são desfavoráveis.

Sabe-se que a expressão *duração razoável do processo*, tradicionalmente empregada na dogmática dos direitos fundamentais, descortina a existência de um verdadeiro direito subjetivo do acusado de ver encerrado o seu processo criminal o mais rápido possível.

Em que pese não prevista na Declaração Universal dos Direitos Humanos, de 10 de dezembro de 1948, a duração razoável do processo encontra acolhida no artigo 6.1, da Convenção Europeia de Defesa

---

4.   CARVALHO, José Murilo de, op. cit., p. 242-243.

dos Direitos do Homem e das Liberdades Fundamentais, subscrita no ano de 1950, em Roma, na Itália, e previsão expressa no artigo 8.1, da Convenção Americana dos Direitos Humanos, conhecida como Pacto de San José da Costa Rica, do ano de 1969.

Conquanto a preocupação com a celeridade do processo tenha ganhado contornos de destaque nos tratados internacionais de Direitos Humanos construídos no período do pós-guerra, de há muito que a lentidão e a ineficiência da Justiça Criminal causam indesejável desconforto e buscam ser combatidas.

Nessa quadra, Daniel R. Pastor lembra que:

> La excesiva duración de los litigios constituye uno de los mayores y más viejos males de la administración de justicia. Ya en la recopilación de Justiniano se recoge una constitución em la que se toman medidas 'a fin de que los litigios no se hagan casi interminables y excedan de la duración de la vida de los hombres'. Las leyes romanas posteriores a esa contitución establecieron um plazo preciso para la duración del proceso penal, disponiendo Constantino que empezara a contarse con la litiscontestación y que fuera de un año, plazo que, precisamente el próprio Justiniano elevó a dos. En la Magna Charta Libertatum de 1215 el rey inglés se comprometía a no denegar ni retardar derecho y justicia. En el mismo siglo, Alfonso X, el sábio, mandaba, en consonância con la fuente romano-justinianea de sus Siete Partidas, que ningún juicio penal pudiera durar más de dos años[5].

No Brasil, malgrado também fosse objeto de histórica e exaustiva reivindicação à luz dos princípios da dignidade da pessoa humana e do contraditório, o denominado *princípio da celeridade*, que reflete a necessidade de que o processo, seja ele judicial ou administrativo, tenha razoável prazo de duração, somente foi expressamente introduzido em nosso ordenamento jurídico por meio da Emenda Constitucional n. 45/2004, que conferiu nova roupagem ao artigo 5º, inciso LXXVIII, da Constituição Federal de 1988[6].

---

5. PASTOR, Daniel R. *El prazo razonable en el proceso del Estado de Derecho*: una investigación acerca del problema de la excesiva duración del proceso penal y sus posibles soluciones. Buenos Aires: Ad Hoc, 2002. p. 49.

6. Artigo 5º, LXXVIII – a todos, no âmbito judicial e administrativo, são assegurados a razoável duração do processo e os meios que garantam a celeridade de sua tramitação.

Cap. 3 • NEGOCIAÇÃO PENAL COMO INSTRUMENTO DE POLÍTICA CRIMINAL

Portanto, o processo penal não pode ser um fim em si, e a marcha processual deve ter limites que, à evidência, não podem ser exigidos e impostos apenas nas hipóteses de réus presos.

De acordo com Luis Gustavo Grandinetti Castanho de Carvalho:

> Os réus soltos também têm o direito de não ficarem vinculados indefinidamente a um processo criminal. Para o réu preso, a consequência imediata da extrapolação de prazos é a ilegalidade da prisão e a sua soltura, mas para o réu solto não há qualquer consequência para a indefinição do processo[7].

Ocorre que, se a busca pela duração razoável do processo passa necessariamente pela simplificação de procedimentos e pelo incremento da oralidade no processo penal, com os corolários da identidade física do juiz, imediação, concentração e irrecorribilidade das interlocutórias, força é convir que, para que seja efetivamente exercitada, neles não se esgota.

É equivocado acreditar que o incremento da oralidade no processo penal, por si, resolverá por completo o antigo problema da lentidão da Justiça Criminal no Brasil e no mundo.

É preciso lembrar que o processo penal manejado por um Estado Democrático de Direito requer tempo.

Requer, pois, que, no curso da relação processual, seja assegurado ao acusado o tempo necessário para que seus direitos e garantias sejam respeitados, assegurados e efetivamente exercitados, e isso é inegável.

Todavia, falar em tempo necessário importa estabelecer limites. A ilimitada duração do processo, notadamente do processo penal, mesmo nas hipóteses de réu solto, não afeta apenas as partes nele envolvidas. Ao lado de indevidas prescrições, afeta, também, as expectativas sociais e a crença na resolução de conflitos pelo Poder Judiciário, verdadeira face oculta do princípio da celeridade que, em regra, acaba sendo sumariamente ignorada.

Como já adiantado, flagrantemente influenciados pelo sistema legal da *Common Law* anglo-saxão, vários ordenamentos jurídicos mundo afora têm incorporado, em seus sistemas da *Civil Law*, medidas voltadas à simplificação e rapidez da prestação da tutela jurisdicional,

---

7.   CARVALHO, Luis Gustavo Grandinetti Castanho de. *Processo penal e Constituição*: princípios constitucionais do processo penal. 6. ed. São Paulo: Saraiva, 2014. p. 253.

com especial destaque para a ampliação dos horizontes de consenso entre acusação e defesa na esfera penal.

Não obstante, sabe-se que a aplicação de uma Justiça Penal consensual entre acusação e defesa não é da tradição do sistema penal e processual penal praticado pelos ordenamentos jurídicos da *Civil Law*.

Aliás, na lição de Andréia Costa Vieira, o sistema da *Civil Law*, também denominado sistema romano-germânico,

> [...] refere-se ao sistema legal adotado pelos países da Europa Continental (com exceção dos países escandinavos) e por, praticamente, todos os outros países que sofreram um processo de colonização, ou alguma outra grande influência deles – como os países da América Latina. O que todos esses países têm em comum é a influência do Direito Romano, na elaboração de seus códigos, constituições e leis esparsas. É claro que cada qual recebeu grande influência também do direito local, mas é sabido que, em grande parte desses países, principalmente os que são ex-colônias, o direito local cedeu passagem, quase que integralmente, aos princípios do Direito Romano[8].

Nos sistemas da *Civil Law*, a lei é tida como a principal fonte do Direito, e a codificação como seu instrumento de sistematização das normas.

Em solo brasileiro, operando suas bases sobre o dogma da obrigatoriedade da ação penal pública, o sistema de Justiça Penal, de cariz romano- germânica, sempre prestigiou a ideia de que o Estado deve perseguir toda e qualquer infração penal.

Entretanto, como anota Scarance Fernandes,

> Percebeu-se, principalmente pelos estudos de criminologia, que não tem ele condições de, com eficácia, dar vazão à intensa demanda da criminalidade, sendo assim utópica a idéia [sic] de que possa perseguir todos os infratores e puni-los adequadamente. Cresceram, por consequência, os movimentos tendentes a estimular aberturas na rigidez do princípio da indisponibilidade, o que se manifestou por duas vias alternativas: o avanço para o princípio da oportunidade

---

8. VIEIRA, Andréia Costa. *Civil Law* e *Common Law*: os dois grandes sistemas legais comparados. Porto Alegre: Sergio Antonio Fabris Editor, 2007. p. 270.

Cap. 3 • NEGOCIAÇÃO PENAL COMO INSTRUMENTO DE POLÍTICA CRIMINAL

ou alterações procedimentais que permitissem evitar o processo, suspendê-lo ou encerrá-lo antecipadamente[9].

Pois bem, a paulatina aceitação da via consensual em matéria penal fomentou o escalonamento das infrações penais de acordo com a sua gravidade objetiva, distinguindo-se os delitos graves dos delitos médios e leves.

Não por acaso, sentindo os influxos desse novo modelo de aplicação da lei penal, o legislador constituinte originário previu, no artigo 98, inciso I, da Constituição Federal de 1988, a criação dos Juizados Especiais Criminais, competentes para o julgamento das infrações penais de menor potencial ofensivo e orientados, dentre outros vetores, pela mitigação da obrigatoriedade da ação penal pública por meio do instituto da transação penal.

No plano infraconstitucional, os Juizados Especiais Criminais surgiram com o advento da Lei n. 9.099, de 26 de setembro de 1995, que tiveram sua competência ampliada pela Lei n. 10.259, de 12 de julho de 2001, passando-se a considerar infração penal de menor potencial ofensivo, em conjunto com as contravenções penais, os crimes a que a lei comine pena máxima não superior a dois anos, ou multa.

Ao lado da mitigação ao princípio da obrigatoriedade da ação penal, a Lei n. 9.099/95, instituindo a possibilidade da suspensão condicional do processo em seu artigo 89, caput, também mitigou o princípio da indisponibilidade da ação penal pública, permitindo o sobrestamento da marcha processual nas hipóteses de infrações penais punidas com pena mínima não superior a um ano, desde que cumpridas determinadas condições e preenchidos os requisitos de ordem subjetiva.

Para Válter Kenji Ishida, a suspensão condicional do processo tem por base o princípio da oportunidade, e seu grande objetivo é evitar a estigmatização originária da sentença condenatória e aquela derivada do próprio processo penal[10].

Dessa forma, a partir da criação dos Juizados Especiais Criminais, subdividiu-se o sistema penal brasileiro em dois subsistemas, a saber: (i) *subsistema clássico*, adversarial, conflituoso, dedicado às infrações penais de grande potencial ofensivo e voltado à aplicação da pena privativa de

---

9. SCARANCE FERNANDES, Antonio. *Processo penal constitucional*. 3. ed. São Paulo: RT, 2002. p. 202.

10. ISHIDA, Válter Kenji. *A suspensão condicional do processo*. São Paulo: Saraiva, 2003. p. 29.

liberdade, e (ii) *subsistema consensual*, dedicado às infrações penais de menor ou médio potencial ofensivo e voltado à não aplicação da pena privativa de liberdade, com a instituição de medidas despenalizadoras – a composição civil, a transação penal, e a suspensão condicional do processo.

Ocorre que, dentro deste subsistema consensual de Justiça Penal, há mais de um modelo de aplicação da lei penal.

Dentro do amplo espaço de consenso, há múltiplas formas de resolução de conflitos de natureza penal.

Consenso não se restringe à transação penal entre acusação e acusado, tal como preconizado na Lei dos Juizados Especiais Criminais.

Nessa ordem de valores, Luiz Flávio Gomes distingue os seguintes modelos possíveis de Justiça Penal consensual:

> i) modelo reparador, que ocorre por meio da conciliação (aqui a reparação dos danos é objetivo principal, sendo a reparação uma terceira via dentro do Direito penal, consoante Roxin); ii) modelo pacificador ou restaurativo, que acontece por meio da mediação (Justiça restaurativa, que visa à pacificação interpessoal e social do conflito, à reparação dos danos à vítima, à satisfação das expectativas de paz social da comunidade etc.); iii) modelo da Justiça criminal negociada (que tem por base a confissão do delito, assunção de culpabilidade, acordo sobre a quantidade da pena, incluindo a prisional, perda de bens, reparação dos danos, forma de execução da pena etc., ou seja, o *plea bargaining*); e iv) modelo da Justiça colaborativa: o consenso aqui visa à obtenção da colaboração do acusado com a Justiça: várias leis no Brasil preveem a possibilidade de colaboração premiada, destacando-se, dentre elas, a Lei do Crime Organizado, Lei de Lavagem de Capitais etc[11].

Dessa forma, não é equivocado distinguir Justiça Penal consensual de Justiça Penal negociada.

Enquanto, na justiça consensual, as partes dispõem de pouquíssima margem de discussão e conformação da resolução do conflito, o modelo negocial confere maior autonomia à acusação e defesa para a formulação da resposta penal ao caso concreto.

---

11. MOLINA, Antonio García-Pablos de; GOMES, Luiz Flávio. *Direito penal*: fundamentos e limites do Direito Penal. 3. ed. São Paulo: RT, 2012. p. 44.

Na assertiva de Flávio da Silva Andrade

> Se há uma linha distintiva entre justiça consensual e negociada, é que naquela existem limites bem definidos para a atuação das partes, devendo o consenso ser construído dentro de uma margem já definida pelo legislador, sem tanto espaço para discussão; já na justiça negociada as partes têm mais autonomia na formulação das propostas e na definição de seu conteúdo, ou seja, agem com maior discricionariedade na busca de um acordo que encerre o caso[12].

Conforme já adiantado, outrora destinado às condutas objetivamente menos lesivas ao corpo social, a preocupação com a celeridade do processo e com a eficiência do sistema de Justiça Penal tem motivado vários ordenamentos jurídicos a – numa clara influência do sistema penal estadunidense, plural e marcadamente edificado com base em fontes heterogêneas, em que cerca de 90% das causas são resolvidas previamente à instauração da relação processual por meio de uma negociação entre acusação e defesa – adotarem medidas tendentes à ampliação deste modelo negocial de Justiça Penal para além das infrações de menor e médio potencial ofensivo, consequentemente, também para delitos de grande danosidade social[13].

Nessa linha, já se disse que ocorre uma marcha triunfal do processo penal norte-americano pelo mundo[14].

Contudo, se é certo que o modelo de Justiça Penal negociada é uma espécie do gênero Justiça Penal consensual, um ponto deve ser desde logo aclarado: a negociação penal não se esgota no *plea bargaining system* estadunidense.

De acordo com Pedro Soares de Albergaria, mesmo no sistema legal da *Common Law*, há diversas hipóteses que contemplam aquilo que ele denomina *poliédrico fenômeno da justiça negociada*, algumas delas mais antigas do que o próprio *plea bargaining*, como o *approvement*, por meio do qual as autoridades negociam com o arguido a sua impunidade em

---

12. ANDRADE, Flávio da Silva. *Justiça penal consensual*: controvérsias e desafios. 1. ed. Salvador: Juspodivm, 2019. p. 58.

13. RODRÍGUEZ GARCÍA, Nicolás. *La justicia penal negociada*. Experiencias de derecho comparado. Salamanca: Universidad de Salamanca, 1997. p. 23.

14. ALBERGARIA, Pedro Soares de. *Plea bargaining*: aproximação à justiça negocial nos E.U.A. Coimbra: Almedina, 2007. p. 13.

troca do testemunho contra um corréu, e a *compounding*, caso em que o titular da ação penal privada renuncia à perseguição penal em troca de uma soma em dinheiro[15].

De toda a forma, mais do que uma simples tendência, a ampliação do espectro consensual nos sistemas penais ocidentais, notadamente com a aplicação de uma sentença penal negociada entre as partes, parece ser um caminho sem volta, uma medida de Política Criminal que busca, via concessões mútuas, a aplicação da lei penal não apenas para a criminalidade comum e de menor gravidade, mas também, para a macrocriminalidade econômica organizada, marcada pela dificuldade de obtenção da prova, imputação e individualização de responsabilidades penais.

Apresentadas essas premissas, de acordo com Rodrigo da Silva Brandalise, pode-se conceituar a negociação da sentença penal como

> [...] um acordo entre a acusação e a defesa, mesmo que ausente a participação judicial para seu resultado final, em que há concessões recíprocas, com o objetivo de buscar-se a declaração de culpa do acusado (conhecida pelos americanos como *guilty plea*) ou a declaração de que não haverá a contestação da acusação (conhecida pelos americanos como *plea of nolo contendere*)[16].

Percebe-se, pois, que, ao lado dos tradicionais meios de solução de controvérsias penais, vale dizer, da autodefesa e do processo, a negociação penal surge como uma terceira via, e não como um instrumento de eliminação das demais[17].

Todavia, cabe perguntar: como conciliar, diante de práticas criminosas altamente lesivas ao corpo social e, simultaneamente, de difícil comprovação pelo órgão acusatório, respostas penais céleres e que atendam, de uma só vez, a pretensão penal acusatória do Estado e os direitos subjetivos da pessoa acusada? Como ganhar celeridade sem perder o próprio Direito? Qual é o limite de disposição para o órgão acusador? Como materializar a negociação penal sem que se viole a proibição da proteção penal insuficiente? Como conjugar acordos extrapenais, como o acordo de leniência previsto na Lei Anticorrupção e na Lei de Defesa

---

15. ALBERGARIA, op. cit., p. 17-18.

16. BRANDALISE, Rodrigo da Silva. *Justiça penal negociada*: negociação de sentença criminal e princípios processuais relevantes. Curitiba: Juruá, 2016. p. 27.

17. ALCALÁ-ZAMORA Y CASTILLO, op. cit., p. 12 e ss.

Cap. 3 • NEGOCIAÇÃO PENAL COMO INSTRUMENTO DE POLÍTICA CRIMINAL

da Concorrência, e até o eventual acordo em ação civil pública que busque o reconhecimento de ato de improbidade administrativa, na aplicação da lei penal para a criminalidade macroeconômica organizada?

O desafio é grande e reclama, antes de tudo, equilíbrio.

Cuidando-se da criminalidade macroeconômica organizada, a reparação do dano (difuso), malgrado de indiscutível e fundamental importância, não pode ser o único objeto da negociação penal, ou seja, seu único fim.

Para que não seja desacreditada, a negociação da sentença penal condenatória como instrumento de Política Criminal para o enfrentamento da criminalidade macroeconômica organizada deve estimular a redução de conflitos e, também, fortalecer a prevenção geral (positiva e negativa) como finalidade da pena.

Assim, as respostas a estes questionamentos passam em revista, antes de mais nada, a legitimação constitucional desta forma de aplicação de Justiça Penal no Brasil e a necessidade, para o escorreito enfrentamento dos delitos econômicos praticados por organizações criminosas, do manejo de seguros espaços de negociação entre o Estado-acusação e a Defesa, a partir da evolução dos tradicionais modelos inquisitorial e acusatório já conhecidos, respeitando-se os princípios constitucionais penais e processuais penais que regulam a matéria.

3.2. SISTEMAS PROCESSUAIS PENAIS: PROCESSO PENAL INQUISITIVO E ACUSATÓRIO

Como se sabe, por força da natureza predominantemente privada das relações intersubjetivas que se estabelecem na seara processual civil, o processo civil é regulado, dentre outros, pelo princípio dispositivo, caracterizado pelo poder de disposição da parte sobre o direito material (*ne procedat judex ex officio*) e sobre a própria pretensão de ver aplicada a lei ao caso concreto.

Todavia, mesmo no processo civil, o princípio dispositivo, de longa tradição privatista, atualmente convive com a tendência de se reforçar os poderes do juiz, conferindo-se relativo curso aos seus fundamentos.

Atualmente, na visão de Cândido Rangel Dinamarco,

> Não há oposição, contraste ou conflito entre a *disponibilidade da tutela jurisdicional*, que repudia a instauração de processos de ofício pelo juiz, e o *princípio inquisitivo*, responsável pela efetividade

do próprio poder jurisdicional estatal a ser exercido sempre que provocado[18].

Dessa forma, na seara processual civil, os conflitos de interesses se revolvem, ordinariamente, pela subordinação das partes às ordens abstratas das leis que os regulam, podendo-se falar, aqui, na visão Carneluttiana de lide, ou seja, no conflito de interesses qualificado por uma pretensão resistida[19].

Disso resulta que, nessa quadra de regulação, o "objeto do processo é a vontade concreta da lei, cuja afirmação e atuação se reclamam, tal qual o próprio poder de reclamar-lhe a atuação, isto é, a ação"[20].

Já no processo penal, não é exatamente isso que ocorre.

Malgrado o objeto do processo penal seja a pretensão condenatória, com a indiscutível conformação de espaços de conflito entre acusação e defesa, numa clara oposição dialética entre as partes, não se há de falar em lide penal, nos moldes Carneluttianos.

De início, impende ressaltar que o interesse do Ministério Público, na condição de titular da ação penal pública, legitimado que está pelo artigo 129, inciso I, da Constituição Federal de 1988, nem sempre será a punição do acusado, sendo de todo recomendado que pleiteie, quando não comprovadas a autoria e a materialidade delitivas, a sua absolvição.

Com efeito, mesmo no processo penal, a *imparcialidade* é princípio orientador da atuação do Ministério Público e de seus membros.

Na lição de Wallace Paiva Martins Junior,

> A imparcialidade é princípio elementar ao Ministério Público e a seus membros, resultante que é da autonomia institucional e da independência funcional somada às garantias (vitaliciedade, inamovibilidade e irredutibilidade de subsídio) e vedações (atividade político-partidária e do exercício da função etc.) de seus membros, tendo como núcleo o conceito de que 'o Ministério Público não é órgão de acusação, mas órgão legitimado para a acusação'. Impositiva é a sua atuação em prol da ordem jurídica como órgão agente ou interveniente,

---

18. DINAMARCO, Cândido Rangel. *Instituições de Direito Processual Civil*. 9. ed. São Paulo: Malheiros, 2017. v. 1. p. 363.

19. SANTOS, Moacyr Amaral. *Primeiras linhas de Direito Processual Civil*. Vol. 1. 20. ed. São Paulo: Saraiva, 1998. p. 9.

20. CHIOVENDA, Giuseppe. *Instituições de Direito Processual Civil*. 3. ed. São Paulo: Saraiva, 1969. v. 1. p. 50.

desvinculado de preferências, preconceitos ou critérios de ordem subjetiva e insubordinado às ordens ou predileções dos governantes[21].

Além de tudo, o conflito existente entre o *ius puniendi* e o *ius libertatis* do indivíduo não pode ser entendido da forma que se concebem os conflitos privados, que, como já adiantado acima, são regidos, em regra, pela disponibilidade.

Aury Lopes Jr. acena que o processo penal é orientado pelo princípio da necessidade; trata-se de um caminho necessário para se chegar a uma pena. Para o processualista, não pode haver pena sem sentença, pela simples e voluntária submissão do réu[22].

Por tais razões, é inexorável que, no processo penal, sempre exista contraditório.

Todavia, nem sempre foi assim.

A história dos sistemas processuais penais ocidentais, desde a

Antiguidade até os dias atuais, desvenda um movimento contínuo de superação e aprimoramento de dois modelos de Justiça Penal: o *sistema inquisitivo* e o *sistema acusatório*.

Na Antiguidade, na Grécia dos séculos VI a IV a.C., o processo penal correspondia ao modelo acusatório puro, na medida em que qualquer cidadão, numa verdadeira acusação popular, podia deduzir a sua pretensão acusatória perante a autoridade competente[23].

Cuidava-se de um processo penal eminentemente privado, cabendo ao próprio cidadão sustentar sua acusação, e ao acusado deduzir sua defesa, sem a intervenção ou controle de órgãos públicos oficiais no proceder das partes.

Consequentemente, o processo penal na Grécia antiga era regido pelo princípio dispositivo, havendo absoluta vinculação do órgão julgador, este sim oficial, ao alegado pelas partes.

Já na Roma antiga, verifica-se que as transformações políticas operadas em seu sistema organizacional – Monarquia, República e Império – impactaram diretamente em seu modelo de Justiça Penal.

---

21. MARTINS JUNIOR, Wallace Paiva. *Ministério Público*: a Constituição e as leis orgânicas. São Paulo: Atlas, 2015. p. 38.

22. LOPES JR., Aury. *Direito Processual Penal*. 11. ed. São Paulo: Saraiva, 2014. p. 125-126.

23. AMBOS, Kai; LIMA, Marcellus Polastri. *O processo acusatório e a vedação probatória*: perante as realidades alemã e brasileira. Porto Alegre: Livraria do Advogado, 2009. p. 10.

O antigo Direito Penal romano, que remonta à fundação da República, no ano de 510 a.c., distinguia os delitos capitais (*percidium* e *perduellio*) dos demais delitos, ditos ordinários.

Para os delitos capitais, diante do interesse público na persecução, promovia-se um processo de instrução oficial, denominada *inquisitio*, que era levado a efeito pelo *questor*, um funcionário nomeado pelo cônsul para o caso concreto.

Já para os delitos ordinários, a acusação era privada (*accusatio*), formulada por um cidadão, a ser apreciada e julgada por uma assembleia popular (*iudicium populum*)[24].

Posteriormente, durante a fase do Império romano, que compreende o período do ano de 27 a.C. até a Idade Média, passaram a coexistir a acusação privada (*accusatio*) e a pública (*cognitio extra ordinem*).

Todavia, a faculdade conferida a muitas pessoas para perseguir criminalmente o agente violador da lei penal trouxe consigo o extraordinário crescimento de acusações infundadas, motivadas unicamente pelo sentimento de vingança privada, e provocou uma nova mudança paradigmática no sistema penal daquela época.

Em rico escorço histórico, Julio B. J. Maier ilustra que

> El golpe de gracia para un sistema de injuiciamiento y persecución penal como la *accusatio*, tan puro teoricamente y consecuente con las ideas políticas de las que partía, lo asestó la aparición de funcionarios oficiales encargados de velar por la seguridad pública y, por tanto, de perseguir penalmente los hechos punibles que caían bajo su conocimiento. Nació el sistema de persecución penal pública que llega hasta nuestros días, después de haber sido receptado como pilar fundamental de la Inquisición[25].

Mais adiante, com a queda do Império Romano e a invasão dos povos germânicos no século V, tem início a Idade Média e o cristianismo se consolida como doutrina hegemônica.

Nesse período histórico, as pessoas passam a se agrupar em feudos, de maneira descentralizada e pulverizada sob múltiplas formas de governo.

---

24. AMBOS; LIMA, op. cit., p. 11-12.

25. MAIER, Julio B. J. *Derecho Procesal Penal*: fundamentos. 2. ed. Buenos Aires: Editores Del Puerto, 2004. p. 286.

Cap. 3 • NEGOCIAÇÃO PENAL COMO INSTRUMENTO DE POLÍTICA CRIMINAL

Na ilustração do historiador Hilário Franco Júnior, com a decadência do Império romano,

> Nesse mundo em transformação, a penetração germânica intensificou as tendências estruturais anteriores, mas sem alterá-las. Foi o caso da pluralidade política substituindo a unidade romana, da concepção de obrigações recíprocas entre chefe e guerreiros, do deslocamento para o norte do eixo de gravidade do Ocidente, que perdia seu caráter mediterrânico. O cristianismo, por sua vez, foi o elemento que possibilitou a articulação entre romanos e germanos, o elemento que ao fazer a síntese daquelas duas sociedades forjou a unidade espiritual, essencial para a civilização medieval[26].

Com isso, de maneira progressiva, as relações públicas entre indivíduo e Estado diminuem sensivelmente e o feudalismo reparte a Europa Ocidental em diversos senhorios autônomos, dirigidos por nobres com seus próprios exércitos, numa clara conformação social de ordens e estamentos.

O Direito manejado no período medieval, sentindo os influxos feudais, revela-se como um Direito consuetudinário, criado mediante costumes e restrito às relações dos senhores com seus respectivos vassalos.

Durante a denominada Alta Idade Média (séculos V a XI), constata-se um verdadeiro imbricamento entre o Direito Germânico e o Direito Romano, sendo que cada grupo era regido por suas próprias regras, não sendo possível distinguir, *prima facie*, causas cíveis de criminais[27].

Mais adiante, durante a Baixa Idade Média (séculos XII e XIII), verifica- se o fortalecimento do poder da Igreja e da Inquisição na organização do poder político daquele período.

Com o Papa Inocêncio III (1161-1216) inaugura-se, no Direito Canônico do século XIII, o denominado processo inquisitivo *stricto sensu*, distinguindo-se do processo canônico anterior na medida em que, deixando de exigir a "queixa de um particular", contenta-se, agora, com uma delação ou rumor publicamente divulgado de má fama para

---

26. FRANCO JÚNIOR, Hilário. *A Idade Média*: nascimento do ocidente. 2. ed. São Paulo: Brasiliense, 2001. p. 15-16.

27. ANDRADE, Roberta Lofrano. *Processo penal e sistema acusatório*. Rio de Janeiro: Lumen Juris, 2015. p. 18.

que tenha início uma atuação oficial persecutória com vistas à busca da verdade material[28].

Nesse período, o recurso à tortura para se obter a confissão contra atos de bruxaria, devidamente autorizada pela Bula do Papa Inocêncio IV, em 1252, desponta como método indispensável para a recondução do herege à verdadeira fé.

A expansão da jurisdição eclesiástica vivida nesse período inegavelmente refletiu sobre o exercício da jurisdição penal que, até então, se encontrava repartida em pequenas circunscrições feudais, de maneira desordenada e desprovida de segurança jurídica.

As transformações sociais sentidas neste momento, sobretudo a urbanização e o crescimento da criminalidade de massa, colocaram em xeque o processo penal acusatório privado, que se tornou incapaz de fazer frente à nova realidade da época.

Consequentemente, substituiu-se o processo acusatório pelo processo inquisitório, e a solução de conflitos assumiu caráter predominantemente público, apoiado na busca da verdade material, a partir da racionalidade dos meios de prova.

Nesse período, a confissão do acusado desponta como o principal meio de prova: *confessio est regina probationum*. E a tortura, por sua vez, como a cardeal forma de obtenção dessa prova.

Na visão de Maier,

> Es claro que, con la introducción de la *tortura*, de la aplicación del tormento como método ordinario para conocer la verdad, la situación del imputado varió por completo. Esta meta absoluta de la persecución penal – averiguar la verdad – no reparo en razones humanitarias o atinentes a la dignidad humana, ni las entendió, por lo que el papel del acusado se transformó: de sujeto procesal se convirtió en objeto de investigación y órgano de prueba[29].

Introduziu-se, nesse período, um verdadeiro sistema de valorização legal da prova com vistas à limitação do poder do julgador e à fixação abstrata de exigências legais para a condenação do indivíduo.

Por conseguinte, não era possível se falar em livre convencimento do julgador, mas apenas na verificação das condições legais exigidas para a condenação do acusado.

---

28. AMBOS; LIMA, op. cit., p. 17-18.

29. MAIER, op. cit., p. 297.

Cap. 3 • NEGOCIAÇÃO PENAL COMO INSTRUMENTO DE POLÍTICA CRIMINAL

É curioso notar que, dado o caráter público imprimido à Justiça Penal durante o período da Inquisição, com a instituição de um sistema próprio, oficial e hierarquizado de julgadores em substituição às Assembleias Populares da Antiguidade Clássica, a apelação das decisões, pelo vencido, tornou-se uma realidade.

Todavia, o fortalecimento do sistema recursal não se deu como expressão pura de garantia do cidadão contra eventuais decisões arbitrárias ou infundadas, mas como forma de se reafirmar a validade política do próprio sistema, com a previsão de instâncias superiores passíveis de serem percorridas.

Os séculos XVI e XVII marcam o apogeu da Inquisição.

Mais adiante, o século XVIII inaugura um movimento de renovação intelectual e cultural contrário aos dogmas instituídos pelo *ancien régime* do qual seu modelo de aplicação de Justiça Penal não passou ileso.

Surgem as primeiras vozes de peso contra o emprego da tortura e do sofrimento humano para a obtenção da prova.

Expoente do movimento humanista ao lado de Montesquieu e Voltaire, Cesare Bonesana, em seu *Dos delitos e das penas*, ao discorrer sobre a tortura, chega a dizer que

> É uma barbárie consagrada pelo uso na maioria dos governos aplicar a tortura a um acusado enquanto se faz o processo, quer para arrancar dele a confissão do crime, que para esclarecer as contradições em que caiu, quer para descobrir os cúmplices ou outros crimes de que não é acusado, mas dos quais poderia ser culpado, quer enfim porque sofistas incompreensíveis pretenderam que a tortura purgava a infâmia[30].

Na França, sentindo os influxos do movimento humanista, o rei Luís XVI, antes de sua derrocada, reconhece a necessidade de reforma das leis penais e processuais vigentes.

Assim, já no período da Ilustração, credita-se ao *Code d'instruction criminelle*, de 1808, a pedra fundamental da reforma penal que se seguiu em toda a Europa continental[31].

Dessa forma, o *Code d'instruction criminelle*, de 1808, é o texto legal que, partindo de um sistema de organização judicial, estrutura o

---

30. BONESANA, Cesare. *Dos delitos e das penas*. Tradução Paulo M. Oliveira. 13. ed. Rio de Janeiro: Ediouro, 1999. p. 46-47.

31. MAIER, op. cit., p. 350.

Ministério Público e lhe confere o monopólio exclusivo da persecução penal, conferindo-lhe titularidade para promover e sustentar a ação penal pública.

O sistema acusatório, superando o inquisitivo, promove a devida separação entre quem acusa e quem julga, e confere ao Ministério Público o necessário controle sobre a persecução penal.

De acordo com Marcelo Batlouni Mendroni, o surgimento do Ministério Público para formar parte no sistema acusatório apresenta uma dupla justificativa: garantir a efetividade da *persecutio criminis* e buscar a imparcialidade do órgão julgador, inexistente no sistema inquisitivo[32].

Para Winfried Hassemer

> La superación del procedimento inquisitivo en el actual proceso penal constituye uma piedra angular en el desarrollo hacia el estado de derecho. El juez inquisidor reunía en sus manos prácticamente todas las funciones del estado penante y se encontraba ampliamente a cubierto de controles y correcciones[33].

Assim, sob as luzes do sistema acusatório, suprime-se a valoração legal dos meios de prova e consolida-se o moderno critério do livre convencimento do órgão julgador.

3.2.1. Processo penal acusatório na atualidade

Viu-se no subitem anterior que o modelo de Estado adotado em um determinado período histórico reflete seu sistema de aplicação de Justiça Penal.

Como lembra Maier

> No se debe olvidar que el Derecho penal cumple también el papel de estabilizador y garante de la organización política y de los valores básicos que esa organización engendra, para resguardar la convivencia pacífica bajo determinada ideología[34].

---

32. MENDRONI, Marcelo Batlouni. *Curso de investigação criminal*. São Paulo: Juarez de Oliveira, 2002. p. 11.

33. HASSEMER, Winfried. *Crítica al derecho penal de hoy*: norma, interpratación, procedimento. Límites de la prisión preventiva. Traducción de Patricia S. Ziffer. Buenos Aires: Ad-Hoc, 2003. p. 91.

34. MAIER, op. cit., p. 260.

Cap. 3 • NEGOCIAÇÃO PENAL COMO INSTRUMENTO DE POLÍTICA CRIMINAL

Resta claro que o sistema inquisitório não se coaduna com modelos democráticos.

Conferindo ao Ministério Público, no artigo 129, inciso I, da Constituição Federal de 1988, a legitimidade exclusiva para a propositura da ação penal pública, e assegurando ao acusado, dentre outros direitos, o contraditório e a ampla defesa, o ordenamento jurídico brasileiro adotou claramente o sistema acusatório, um processo penal de partes, com clara separação entre as funções de acusar, defender e julgar.

Consequentemente, o órgão julgador também deve permanecer distante das atividades de investigação pré-processuais, delas participando, apenas, quando for necessário apreciar medidas que resvalem na chamada "reserva de jurisdição", ou seja, medidas investigatórias restritivas aos direitos e à liberdade da pessoa investigada[35].

Não por acaso, a Lei n. 12.850, de 2 de agosto de 2013, que define organização criminosa, ao tratar da investigação e dos meios de obtenção de prova, afirma expressamente, em seu artigo 4º, § 6º, que, em sede de colaboração premiada, o juiz não participará das negociações realizadas entre as partes para a formalização do acordo, ficando restrito ao papel de fiscal da legalidade e voluntariedade do negócio.

Essa, inclusive, é a orientação sistêmica reconhecida pelo Supremo Tribunal Federal (Pleno) que, nos autos do *Habeas Corpus* n. 127.483-PR, relator o ministro Dias Toffoli, tratando dos limites estabelecidos pela novel legislação para a homologação do acordo, reafirmou que não compete ao Poder Judiciário, nesse momento, apreciar aspectos relacionados à conveniência ou à oportunidade do ajuste celebrado ou as condições nele estabelecidas[36].

---

35. LEMOS JÚNIOR, Arthur Pinto de. Peculiaridades sobre a investigação em competência originária: os crimes praticados por prefeitos. In: TURESSI, Flávio Eduardo (Org.). *Crimes praticados por prefeitos*. 1. ed. São Paulo: LiberArs, 2017. p. 14.

36. EMENTA: *Habeas corpus*. Impetração contra ato de Ministro do Supremo Tribunal Federal. Conhecimento. Empate na votação. Prevalência da decisão mais favorável ao paciente (art. 146, parágrafo único, do Regimento Interno do Supremo Tribunal Federal). Inteligência do art. 102, I, i, da Constituição Federal. Mérito. Acordo de colaboração premiada. Homologação judicial (art. 4º, § 7º, da Lei nº 12.850/13). Competência do relator (art. 21, I e II, do Regimento Interno do Supremo Tribunal Federal). Decisão que, no exercício de atividade de delibação, se limita a aferir a regularidade, a voluntariedade e a legalidade do acordo. Ausência de emissão de qualquer juízo de valor sobre as declarações do colaborador. Negócio jurídico processual personalíssimo. Impugnação por coautores ou partícipes do colaborador. Inadmissibilidade. Possibilidade de, em juízo, os partícipes ou os coautores confrontarem as declarações do colaborador e de impugnarem, a qualquer tempo, medidas restritivas de direitos fundamentais adotadas em seu desfavor. Personalidade do colaborador. Pretendida

E nem poderia ser diferente.

A adoção do princípio acusatório em nosso ordenamento jurídico já havia sido reconhecida pelo próprio Supremo Tribunal Federal em diversos outros julgados, com especial destaque para o quanto decidido pela Corte (Pleno) nos autos da Ação Direta de Inconstitucionalidade n. 5.104, relator o ministro Roberto Barroso, que, forte neste postulado, deferiu medida cautelar para suspender a eficácia do artigo 8º da Resolução n. 23.396, de 17 de dezembro de 2013, do Tribunal Superior Eleitoral, que, ao condicionar a instauração de inquérito policial eleitoral a uma autorização judicial, instituía modalidade peculiar de controle judicial prévio sobre investigações de natureza criminal[37].

---

valoração como requisito de validade do acordo de colaboração. Descabimento. Vetor a ser considerado no estabelecimento das cláusulas do acordo de colaboração – notadamente na escolha da sanção premial a que fará jus o colaborador –, bem como no momento da aplicação dessa sanção pelo juiz na sentença (art. 4º, § 11, da Lei nº 12.850/13). Descumprimento de anterior acordo de colaboração. Irrelevância. Inadimplemento que se restringiu ao negócio jurídico pretérito, sem o condão de contaminar, a priori, futuros acordos de mesma natureza. Confisco. Disposição, no acordo de colaboração, sobre os efeitos extrapenais de natureza patrimonial da condenação. Admissibilidade. Interpretação do art. 26.1 da Convenção das Nações Unidas contra o Crime Organizado Transnacional (Convenção de Palermo), e do art. 37.2 da Convenção das Nações Unidas Contra a Corrupção (Convenção de Mérida). Sanção premial. Direito subjetivo do colaborador caso sua colaboração seja efetiva e produza os resultados almejados. Incidência dos princípios da segurança jurídica e da proteção da confiança. Precedente. Habeas corpus do qual se conhece. Ordem denegada. [...].4. A colaboração premiada é um negócio jurídico processual, uma vez que, além de ser qualificada expressamente pela lei como 'meio de obtenção de prova', seu objeto é a cooperação do imputado para a investigação e para o processo criminal, atividade de natureza processual, ainda que se agregue a esse negócio jurídico o efeito substancial (de direito material) concernente à sanção premial a ser atribuída a essa colaboração. 5. A homologação judicial do acordo de colaboração, por consistir em exercício de atividade de delibação, limita-se a aferir a regularidade, a voluntariedade e a legalidade do acordo, não havendo qualquer juízo de valor a respeito das declarações do colaborador. 6. Por se tratar de negócio jurídico personalíssimo, o acordo de colaboração premiada não pode ser impugnado por coautores ou partícipes do colaborador na organização criminosa e nas infrações penais por ela praticadas, ainda que venham a ser expressamente nominados no respectivo instrumento no 'relato da colaboração e seus possíveis resultados' (art. 6º, I, da Lei nº 12.850/13). [...].12. *Habeas Corpus* do qual se conhece. Ordem denegada.

37. EMENTA: RESOLUÇÃO Nº 23.396/2013, DO TRIBUNAL SUPERIOR ELEITORAL. INSTITUIÇÃO DE CONTROLE JURISDICIONAL GENÉRICO E PRÉVIO À INSTAURAÇÃO DE INQUÉRITOS POLICIAIS. SISTEMA ACUSATÓRIO E PAPEL INSTITUCIONAL DO MINISTÉRIO PÚBLICO. 1.

Inexistência de inconstitucionalidade formal em Resolução do TSE que sistematiza as normas aplicáveis ao processo eleitoral. Competência normativa fundada no art. 23, IX, do Código Eleitoral, e no art. 105, da Lei nº 9.504/97. 2. A Constituição de 1988 fez uma opção inequívoca pelo sistema penal acusatório. Disso decorre uma separação rígida entre, de um lado, as tarefas de investigar e acusar e, de outro, a função propriamente jurisdicional. Além de preservar a imparcialidade do Judiciário, essa separação promove a paridade de armas entre acusação e defesa, em harmonia com os princípios da isonomia e do devido

Cap. 3 • NEGOCIAÇÃO PENAL COMO INSTRUMENTO DE POLÍTICA CRIMINAL

Para mais, como lembra Cibele Benevides Guedes da Fonseca, ao lado do respaldo constitucional, a reverência ao sistema acusatório encontra acolhida, também, em inúmeros documentos internacionais, dentre eles as Regras de Havana (Princípios Orientadores Relativos à Função dos Magistrados do Ministério Público), de 1990, adotadas no 8º Congresso das Nações Unidas para a prevenção do Crime e Tratamento dos Delinquentes, nos seus artigos 10 e 11, e no projeto do novo Código de Processo Penal brasileiro (Projeto de Lei do Senado n. 156/2009 e Projeto de Lei na Câmara n. 8.045/2010), em seu artigo 4º[38].

De toda a sorte, mesmo com esse desenho constitucional bastante definido, não se há de falar na adoção de um modelo acusatório puro, tal qual verificado na Antiguidade, mas num sistema predominantemente acusatório que, à evidência, não infirma seus postulados característicos pela manutenção, na legislação processual penal codificada, do inquérito policial como instrumento inquisitório prévio à ação penal[39] ou, ainda, pela materialização das investigações criminais independentes do Ministério Público em autos de procedimento investigatório criminal, com idêntico caráter inquisitivo[40].

---

processo legal. Precedentes. 3. Parâmetro de avaliação jurisdicional dos atos normativos editados pelo TSE: ainda que o legislador disponha de alguma margem de conformação do conteúdo concreto do princípio acusatório – e, nessa atuação, possa instituir temperamentos pontuais à versão pura do sistema, sobretudo em contextos específicos como o processo eleitoral – essa mesma prerrogativa não é atribuída ao TSE, no exercício de sua competência normativa atípica. 4. Forte plausibilidade na alegação de inconstitucionalidade do art. 8º, da **Resolução** nº 23.396/2013. Ao condicionar a instauração de inquérito policial eleitoral a uma autorização do Poder Judiciário, a **Resolução** questionada institui modalidade de controle judicial prévio sobre a condução das investigações, em aparente violação ao núcleo essencial do princípio acusatório. 5. Medida cautelar parcialmente deferida para determinar a suspensão da eficácia do referido art. 8º, até o julgamento definitivo da ação direta de inconstitucionalidade. Indeferimento quanto aos demais dispositivos questionados, tendo em vista o fato de reproduzirem: (i) disposições legais, de modo que inexistiria fumus boni juris; ou (ii) previsões que já constaram de **Resoluções** anteriores do próprio TSE, aplicadas sem maior questionamento. Essa circunstância afastaria, quanto a esses pontos, a caracterização de *periculum in mora*.

38. FONSECA, Cibele Benevides Guedes da. *Colaboração premiada*. Belo Horizonte: Del Rey, 2017. p. 120-121.

39. Sabe-se que o inquérito policial, como procedimento administrativo de natureza inquisitória, escrito e sigiloso, é da tradição do nosso ordenamento jurídico, sendo explicitado já em 1871, pelo artigo 42 do Decreto 4.824, de 22 de novembro daquele ano, que regulamentou a Lei nº 2.033, de 20 de setembro de 1871, com a seguinte redação: "O inquérito policial consiste em todas as diligências necessárias para o descobrimento dos fatos criminosos, de suas circunstâncias e dos seus autores e cúmplices".

40. Em sessão realizada no dia 14 de maio de 2015, o Plenário do Supremo Tribunal Federal, por maioria de votos, vencido o Ministro Marco Aurélio, nos autos do Recurso Extraordinário nº

Malgrado os importantes avanços experimentados pelo sistema acusatório nas últimas décadas, sobretudo a partir dos influxos sentidos com o fortalecimento dos Tratados e Convenções de direitos humanos no plano internacional, o fato é que, atualmente, o sistema de Justiça Criminal continua produzindo resultados socialmente insatisfatórios, assistindo ao crescimento da criminalidade comum e ao surgimento de novos centros de agressão a bens jurídicos de viés coletivo, sobretudo no campo da criminalidade macroeconômica organizada.

Outrora inserido num contexto muito mais restrito de infrações penais, como delitos aduaneiros, delitos praticados por meio de cheque ou contra o mercado de capitais[41], os avanços tecnológicos e a globalização econômica fizeram surgir novos centros de agressão a novos bens jurídicos que, indiscutivelmente, reclamam a racional ingerência do Direito Penal como imperativo de tutela, tais como fraudes informáticas, pirataria de *software*, saques e sabotagens informáticas, clonagens de veículos automotores, cartões de crédito e aparelhos de telefone celular, ódio racial e pornografia cibernética, irrupção de máfias internacionais no negócio do crime organizado, exploração sexual infantil, falsificação de medicamentos, tráfico e venda de estupefacientes e lavagem de dinheiro[42].

Diante desse quadro, partindo-se da concepção da Ciência Global do Direito Penal, impõe-se que uma ajustada política criminal atue de maneira prospectiva, apontando as falhas do sistema atual e pavimentando o caminho para o futuro dogmático.

A superação da crise vivida pelo Direito Penal, como já adiantado ao longo deste estudo, passa necessariamente em revista a necessidade de estruturação, amadurecimento e aperfeiçoamento de novos modelos de enfrentamento da criminalidade moderna, com a adoção de mecanismos consensuais processuais e pré-processuais de resolução de conflitos, tais como a transação, a conciliação e, em especial, a negociação da sentença penal condenatória.

De acordo com Rafael Serra Oliveira, a adoção de espaços de consenso no processo penal serve, simultaneamente, às tradicionais

---

593.727- MG, com repercussão geral reconhecida, admitiu a legitimidade constitucional do Ministério Público para promover, por autoridade própria, investigações de natureza penal.

41. PAGANO, José León. *Derecho Penal Económico*. Buenos Aires: Depalma, 1983. p. 1 e ss.

42. ELBERT, Carlos Alberto. La inseguridad, el derecho y la política criminal del siglo XXI. In: BAIGÚN, David (Org.). *Estudios sobre la Justicia Penal*: homenaje al Prof. Julio B. J. Maier. 1. ed. Buenos Aires: Del Puerto, 2005. p. 563-577.

Cap. 3 • NEGOCIAÇÃO PENAL COMO INSTRUMENTO DE POLÍTICA CRIMINAL

finalidades preventivas do Direito Penal, ao reestabelecimento da paz jurídico-social e à ressocialização do autor[43].

Aliás, vale a pena destacar que a Assembleia Geral das Nações Unidas, em 14 de dezembro de 1990, ao editar a Resolução n. 45/110, conhecida como "Regras de Tóquio", reconheceu a necessidade da instituição de medidas alternativas ao processo como forma de resolução de conflitos, como se verifica, por exemplo, no seu item 5.1

> Sempre que adequado e compatível com o sistema jurídico, a polícia, o Ministério Público ou outros serviços encarregados da justiça criminal podem retirar os procedimentos contra o infrator se considerarem que não é necessário recorrer a um processo judicial com vistas à proteção da sociedade, à prevenção do crime ou à promoção do respeito pela lei ou pelos direitos das vítimas. Para a decisão sobre a adequação da retirada ou determinação dos procedimentos deve-se desenvolver um conjunto de critérios estabelecidos dentro de cada sistema legal. Para infrações menores, o promotor pode impor medidas não privativas de liberdade, se apropriado.

Esse, inclusive, o caminho trilhado pelo atual sistema processual penal francês que, com base no artigo 40-1 de seu Código de Processo Penal, para determinados crimes, permite que as denúncias sejam submetidas ao Procurador- Geral que, nessa condição, decidirá se a acusação se faz necessária ou se são procedentes outras vias alternativas ao processo[44].

Na Itália, verifica-se que, a partir da crise vivida em seu sistema de aplicação da lei penal, reformas legislativas imprimidas ao Código de Processo Penal de 1989, flagrantemente inspiradas no modelo estadunidense, ampliaram o espectro de alcance do *patteggiamento* ou *negoziazione*, instrumento simplificado de aplicação de Justiça Penal consensual instituído naquele ordenamento jurídico para abarcar, inclusive, infrações de grande potencial ofensivo.

---

43. OLIVEIRA, Rafael Serra. *Consenso no processo penal*: uma alternativa para a crise do sistema penal. 1. ed. São Paulo: Almedina, 2015. p. 76.

44. Artigo 40-1. Lorsqu'il estime que les faits qui ont été portés à as connaissance en application des dispositions de l'article 40 constituent une infraction commise par une persone dont l'identité et le domicilie sont connus et pour laquelle aucune disposition légale ne fait obstacle à la mise em mouvement de l'action publique le procureur de la République territorialement competente decide s'il est opportun: 1. Soit d'engager des poursuites; 2. Soit de mettre en oeuvre une procédure alternative aux poursuites en application des dispositions des articles 41-1 ou 41-2; 3. Soit de classer sans suíte la procédure dès lors que les circonstances pariculières liées à la commission des faits le justifient.

Analisando o modelo italiano, Rodríguez García explica que

> Este *patteggiamento* o *negoziazione*, cuyo origen algunos sitúan en antiguo *truglio* o *concordia* del Reino de las Dos Sicilias, es un instituto que prescinde completamente de cualquier forma de colaboración con la Policía o con la justicia (tales como la indicación de cómplices o datos útiles para la investigación), al consisitir simplesmente en la solicitude del imputado de ser condenado con uma pena distinta de la de privación de libertad renunciando al proceso[45].

Dessa maneira, o modelo de consenso italiano, a *aplicazione della pena su richiesta della parti*, disciplinado nos artigos 444º e seguintes do *Codice di Procedura Penale*[46], permite que o Ministério Público e o acusado peçam ao juiz a aplicação, na natureza e quantidade indicadas, de uma sanção substitutiva ou de uma pena pecuniária, diminuída de até um terço, ou de uma pena privativa de liberdade, quando esta, levando-se em conta todas as circunstâncias, e diminuída de até um terço, não supere os cinco anos de reclusão ou detenção, isolada ou conjuntamente com a pena pecuniária.

Explicitada no texto da Lei Maior italiana de 1948 a obrigatoriedade da ação penal[47], o modelo italiano – malgrado não permita negociações sobre o objeto do processo – permite que se negocie a quantidade e espécie de pena a ser aplicada em procedimento especial simplificado.

Na esteira dos ordenamentos jurídicos que diversificaram seus sistemas de aplicação da lei penal, o sistema alemão, assentado num modelo inquisitório, também permite a realização de acordos informais entre acusação e acusado, denominados *vergleiches*, em qualquer fase do processo, inclusive para infrações penais graves, como o visto nos crimes contra a ordem econômica.

Apresentando as principais características dos acordos informais manejados no sistema alemão, Fernando Fernandes anota que

---

45. RODRÍGUEZ GARCÍA, op. cit., p. 145.

46. Artigo 444º. L'imputato e il pubblico ministero possono chiedere al giudice l'applicazione, nella specie e nella misura indicata, di una sanzione sostitutiva o di una pena pecuniária, diminuita fino a un terzo, ovvero di una pena detentiva quando questa, tenuto conto dele circonstanze e diminuita fino a un terzo, non supera cinque anni soli o congiunti a pena pecuniária.

47. Artigo 112. Il pubblico ministero ha l'obbligo di esercitare l'azione penale.

Cap. 3 • NEGOCIAÇÃO PENAL COMO INSTRUMENTO DE POLÍTICA CRIMINAL

[...] neles o inculpado não se declara culpado nos moldes da *plea bargaining* do modelo anglo-saxão, senão que formaliza uma confissão que é valorada pelo Tribunal como o meio de prova geral para a sua culpabilidade. Envolvendo concessões recíprocas entre as partes, nos acordos informais da experiência germânica verifica-se a troca de uma suspensão ou redução de pena da parte dos órgãos de persecução por um comportamento cooperativo do inculpado, com primazia para aquele correspondente a uma confissão da culpabilidade. Ou seja, por um lado implica uma aceitação plena ou limitada da acusação pelo inculpado, por outro, uma transigência na medida da pena pelo ministério público e Tribunal, contentando-se com uma sanção moderada, cuja medida se encontra num nível inferior àquele que se costuma atribuir ao delito concreto[48].

É preciso admitir que, atualmente, a reação penal tradicionalmente operada para o enfrentamento da criminalidade ordinária certamente não produz resultados práticos minimamente satisfatórios diante dos denominados "delitos de organização" do século XXI.

De acordo com Manuel Cancio Meliá

[...] la actual revitalización de estas infracciones desde un principio alimenta la sospecha de que bajo la vieja chapa jurídico-penal está funcionando un novo motor social: la fuente de revitalización de los delitos de organización há de estar en una nueva situación fáctica, pues ni la situación político- institucional general ni las organizaciones correspondientes en el siglo XXI son idênticas con las del siglo XIX, como es evidente[49].

Não se trata, aqui, de apresentar alternativas à pena privativa de liberdade para a moderna criminalidade econômico-financeira organizada, sob pena de se estabelecer um verdadeiro Direito Penal de classes: prisão para os pobres e penas restritivas de direitos para os ricos.

Trata-se, outrossim, de, por meio da via negocial, buscar-se um sistema processual célere e eficaz de aplicação da lei penal que, preocupado com a vítima difusa e com a reparação do dano, resgate a importância da prevenção geral (positiva e negativa) como finalidade da pena criminal.

---

48. FERNANDES, Fernando. *O processo penal como instrumento de política criminal*. 1. ed. Coimbra: Almedina, 2001. p. 417.

49. CANCIO MELIÁ, Manuel Cancio; SILVA SÁNCHEZ, Jesús-María. *Delitos de organización*. Montevideo: Editorial B de F, 2008. p. 28-29.

Afinal, não se pode ganhar celeridade e, proporcionalmente, perder o próprio Direito, como se fossem objetivos antagônicos e inconciliáveis.

Com isso, na medida em que a busca pela efetividade do sistema de Justiça Penal não é um objetivo exclusivo do nosso ordenamento jurídico, deve-se ter clara a ideia de que não há um instrumento único e universal, aplicável a todos os ordenamentos jurídicos mundo afora, para a materialização de um modelo negocial de aplicação da lei penal.

É extremamente importante que se conheçam os institutos e instrumentos de aplicação deste modelo de justiça penal manejados em outros países, com especial destaque para a *plea bargaining system* nos Estados Unidos da América.

Contudo, não se trata de simplesmente os importar para o ordenamento jurídico brasileiro, como se tivessem validade científica universal.

Na advertência de Rodriguez García,

> El conocimiento en profundidad de los diferentes institutos de los que se quieren sacar consecuencias válidas para inspirar futuras reformas nos tiene que servir para no caer em un mal muy frecuente entre nosotros, consistente en el mimetismo científico o legislativo extranjero. Uma cosa es tomar en cuenta las instituciones y las experiencias extranjeras y otra muy distinta es el afán de imitar o copiar o de inspirarse en todo cuanto sucede (y a veces se cree que sucede) en otros países, sobre todo si se consideran doctrinalmente más adelantados[50].

Trata-se de conhecê-los e adaptá-los à realidade brasileira, enxergando no Direito comparado um ponto de partida, e não o ponto de chegada.

3.3. JUSTIÇA PENAL NEGOCIADA: OBRIGATORIEDADE *VERSUS* OPORTUNIDADE DA AÇÃO PENAL PÚBLICA

Como já foi destacado no subitem 3.2 deste capítulo, a concepção privada de Justiça Penal, legitimando-se todo e qualquer cidadão para o exercício da ação penal, trouxe inconvenientes que desnudaram a necessidade de se entregar a um órgão público a titularidade exclusiva para provocar a jurisdição penal.

---

50. RODRÍGUEZ GARCÍA, op. cit., p. 24.

Cap. 3 • NEGOCIAÇÃO PENAL COMO INSTRUMENTO DE POLÍTICA CRIMINAL

Por conseguinte, ao adotar o modelo de acusação pública, confiando ao Ministério Público legitimidade exclusiva para o exercício da ação penal, o sistema acusatório rechaçou a vingança privada e os possíveis excessos dela decorrentes, notadamente chantagens e acusações absolutamente infundadas, revestindo com maior segurança jurídica o próprio sistema de aplicação da lei penal.

Dessa forma, em um Estado Democrático de Direito, é o princípio da legalidade que instrumentaliza o próprio sistema acusatório, fazendo com que a atuação do Ministério Público fique restrita e adstrita às leis vigentes no ordenamento jurídico.

Fala-se da legalidade em sentido estrito, que incide tanto sobre o Direito Penal material quanto sobre o processual, e não da legalidade que se oferece como princípio geral de Direito Público, aplicável a todo o campo da produção do direito estatal[51].

Na assertiva de Teresa Armenta Deu

> [...] la oficialidad de la acción y eventualmente el monopólio del fiscal surgen ante la inoperancia de la vigencia del sistema acusatorio puro; suponen la renuncia del ciudadano al ejercicio de la acción penal y su entrega al poder público y conllevan, como contrapartida, la seguridad para el particular de que el órgano acusador se verá obligado a perseguir todo delito conforme a la legalidad vigente sin que sean relevantes, a tales efectos persecutorios, otros criterios (de política criminal o de cualquier outra índole) que aquellos fijados y establecidos en la legislación penal[52].

Portanto, pode-se afirmar que o Ministério Público, na condição de titular exclusivo da ação penal pública, exerce parcela direta da soberania do Estado, dirigindo e condicionando o próprio *ius puniendi* estatal.

De acordo com Hugo Nigro Mazzilli, o exercício da soberania do Estado pelo Ministério Público não se dá quando a Instituição acusa, promovendo a ação penal, mas quando ela deixa de acusar, requerendo ao Poder Judiciário, de maneira fundamentada e oportuna, o arquivamento do inquérito policial, do procedimento investigatório criminal ou de quaisquer peças de informação, já que é o próprio Ministério Público quem dá a última palavra a respeito, caso o magistrado não

---

51. GIACOMOLLI, op. cit., p. 49.

52. ARMENTA DEU, Teresa. *Estudios sobre el proceso penal*. 1. ed. Santa Fé: Rubinzal-Culzoni, 2008. p. 206.

concorde com as razões invocadas naquele arrazoado, por meio do seu Procurador- Geral[53].

Nessa linha de intelecção, para respeitável parcela da doutrina[54], identifica-se um verdadeiro controle da obrigatoriedade da ação penal, com dupla instância de apreciação: inicialmente, pelo Poder Judiciário e, caso haja discordância das razões invocadas pelo órgão do Ministério Público, pelo Chefe da Instituição, sendo este a última instância a respeito do não oferecimento da denúncia, nos termos explicitados no artigo 28, do Código de Processo Penal[55].

Para Guilherme de Souza Nucci, a obrigatoriedade da ação penal representa um subprincípio advindo da legalidade, uma vez que, praticada a infração penal, nasce para o Estado o direito de punir[56].

Nessa direção, Jorge de Figueiredo Dias afirma que o princípio da legalidade reforça a ideia de que o Ministério Público está obrigado a proceder e promover a acusação para todas as infrações penais de cujos pressupostos fáticos, jurídicos, substantivos e processuais tenha tido conhecimento e conseguira recolher suficientes indícios[57].

Ainda nessa trilha, debruçando-se sobre o sistema processual penal alemão, Roxin anota que

> El *principio de legalidad* enuncia, por un lado, que la fiscalía debe realizar investigaciones cuando existe la sospecha de que se ha cometido un hecho punible y, por otra parte, que está obligada a formular la acusasión cuando después de las investigaciones sigue existiendo esa sospecha veemente (BVerfG NStZ 82, 430)[58].

---

53. MAZZILLI, Hugo Nigro. *Introdução ao Ministério Público*. São Paulo: Saraiva, 1997. p. 56.

54. Por todos, confira-se: NORONHA, E. Magalhães. *Curso de Direito Processual Penal*. 24. ed. São Paulo: Saraiva 1995. p. 26; TOURINHO FILHO, Fernando da Costa. *Manual de Processo Penal*. 13. ed. São Paulo: Saraiva, 2010. p. 167-168.

55. Artigo 28. Se o órgão do Ministério Público, ao invés de apresentar a denúncia, requerer o arquivamento do inquérito policial ou de quaisquer peças de informação, o juiz, no caso de considerar improcedentes as razões invocadas, fará remessa do inquérito ou peças de informação ao procurador- geral, e este oferecerá a denúncia, designará outro órgão do Ministério Público para oferecê-la, ou insistirá no pedido de arquivamento, ao qual só então estará o juiz obrigado a atender.

56. NUCCI, Guilherme de Souza. *Princípios constitucionais penais e processuais penais*. 2. ed. São Paulo: RT, 2012. p. 111.

57. DIAS, Jorge de Figueiredo. *Direito processual penal*. 1. ed. Coimbra: Coimbra, 2004. p. 126.

58. ROXIN, Claus. *Derecho Procesal Penal*. 1. ed. Buenos Aires: Editores del Puerto, 2000. p. 89.

Cap. 3 • NEGOCIAÇÃO PENAL COMO INSTRUMENTO DE POLÍTICA CRIMINAL

Dessa forma, parece claro que, ao adotar-se a obrigatoriedade da ação penal, busca-se, com isso, reafirmar-se o respeito do cidadão para com as autoridades de Estado e às instituições democráticas, elementos essenciais em todo o sistema político[59].

Ocorre que, não obstante o entendimento de que o sistema acusatório trouxe com ele a obrigatoriedade da acusação pelo Ministério Público – posicionamento que, como já adiantado, encontra larga aceitação na doutrina –, nos dias atuais, a conformação do princípio da obrigatoriedade merece uma releitura com vistas à sua adequação social, conferindo-se maior liberdade de atuação e respeitando-se a independência funcional do órgão acusador.

De início, o artigo 24, do Código de Processo Penal, em nosso sistema processual penal, não obriga o Ministério Público a oferecer denúncia, melhor dizendo, não estabelece expressamente a obrigatoriedade da ação penal.

E nem poderia ser diferente, já que promover a acusação, deduzindo a ação penal em Juízo, não pode ser uma tarefa mecânica, cega, descompromissada com o resultado da demanda e com as expectativas sociais depositadas no sistema de Justiça Penal como um todo.

Nessa linha, Luigi Ferrajoli afirma que

> [...] por 'obrigatoriedade' da ação penal não se deve entender, como se tem dito a propósito da 'não derrogação' do juízo, um irrealizável dever de proceder em todo crime 'leve' ou 'oculto', mas só a obrigação dos órgãos de acusação pública de promover o juízo para toda *notitia criminis* que vier a seu conhecimento – ainda que para requerer o arquivamento ou a absolvição caso considerem o fato penalmente irrelevante ou faltarem indícios de culpabilidade[60].

De outro lado, sob as luzes do sistema acusatório, não se pode olvidar que o dia a dia forense revela uma seleção informal de infrações penais que, na prática, escapam da obrigatória persecução penal estatal.

Sem que se leve em conta toda a legislação penal extravagante, tomando-se por base apenas a Parte Especial do Código Penal de 1940, dos artigos 121 ao 359-H, sabe-se que poucas são as modalidades cri-

---

59. MONTERO AROCA, Juan. *Proceso penal y libertad*: ensayo polémico sobre el nuevo proceso penal. Madrid: Civitas, 2008. p. 317.

60. FERRAJOLI, Luigi. *Direito e razão*: teoria do garantismo penal. 2. ed. São Paulo: RT, 2006. p. 525.

minosas que, efetivamente, transitam pela Polícia Judiciária e, ao final, são submetidas ao crivo do Ministério Público, titular da ação penal pública, para o seguro oferecimento da denúncia.

Como destacado, há indisfarçáveis critérios informais de seleção que, mesmo para aqueles que advogam a rígida obrigatoriedade da ação penal, não é dado desconhecer que limitam o espectro de infrações penais que são efetivamente apuradas pelo sistema de Justiça Penal atual.

Nessa direção, Vladimir Aras afirma que

> O princípio da obrigatoriedade jamais foi e jamais poderá ser levado às últimas consequências, porque há toda uma gama de infrações penais que não chegam a ser conhecidas, outras que, mesmo conhecidas pelas vítimas, não são comunicadas à Justiça e ao aparelhamento de *enforcement*, e outras ainda que, mesmo conhecidas pelo Estado, não são apuradas ou punidas, constituindo o que se denomina 'cifra oculta'[61].

De fato, a capacidade do sistema de Justiça Criminal é limitada e o vertiginoso aumento da demanda, fruto da complexa sociedade pós-industrial que se vive, e que contribuiu para a sua própria disfuncionalidade, encontra na seleção utilitária informal um mecanismo patológico de sobrevivência do próprio sistema.

Não por acaso, Maier sentencia

> [...] no todos los hechos punibles son perseguidos penalmente, ya por defecto en la información, ya por la aplicación de criterios selectivos que influyen tanto sobre los médios de información oficiales, como en la persecución de hechos conocidos. Una cosa es la afirmación dogmática del *principio de legalidad* y outra muy distinta su realización práctica[62].

Portanto, quando se debruça sobre o sistema de Justiça Penal e, mais amiúde, sobre o postulado da obrigatoriedade da ação penal, constata-se um verdadeiro abismo entre a teoria e a prática.

---

61. ARAS, Vladimir. Acordos penais no Brasil: uma análise à luz do direito comparado. In: CUNHA, Rogério Sanches; BARROS, Francisco Dirceu; CABRAL, Rodrigo Leite Ferreira; SOUZA, Renee de Ó (coord.). *Acordo de não persecução penal*: Resolução 181/2017 do CNMP. 2. ed. Salvador: Juspodivm, 2019. p. 289.

62. MAIER, op. cit., p. 386.

Cap. 3 • NEGOCIAÇÃO PENAL COMO INSTRUMENTO DE POLÍTICA CRIMINAL

A inflexível obrigatoriedade da ação penal, no plano teórico, pretende ajustar-se a um modelo ideal de aplicação da lei penal assim como as teorias absolutas pretendem justificar, por si, a aplicação da pena privativa de liberdade ao criminoso.

Com isso, reduz-se a importância da Política Criminal.

Deixa-se de se estabelecer critérios socialmente adequados, lúcidos e transparentes de atuação do sistema de Justiça Penal, desde o plano legislativo até a execução penal, contribuindo para a disfuncionalidade do próprio Direito Penal enquanto Ciência Global.

Atento, Alexandre Rocha Almeida de Moraes assinala que a correta política criminal pertence ao núcleo das preocupações de um Direito Penal funcional, ainda mais nesse tempo social acelerado pela revolução dos meios de comunicação e por uma dogmática cada vez mais funcionalista[63].

Dele não discorda Fernando Fernandes, para quem à política criminal não está reservada apenas a missão de determinar como deve ser a reação penal, mas também a tarefa de selecionar aquilo contra o que deverá reagir de modo mais formalizado ou não, e a intensidade dessa formalização[64].

Assim, como já adiantado, no bojo do sistema acusatório, o princípio da obrigatoriedade da ação penal pública que, repita-se, não encontra previsão expressa em nosso ordenamento jurídico, deve conviver e dialogar com espaços de oportunidade e consenso na aplicação da lei penal pelo órgão do Ministério Público, aqui incluída a negociação da sentença penal condenatória.

A Constituição Federal de 1988, ao contrário do que ocorre com a Constituição da República italiana de 1948[65], não contemplou expressamente a obrigatoriedade da ação penal.

E, no plano infraconstitucional, ressalvado o preconizado no Código de Processo Penal Militar[66], o Código de Processo Penal de 1941, em seu artigo 24, afirma, apenas, que, nos crimes de ação pública, esta será promovida por denúncia do Ministério Público,

---

63. MORAES, op. cit., p. 37.

64. FERNANDES, op. cit., p. 50.

65. Artigo 112. Il pubblico ministero ha l'obbligo di esercitare l'azione penale.

66. Artigo 30. A denúncia deve ser apresentada sempre que houver: a) prova de fato que, em tese, constitua crime; b) indícios de autoria.

mas dependerá, quando a lei o exigir, de requisição do ministro da Justiça, ou de representação do ofendido ou de quem tiver qualidade para representá-lo.

Com isso, vislumbram-se limitações à obrigatoriedade da ação penal pública em nosso sistema jurídico que, validamente instituídas, autorizam a adoção de outras vias de aplicação da lei penal ao caso concreto.

Em sede constitucional, a mitigação ao princípio da obrigatoriedade da ação penal, com a adoção da via consensual para a solução de controvérsias penais, encontra previsão expressa no artigo 98, inciso I, da Carta Política de 1988, com a possibilidade de aplicação do instituto da *transação penal* para as infrações penais de menor potencial ofensivo.

Já no âmbito infraconstitucional podem ser identificadas as seguintes hipóteses que flexibilizam o postulado: no Código de Processo Penal, as infrações penais que somente se procedem mediante queixa, com ampla possibilidade de renúncia, perdão e perempção como causas de extinção da punibilidade e, no texto da Lei n. 9.099/95, ao lado da própria transação penal, a composição civil e a suspensão condicional do processo.

E tudo isso sem falar no acordo de colaboração premiada disciplinado pela Lei n. 12.850, de 2 de agosto de 2013, que, de forma expressa, permite ao Ministério Público deixar de oferecer denúncia em desfavor do colaborador que não for o líder da organização criminosa e que tenha sido o primeiro a prestar efetiva colaboração na causa[67], e na celebração do acordo de leniência previsto na Lei de Defesa da Concorrência (Lei n. 12.529/2011) que, a teor expresso de seu artigo 87, caput, impede o oferecimento da denúncia com relação ao agente leniente beneficiário do ajuste.

Como se não bastasse, ao lado das mitigações expressamente instituídas no ordenamento jurídico, também é de se destacar o chamado princípio da insignificância (ou da bagatela), o qual, funcionando como instrumento de calibração para o *ius puniendi* estatal, é medida de política criminal aceita pela jurisprudência do Supremo Tribunal Federal que, descaracterizando materialmente a

---

67.   Artigo 4º. § 4º. Nas mesmas hipóteses do caput, o Ministério Público poderá deixar de oferecer denúncia se o colaborador: I – não for o líder da organização criminosa; II – for o primeiro a prestar efetiva colaboração nos termos deste artigo.

Cap. 3 • NEGOCIAÇÃO PENAL COMO INSTRUMENTO DE POLÍTICA CRIMINAL

tipicidade penal, incide diretamente sobre a conformação da obrigatoriedade da ação penal[68].

Portanto, o sistema jurídico, de forma gradual, promoveu espaços de abertura à oportunidade, com saídas modernas para um modelo estático e de baixa densidade social[69].

Na assertiva de Giacomolli

> A oportunidade permite uma flexibilidade da persecução penal, da seleção penal, com exclusão de alguns fatos relevantes, da formulação ou não da acusação, da qualificação dos fatos ou da substituição da pena ou sua aplicação pela imposição de outras medidas[70].

Por conseguinte, quando se fala em negociação da sentença penal entre acusação e defesa para o enfrentamento à criminalidade macroeconômica organizada, fala-se em estabelecer seguros espaços de oportunidade para que o Ministério Público, enquanto *dominus litis*, exerça suas graves funções constitucionais, conformando o *ius puniendi* do Estado nessa quadra de violações, sem perder de vista a necessária funcionalidade do próprio sistema de Justiça Penal.

Nessa ordem de valores, Maier destaca que

> El reconocimiento del principio de oportunidad y su regulación jurídica evitaría en alguna medida la existencia real de criterios de oportunidad ocultos, fijados por órganos no responsables políticamente, para ponerlos en manos de los órganos del Estado responsables de trazar y llevar a cabo su política criminal, con la gran ventaja de la coordinación, según las metas perseguidas por el poder penal estatal; por otra parte, la aplicación de esos criterios, al resultar determinados por la ley, tornarían a quienes los apliquen en responsables por su realización, política y jurídicamente[71].

---

68. De acordo com a jurisprudência consolidada do Supremo Tribunal Federal, para a incidência do princípio da insignificância, devem ser relevados o valor do objeto do crime e os aspectos objetivos do fato, tais como, a mínima ofensividade da conduta do agente, a ausência de periculosidade social da ação, o reduzido grau de reprovabilidade do comportamento e a inexpressividade da lesão jurídica causada (STF, RHC 118.972/MG, rel. Min. Gilmar Mendes, rel. p/ acórdão Min. Cármen Lúcia, 2ª Turma, j. 03.06.2014).

69. PEREIRA, Cláudio José. Princípio da oportunidade e justiça penal negociada. São Paulo: Juarez de Oliveira, 2002, p. 68-9.

70. GIACOMOLLI, op. cit., p. 49.

71. MAIER, op. cit., p. 388.

211

Não se afirma, aqui, que a adoção do postulado da obrigatoriedade, por si, contribui única e exclusivamente para a morosidade do sistema, alimenta pontos de estrangulamento e gera frustrações pelo não atendimento das utópicas expectativas criadas, nem tampouco que a oportunidade resolverá por completo todos os problemas do sistema de Justiça Penal que contribuem para sua lentidão e ineficiência.

Como destaca Teixeira, há um número substancial de feitos que começam e acabam sem incidentes e nem acidentes de percurso, em prazos satisfatórios de tramitação, que constituem a "normalidade silenciosa" e que, por tal motivo, não são noticiados[72].

Afirmar-se, apenas, que, um moderno sistema de Justiça Penal, eficiente e eficaz, deve conjugar, a um só momento, tanto a via clássica de solução de controvérsias penais como medidas consensuais afinadas com o princípio da oportunidade, seja no momento anterior ao oferecimento da denúncia seja no curso da própria ação penal, inclusive para infrações penais praticadas no âmbito da macrocriminalidade econômica organizada, sem que se infirme um subsistema pelo outro.

Na leitura de Pedro Aragoneses Alonso, a oportunidade tem um duplo fundamento: favorece a política criminal sobre a Justiça Penal e faz preponderar a justiça material sobre o formalismo legal[73].

Por consequência, como preleciona Pedro Henrique Demercian, um processo penal eficiente tem um claro caráter instrumental, concreto, empírico, dentro de um sistema de direitos e garantias das partes, assegurados num procedimento que se desenvolva num prazo razoável, sendo falsa a premissa de que um processo penal negocial é inconciliável com a preservação dos direitos e garantias da pessoa acusada[74].

Portanto, é preciso discutir, como medida de política criminal, a necessidade de se estabelecer um controle seletivo de viabilidade da persecução penal pelo Ministério Público, aqui incluído o seu custo-benefício, sob pena de serem tratados de forma idêntica, inclusive procedimental, furtos de supermercado e grandes esquemas de corrupção no setor público, fraudes por meio de cheque e fraudes em licitações públicas pela cartelização de empresas, falsidades ideológicas no preen-

---

72. TEIXEIRA, op. cit., p.12-13.

73. ARAGONESES ALONSO, Pedro. Curso de derecho procesal penal. Madrid: Edersa, 1986, p. 118 apud GIACOMOLLI, op. cit., p. 77.

74. DEMERCIAN, Pedro Henrique. A colaboração premiada e a lei das organizações criminosas. *Revista Jurídica ESMP-SP*, v. 9, 2016. p. 71.

Cap. 3 • NEGOCIAÇÃO PENAL COMO INSTRUMENTO DE POLÍTICA CRIMINAL

chimento de notificações de infrações de trânsito e "caixa dois eleitoral", infrações penais que, a despeito do tratamento dogmático que recebem, produzem danos sociais absolutamente distintos.

Como afirma Winfried Hassemer, ao apresentar razões favoráveis à adoção do postulado da oportunidade no sistema de Justiça Penal,

> A corto plazo – desde el punto de vista *económico* – y a largo plazo – desde el punto de vista *político* – es poco inteligente obligar de la misma manera e intensidad a las autoridades instructoras al esclarecimiento de todos los delitos. Los recursos materiales y personales de dichas autoridades siempre serán insuficientes. Por ello, las autoridades concentran su actividad instructora de manera selectiva, lo cual, por otro lado, también ordena el legislador[75].

Impõe-se a otimização do sistema de Justiça Penal, o qual, para ser modernizado, não precisa ser necessariamente refundado.

Todavia, a oportunidade que deve coexistir no sistema penal acusatório, oxigenando-o, não pode ser ilimitada, mas *regrada*.

Oportunidade não significa arbítrio por parte do titular da ação penal.

Como explica Teixeira

> [...] no contexto da administração da justiça, quando dirigida ao caso concreto, discricionariedade não significa arbítrio; trata-se de uma discricionariedade de acordo com a finalidade de realização da justiça. Trata- se de um poder de opção de vias, soluções e medidas admitidas na lei; ou seja, tem sempre uma conformação normativa, um reduto legalmente inultrapassável; logo, tende sempre para uma "discricionariedade vinculada"[76].

À vista disso, a liberdade de atuação do Ministério Público no processo penal – a margem de discricionariedade que deve ter o titular da ação penal pública para oferecer a denúncia, arquivar os autos de inquérito policial, procedimento investigatório criminal, ou eventuais peças de informação, ou negociar a aplicação da sanção penal no caso concreto – deve ser prevista em lei.

---

75. HASSEMER, Winfried. La persecución penal: legalidad y oportunidad. Tradução M. A. Cobos Gomez de Linares. *Revista Jueces para la Democracia*, Madrid, n. 4, 1988. p. 8-11.

76. TEIXEIRA, op. cit., p. 33.

A oportunidade que flexibiliza a obrigatoriedade da ação penal deve se dar dentro da legalidade, não se podendo falar em oportunidade ilegal.

Ora, assim como legalidade não é sinônimo de obrigatoriedade, oportunidade não pode ser sinônimo de ilegalidade.

Nas palavras de Vinicius Gomes de Vasconcellos,

> [...] importante frisar a necessidade de se perceber que, de um lado, há a legalidade, que delimita (e, assim, limita) na lei os espaços de atuação dos atores do campo criminal – especialmente daqueles que almejam impor o poder punitivo estatal. De modo distinto se caracteriza a obrigatoriedade da ação penal, a qual, segundo nossa visão, pode ser excepcionada dentro da legalidade, ou seja, conforme hipóteses e condições previstas no texto legal[77].

Em suma, num sistema acusatório de origem romano-germânica, a necessária harmonização entre a obrigatoriedade e a oportunidade deve se dar no âmbito legislativo, conferindo-se ao Ministério Público instrumentos legais, para que, no exercício de suas graves missões, possa manejar a via negocial em suas três facetas: interrupção, suspensão e até abstenção do oferecimento da denúncia[78].

3.3.1. Justiça negociada nos E.U.A.: *plea bargaining system*

O sistema legal da *Common Law*, tal qual o conhecemos, teve origem na Inglaterra, por volta do ano de 1187, com a edição do *Glanvill*, um livro escrito em latim contendo modelos de documentos e petições, e tem por fonte primária do Direito casos já julgados pelas Cortes superiores com caráter vinculante – decisões anteriores que devem ser necessariamente observadas em julgamentos futuros de casos semelhantes[79].

Trata-se de um sistema jurídico de precedentes obrigatórios que, de maneira indisfarçável, promove uma rígida hierarquização entre as

---

77. VASCONCELLOS, Vinicius Gomes de. *Barganha e justiça criminal negocial*: análise das tendências de expansão dos espaços de consenso no processo penal brasileiro. São Paulo: IBCCRIM, 2015. p. 43.

78. VELÁSQUEZ, Fernando Velásquez. Proceso penal y principio de oportunidad. *Revista digital de la Maestría en Ciencias Penales de la Universidad de Costa Rica*, n. 3, 2011. p. 133.

79. VIEIRA, op. cit., p. 107.

Cap. 3 • NEGOCIAÇÃO PENAL COMO INSTRUMENTO DE POLÍTICA CRIMINAL

instâncias judiciais, já que, como destacado, as decisões das Cortes superiores vinculam e limitam o espectro decisório das instâncias inferiores.

Nesse modelo, os precedentes assumem natureza de fonte primária do próprio Direito, contribuindo para que o sistema da *Common Law* seja predominantemente rígido e estático, notadamente porque, quanto mais antigo o precedente, mais dificultosa a sua revisão.

De outro lado, malgrado sua rigidez característica, o próprio sistema legal da *Common Law* oferece mecanismos intrínsecos de flexibilização da força vinculante dos precedentes, com especial destaque para a *teoria da distinção* e para o *overruling*.

Pela teoria da distinção, o órgão julgador pode deixar de observar a força vinculante de um precedente se concluir, de maneira fundamentada, que está diante de um caso concreto distinto de todos os outros anteriormente julgados pelas Cortes superiores. Já o *overruling* corresponde ao procedimento pelo qual uma Corte superior revoga um precedente com efeitos *ex tunc*, ou seja, retroativos[80].

Contudo, apesar da existência de mecanismos de flexibilização, a mudança decisória a partir da revisão de um precedente não é tarefa das mais fáceis, notadamente diante do conservadorismo que a aplicação de precedentes para a resolução de casos concretos proporciona.

Cuida-se do sistema legal praticado nos Estados Unidos da América (com exceção ao Estado da Louisiana), na Inglaterra, no Canadá (com exceção ao Estado do Quebec), na Austrália, na Índia e em alguns outros países que, no passado, foram colônias da coroa britânica[81].

Todavia, em que pese toda a influência inglesa advinda do processo de colonização, com a independência proclamada no ano de 1776, o sistema legal estadunidense também sofreu influências de sistemas legais de tradição romano- germânica, sobretudo do sistema francês, promovendo uma conformação própria que, sem desconfigurar sua natureza, não o qualifica como uma simples cópia do modelo inglês.

Com efeito, apesar de formatado num modelo de precedentes, o sistema legal da *Common Law* norte-americano não se olvida completamente, por exemplo, da codificação, traço característico dos sistemas legais da *Civil Law*.

Na observação de Andréia Costa Vieira,

---

80. VIEIRA, op. cit., p. 126-127.

81. Ibid., p. 107.

Em vários estados há códigos civis e de processo civil. Mas, em razão da forte tendência jurisprudencial dos Estados Unidos, a despeito de serem considerados fontes primárias de direito, a eles só é dada autoridade real quando são interpretados pelos tribunais dos Estados. A exceção a essa regra é o Estado da Louisiana, onde os códigos recebem verdadeira autoridade, independente de já terem sido ou não escrutinados pelos tribunais[82].

Apresentados os traços característicos que, em linhas gerais, distinguem o sistema legal da *Common Law* do sistema *Civil Law*, nota-se que, nos

Estados Unidos da América, magistrados e membros do Ministério Público não são investidos em seus cargos por concurso público de provas e títulos, mas eleitos ou nomeados pelo Poder Executivo estadual e federal.

Explicitando a forma de investidura do órgão de acusação nos E.U.A., João Gualberto Garcez Ramos anota que

> Sendo o método seguido o de nomeação pelo chefe do Executivo, com prévia confirmação pelo Senado, o modelo é o da nomeação de juízes federais: indicação pelo chefe do Executivo, confirmação pelo Senado e nomeação dirigente do Executivo. Esse é o sistema de investidura dos promotores federais. Adotado o sistema da eleição, os Estados-membros seguirão um dos três modelos eleitorais – eleição partidária, eleição bipartidária e eleição não-partidária[83].

Os membros do Ministério Público, chamados *Public Prosecutors*, na esfera estadual, e *US Public Prosecutors*, no âmbito federal, ficam diretamente subordinados ao *General Attorney*, o Chefe da Instituição.

O processo penal estadunidense, marcado pela heterogeneidade de fontes e pela pluralidade de ordenamentos (estaduais e federal), segue o viés acusatório.

O aparato policial nos E.U.A. caracteriza-se pela expressiva quantidade de órgãos que refletem seus distintos níveis governamentais, Estados, Municípios, Condados e outras subdivisões políticas, estiman-

---

82. Ibid., p. 192.

83. RAMOS, João Gualberto Garcez. *Curso de processo penal norte-americano.* São Paulo: RT, 2006. p. 105.

Cap. 3 • NEGOCIAÇÃO PENAL COMO INSTRUMENTO DE POLÍTICA CRIMINAL

do-se a existência de aproximadamente vinte mil organismos policiais em todo o país[84].

Na fase policial[85], ocorrendo a prisão de um suspeito, a pessoa detida deve ser apresentada perante o Judiciário para a realização das *preliminary examinations*, ou seja, oitiva de vítimas e testemunhas, recolhimento de provas circunstanciais etc., sem que seja colhida qualquer manifestação pessoal do investigado sobre os fatos[86].

Na sequência, ao receber o trabalho de investigação promovido pelos órgãos policiais, o *Prosecutor*, convencido da prática do delito, promove a ação penal em desfavor do *accused*.

Ocorre que, apesar da sua estrutura adversarial, o modelo processual penal norte-americano favorece a negociação entre a acusação e a defesa (*plea bargaining*) para a obtenção da declaração de culpa (*plea of guilty*) pelo acusado.

Para Pedro Soares de Albergaria, o *plea bargaining* manejado no sistema penal estadunidense pode ser definido como

> [...] a negociação entre arguido e o representante da acusação, com ou sem a participação do juiz, cujo objeto integra recíprocas concessões e que contemplará, sempre, a declaração de culpa do acusado (*guilty plea*) ou a declaração dele de que não pretende contestar a acusação (*plea of nolo contendere*)[87].

Nessa ordem de ideias, Rodríguez García define *plea bargaining* como

---

84. HENDLER, Edmundo S. *Derecho Penal y Procesal Penal de los Estados Unidos*. 1. ed. Buenos Aires, Ad-hoc, 1996. p. 159.

85. Discorrendo sobre as agências de investigação criminal dos E.U.A., João Gualberto Garcez Ramos anota que "A investigação criminal é realizada pelos órgãos policiais, em caráter praticamente monopolístico, não porque privativa, mas porque típica atividade policial, que somente as agências policiais realizam como *munus* principal. A polícia judiciária não é subordinada aos promotores, mas ao chefe do respectivo Poder Executivo. Na esfera federal, as diversas agências policiais de investigação encontram-se subordinadas ao Departamento Federal de Justiça (*US Departament of Justice*), cujo principal responsável é o procurador-geral (*attorney general*), verdadeiro ministro da justiça dos EUA. Os promotores federais (*federal prosecutors*) também pertencem ao mesmo órgão. Daí que, na esfera federal, haja mais proximidade entre os órgãos policiais e os acusadores do que na maioria das diversas esferas estaduais." (RAMOS, op. cit., p. 106-107).

86. SOARES, Guido Fernando Silva. *Common Law*: introdução ao direito dos EUA. 2. ed. São Paulo: RT, 2000. p. 129.

87. ALBERGARIA, op. cit., p. 20.

[...] el proceso de negociación que conlleva discusiones entre la acusación y la defensa en orden a obtener un acuerdo por el cual el acusado se declarará culpable, evitando así la celebración del juicio, a cambio de una reducción en los cargos o de una recomendación por parte del Ministerio Público[88].

Cuida-se de um verdadeiro *give-and-take*, de uma série de concessões assumidas pelo Ministério Público em troca da declaração de culpa do acusado ou da declaração de que não pretende litigar.

Nas últimas décadas, o fortalecimento das negociações entre a acusação e a defesa no sistema processual penal dos E.U.A. ocorreu na medida em que se verificou, naquele ordenamento, o declínio dos julgamentos pelo *Grand Jury*.

Aliás, o direito a um julgamento pelo *Grand Jury* (*right to jury trial*), órgão colegiado composto por 25 cidadãos leigos (*laymen*), dotado de poderes instrumentais para ouvir testemunhas e promover diligências de cunho investigatório em deliberações secretas, é direito disponível da pessoa acusada que pode, se preferir, negociar sua pena com o órgão acusador ou, ainda, ser julgada de forma monocrática.

De toda a sorte, dada a formalização da acusação pelo Ministério Público perante o Juízo criminal, tem início a etapa procedimental denominada *arraignment before the trial judge*, em que o acusado, recebendo uma cópia escrita da imputação, é cientificado dos seus termos e conteúdo, seja sob a forma de *indictment* pelo *Grand Jury* (com a aceitação dos argumentos do *prosecutor*), ou sob a forma de *information* (sem passar pela apreciação do *Grand Jury*)[89].

Ainda nessa fase *before trial*, cientificado da acusação que pesa contra si, ao acusado são oferecidas as seguintes possibilidades defensivas: (I) declara-se inocente (*plea of not guilty*); (II) declara-se culpado (*guilty plea*); (III) declara-se culpado mas requer a desclassificação da imputação inicial para outro delito menos grave (*plead guilty on arraignment to a lesser offense than charged*); (IV) alega que não quer litigar (*plea of nolo contendere*)[90].

---

88. RODRÍGUEZ GARCÍA, op. cit., p. 35.

89. SOARES, op. cit., p. 130.

90. Rule 11. Pleas. (a) Entering a plea. (1) In General. A defendant may plead not guilty, guilty, or (with the court's consent) nolo contendere.

Cap. 3 • NEGOCIAÇÃO PENAL COMO INSTRUMENTO DE POLÍTICA CRIMINAL

Não se declarando culpado, cabe ao órgão acusador o ônus de provar os fatos por ele alegados e imputados ao acusado que, em Juízo, exercerá sua defesa, podendo retirar essa declaração e apresentar outra que se lhe afigure mais adequada ou conveniente.

Todavia, como já explicitado acima, a *Federal Rule of Criminal Procedure 11*, nessa fase procedimental, permite que o acusado se declare culpado (*guilty plea*).

Trata-se de um ato unilateral do acusado, que não requer autorização ou consentimento judicial para sua validade, por meio do qual ele renuncia a uma série de direitos, como o de não produzir prova contra si e o de ser julgado por um Júri, encerrando-se o processo com a prolação da sentença de natureza condenatória. De acordo com Rodríguez García, as *guilty pleas* podem se dar de três formas:

> 1ª) Voluntaria o no influenciada: el acusado confiesa porque su culpabilidad es tan evidente que el juicio carecería de sentido, o para acallar sus remordimientos de conciencia, o, en definitiva, porque no encuentra ventaja alguna en negar su culpa. 2ª) Estructuralmente inducida: el acusado se declara culpable porque la ley establece una pena más severa para quienes insisten en ir a juicio, o porque es generalmente sabido que el Ministerio Público acusa con menor severidad y los Jueces imponen penas más benignas ha quienes renuncian a su derecho de tener un juicio. [...]. 3ª) Negociada: es aquella que se obtiene antes del juicio y después de una negociación entre el *prosecutor* y el *defendant*, bien sea sobre el delito, sobre la pena a imponer, o sobre ambos[91].

A declaração de culpa pelo acusado deve ser submetida à apreciação judicial.

Não obstante, dada a diversidade de ordenamentos que compõem o sistema penal estadunidense, o grau de ingerência judicial na confecção do acordo varia de acordo com a esfera de jurisdição: federal ou estadual.

A título exemplificativo, Albergaria indica que, no âmbito federal, os textos normativos vedam a participação do juiz nas negociações e, na esfera estadual, há Estados que permitem uma intervenção que não seja desencadeadora da negociação, como no Estado de Illinois, e Estados

---

91.   RODRÍGUEZ GARCÍA, op. cit., p. 41.

que não limitam essa participação, como na Flórida e na Carolina do Norte[92].

Seja como for, uma vez submetido ao crivo judicial, o acordo pode ser rejeitado pelo órgão julgador, não se podendo falar em uma homologação obrigatória da negociação.

E, mais uma vez, por força da diversidade de ordenamentos, variados são os fundamentos possíveis para a recusa judicial do acordo, cabendo ao órgão julgador analisar, em linhas gerais, a capacidade do acusado, a voluntariedade da sua manifestação e a existência de lastro fático e probatório que guarde correlação com os termos da admissão de culpa.

De outro lado, a aceitação judicial da declaração de culpa pelo acusado tem natureza de *adjudication*, uma sentença de mérito, com força definitiva, inclusive no tocante à obrigação de reparação dos danos na esfera cível.

Contudo, malgrado a indiscutível celeridade que imprime ao sistema de aplicação da lei penal nos E.U.A., as *guilty pleas* não são imunes a críticas.

Em esforço de síntese, pode-se dizer que as principais objeções dedicadas ao acordo de declaração de culpa do acusado no processo penal estadunidense são, de um lado, a possibilidade de aceitação da culpa pelo acusado inocente, para livrar-se do risco de experimentar uma condenação criminal, mesmo que injusta, e, de outro, a (comum) desproporção existente entre a sanção penal prevista abstratamente para a infração penal e a reprimenda efetivamente negociada, aceita e cumprida pelo acusado.

De se observar que, curiosamente, as objeções aqui reportadas são, quanto aos interesses das partes e à própria legitimidade processual, claramente antagônicas: a primeira, voltada à tutela dos direitos da pessoa acusada e, a segunda, aos interesses da sociedade.

No tocante à possibilidade de aceitação da culpa pelo acusado inocente, o sistema do *plea bargaining* apresenta mecanismos que buscam coibir essa prática.

De início, impõe-se que a declaração de culpa apresentada pelo acusado seja necessariamente assistida por sua defesa técnica, contando com orientação jurídica acerca das consequências do seu ato.

---

92. ALBERGARIA, op. cit., p. 79.

Cap. 3 • NEGOCIAÇÃO PENAL COMO INSTRUMENTO DE POLÍTICA CRIMINAL

Como se não bastasse, pode o acusado, uma vez exteriorizada sua declaração de culpa, revogá-la (*withdrawal*), de forma a garantir que as expectativas geradas pela previsibilidade da sanção negociada, na sua natureza e medida, sejam efetivamente reconhecidas na decisão judicial aplicada.

Por fim, ainda que com menor amplitude, também é possível ao acusado impugnar a *plea of guilty*, recorrendo da pena que lhe foi aplicada para as instâncias superiores.

Já no que pertine à desproporcional aplicação da lei penal – à negociação de uma reprimenda muito mais branda para aquele que se declara culpado em comparação àquela que seria ao final aplicada caso o sujeito negasse a imputação –, de fato, a desmedida liberdade de conformação entre as partes pode levar à disfuncionalidade do próprio sistema, violando a vedação da proteção penal insuficiente.

Ainda que mais branda, a natureza e a medida da pena negocialmente aplicada, fruto da admissão da culpa, não podem se divorciar por completo daquela reprimenda que, em perspectiva, após a regular instrução processual, seria efetivamente aplicada ao acusado no caso concreto.

Na assertiva de Albergaria,

> A aplicação de uma pena essencialmente comprometida com razões de produtividade e, no limite, tendo por base, não raro, uma verdade formal muito distante ou até incompatível com a verdade material, não pode dar outro resultado que não o de prejudicar os fins políticos criminalmente prosseguidos com a aplicação de penas[93].

Assim, ratifique-se, ao se propor a via negocial para o enfrentamento da criminalidade macroeconômica organizada no Brasil, pugna-se pela eleição de uma via mais célere que, flexibilizando a exata medida da sanção penal, não se descure da necessidade de reforçar a prevenção geral (negativa e positiva) como uma das finalidades da pena.

A amplitude que deve ter o Ministério Público brasileiro para negociar com o acusado a aplicação da pena e a reparação dos danos à vítima (individual ou coletiva), e, dessa forma, por fim ao processo, não pode ser ilimitada ao ponto de ignorar, com completo, o caráter retributivo ínsito a toda e qualquer sanção de natureza penal e, principal-

---

93.   ALBERGARIA, op. cit., p. 125.

mente, a sua finalidade de prevenção geral, servindo de contraestímulo para os demais, reafirmando a validade da norma.

O Direito Penal cumpre uma função ético-social que a negociação da sentença penal condenatória não pode transpor, sob pena de contribuir para o enfraquecimento da fidelidade e da crença do cidadão na atuação do próprio Estado, nas suas autoridades públicas inbumbidas da persecução penal e, em última análise, no seu próprio Direito.

De outro vértice, por meio da *plea of nolo contendere*, também denominada *plea of no contest*, admitida tanto na esfera federal como em grande parte dos Estados norte-americanos, o acusado declara expressamente sua vontade de não contestar a acusação, abrindo mão de demonstrar sua inocência.

De acordo com Rodríguez García

> Es una admisión de los hechos contenidos en el *indictment* o en la *information*, pero no es una admisión de la culpabilidad del acusado ni una convicción, puesto que será el Tribunal el que deberá demostrar su culpabilidad; es decir, que la admisión de los hechos no los convierte en hechos ciertos. En esto radica su diferencia con la *plea of guilty*, puesto que con ella el acusado se reserva expresamente el derecho a apelar, no pudiendo ser esta plea usada como una admisión en un proceso posterior que pudiera dirigirse con el acusado con posterioridad[94].

A declaração de *nolo contendere* conduz à imposição de uma condenação em desfavor do acusado com todos os seus efeitos, inclusive o de forjar a reincidência.

Na esfera federal, a declaração de culpa somente pode ser retirada antes da prolação da sentença condenatória, enquanto, em alguns Estados, admite- se sua retratação mesmo após prolatada aquela decisão, sendo que, em ambas as esferas jurisdicionais, a medida deve ser fundamentada em possível vício de vontade na origem da manifestação exteriorizada pelo acusado.

Por fim, como já foi aqui adiantado, na fase do *trial*, em que o juiz julga com ou sem o Júri, o réu (agora denominado *defendant*) pode exercer sua autodefesa, emprestando sua versão pessoal aos fatos, ou recusar-se a falar, caso em que seu silêncio não pode ser considerado

---

94. RODRÍGUEZ GARCÍA, op. cit., p. 37-38.

Cap. 3 · NEGOCIAÇÃO PENAL COMO INSTRUMENTO DE POLÍTICA CRIMINAL

como confissão ou utilizado em seu desfavor. Os autos da fase *before trial*, com todas as provas nele contidas, não são considerados na fase do *trial*, seja perante o juiz singular, seja perante o juiz acompanhado pelo Júri[95].

3.3.2. Colaboração premiada no Brasil e delitos econômicos: em busca do dinheiro perdido

Não obstante a indiscutível ampliação do espectro consensual vista e sentida nas últimas décadas, o sistema de Justiça Penal brasileiro não reproduz, como uma imagem refletida, o *plea bargaining* e o *guilty plea* do sistema norte-americano para a solução de suas controvérsias penais.

A negociação penal no Brasil, compreendida como modalidade de aplicação de Justiça Penal consensual, não segue exatamente o modelo estadunidense.

A transação penal, prevista no artigo 98, inciso I, da Constituição Federal de 1988, e disciplinada, no plano infraconstitucional, pelo artigo 76, da Lei n. 9.099/95, malgrado sua indiscutível faceta negocial, não pode ser confundida com o *plea bargaining*.

Cuida-se de uma negociação entre o Ministério Público e o autor do fato, que, mitigando o princípio da obrigatoriedade da ação penal pública, ainda numa etapa pré-processual, redunda no não oferecimento de denúncia.

Em solo brasileiro, cuidando-se de infrações penais de menor potencial ofensivo, de contravenções penais e de crimes a que a lei comine pena máxima não superior a dois anos, cumulada ou não com multa, a aceitação da proposta despenalizadora ofertada pelo Ministério Público não implica, para o autor do fato, nem admissão de culpa nem declaração de que não pretende litigar.

No âmbito da Lei dos Juizados Especiais Criminais, a homologação judicial do acordo de transação penal apenas impede que o autor do fato se valha do benefício no período subsequente de cinco anos, cabendo ao órgão do Ministério Público, em caso de descumprimento da medida transacionada, oferecer a denúncia em seu desfavor.

Cumprida a transação penal, extingue-se a punibilidade do autor.

---

95.   SOARES, op. cit., p. 131.

Portanto, por não implicar admissão de culpa, a decisão que declara extinta a punibilidade do autor do fato, tendo caráter meramente declaratório, não forja a sua reincidência.

Dessa forma, como a transação penal, a suspensão condicional do processo, ao mitigar o princípio da indisponibilidade da ação penal pública, também aparece como uma via negocial de aplicação de Justiça Penal, mas num momento posterior, após o oferecimento da denúncia, nas hipóteses de infrações penais punidas com pena privativa de liberdade não superior a um ano, mediante o cumprimento de condições.

E, como anota Scarance Fernandes, também é equivocado afirmar a similitude da suspensão condicional do processo com o *guilty plea* e com o *plea bargaining*, já que, a teor expresso do artigo 89, *caput*, da Lei n. 9.099/95, o acusado, ao aceitar a medida, não admite culpa alguma, não sendo facultado ao órgão do Ministério Público, ao fazer a proposta, transacionar sobre os fatos, sobre a qualificação jurídica e sobre as consequências penais[96].

De outro vértice, passados em revista os institutos despenalizadores da Lei n. 9.099/95, a colaboração premiada manejada no ordenamento jurídico brasileiro, objeto destacado deste subitem, também não se confunde com a *plea bargaining* do sistema norte-americano.

Inicialmente, cumpre ressaltar que a conformação dada em solo norte- americano ao princípio da oportunidade, conferindo ilimitados poderes de seleção e condução do processo penal ao Ministério Público, inclusive na esfera pré-processual, é inerente ao sistema legal da *Common Law*, sendo que, nos países da *Civil Law*, é o postulado da legalidade que deve servir como limite àquela ampla liberdade de atuação ministerial, numa clara conformação de oportunidade regrada.

Não é desarrazoado se afirmar que a colaboração premiada instituída no Brasil guarda, em certa medida, traços característicos da aplicação de Justiça Penal negociada própria do modelo anglo-saxão.

Para Frederico Valdez Pereira

> É possível, sim, dizer que o recurso à cooperação pós-delitiva de coautor de delito como elemento de prova no processo penal teve alguma idealização nos ordenamentos jurídicos do modelo anglo-saxão, nos quais a origem é facilmente explicável pelo fato

---

96. SCARANCE FERNANDES, Antonio. *Processo penal constitucional*. 3. ed. São Paulo: RT, 2002. p. 221.

Cap. 3 • NEGOCIAÇÃO PENAL COMO INSTRUMENTO DE POLÍTICA CRIMINAL

de a participação do imputado com a administração da justiça penal ser considerada, em linhas gerais, um dos pilares de países como Grã-Bretanha e Estados Unidos. Nesses sistemas jurídicos, as práticas negociais vêm favorecidas por um conjunto de fatores que permitem dizer-se que a colaboração processual do imputado com a justiça penal é uma instituição típica do sistema de *common law*, sendo a concessão de benefícios punitivos um dos seus componentes básicos[97].

Todavia, como já adiantado, ao contrário do que se verifica no sistema anglo-saxão, a paulatina introdução do instituto da colaboração premiada no ordenamento jurídico brasileiro não está orientada pela amplíssima liberdade de atuação do Ministério Público no processo penal, mas na necessidade de se conferir efetividade à persecução penal diante dos chamados delitos de organização, isto é, do crime organizado.

O instituto da colaboração premiada encontra-se alocado num contexto de Direito Penal premial, com a previsão de benefícios para aquele que, depois de realizar a conduta punível, de forma reativa, atua para elidir ou minimizar os efeitos e as consequências de seus atos.

De acordo com Marcos Paulo Dutra Santos,

> A constitucionalidade da delação premiada, ante o princípio da individualização da pena, justifica-se porque a dosimetria leva em conta não apenas a reprovabilidade do fato, mas também as circunstâncias pessoais do agente. O comportamento deste, buscando remediar as consequências do injusto, jamais foi um indiferente penal, haja vista as prefaladas desistência voluntária e arrependimento eficaz (artigo 15 do CP), o arrependimento posterior (artigo 16 do CP) e a atenuante genérica delineada no artigo 65, III, b, do CP, que repercutem sensivelmente na aplicação da reprimenda. Se a simples confissão enseja a minoração da reprimenda – artigo 65, III, d, do CP –, o que se dirá quando o acusado decide colaborar com a persecução penal, trazendo um *plus* que não pode ser ignorado pelo Estado-juiz na quantificação da resposta penal[98].

Nessa quadra, por questões de política criminal, estimula-se a participação colaborativa do autor da infração penal na descoberta do

---

97. PEREIRA, Frederico Valdez. *Delação premiada*: legitimidade e procedimento. 3. ed. Curitiba: Juruá, 2016. p. 45-46.

98. SANTOS, Marcos Paulo Dutra. *Colaboração (delação) premiada*. 3. ed. Salvador: Juspodivm, 2019. p. 82.

ilícito, de seus ganhos e de eventuais coautores, em troca do recebimento de benesses penais que podem chegar até a extinção da sua punibilidade.

Nessa linha, Nicolao Dino anota que

> [...] a colaboração premiada consiste, basicamente, na negociação entre agentes do Estado, em especial o acusador público, de um lado, e o infrator, de outro, com vistas à obtenção de elementos úteis para a plena elucidação de fatos criminosos e a participação de outros indivíduos. Na colaboração premiada, de um modo geral, negocia-se *assunção de culpa* mediante compensação, a qual, a seu turno, consiste na mitigação da resposta estatal à conduta infracional objeto de persecução[99].

Surge, pois, como técnica especial de investigação, instrumento indispensável para o combate à criminalidade organizada e, em especial, à macrocriminalidade econômica.

No plano internacional, a colaboração premiada está consagrada em diversos diplomas normativos, com especial destaque para a Convenção das Nações Unidas contra a Corrupção[100] e para a Convenção das Nações Unidas contra o Crime Organizado Transnacional[101].

---

99. DINO, Nicolao. A colaboração premiada na improbidade administrativa: possibilidade e repercussão probatória. In: SALGADO, Daniel de Resende; QUEIROZ, Ronaldo Pinheiro de (Organizadores). *A prova no enfrentamento à macrocriminalidade*. 2. ed. Salvador: Juspodivm, 2016. p. 516.

100. Artigo 37. Cooperação com as autoridades encarregadas de fazer cumprir a lei. 1. Cada Estado Parte adotará as medidas apropriadas para restabelecer as pessoas que participem ou que tenham participado na prática dos delitos qualificados de acordo com a presente Convenção que proporcionem às autoridades competentes informação útil com fins investigativos e probatórios e as que lhes prestem ajuda efetiva e concreta que possa contribuir a privar os criminosos do produto do delito, assim como recuperar esse produto. 2. Cada Estado Parte considerará a possibilidade de prever, em casos apropriados, a mitigação de pena de toda pessoa acusada que preste cooperação substancial à investigação ou ao indiciamento dos delitos qualificados de acordo com a presente Convenção. 3. Cada Estado Parte considerará a possibilidade de prever, em conformidade com os princípios fundamentais de sua legislação interna, a concessão de imunidade judicial a toda pessoa que preste cooperação substancial na investigação ou no indiciamento dos delitos qualificados de acordo com a presente Convenção. 4. A proteção dessas pessoas será, mutatis mutantis, a prevista no Artigo 32 da presente Convenção. 5. Quando as pessoas mencionadas no parágrafo 1 do presente Artigo se encontrem em um Estado Parte e possam prestar cooperação substancial às autoridades competentes de outro Estado Parte, os Estados Partes interessados poderão considerar a possibilidade de celebrar acordos ou tratados, em conformidade com sua legitimação interna, a respeito da eventual concessão, por esse Estado Parte, do trato previsto nos parágrafos 2 e 3 do presente Artigo.

101. Artigo 26. Medidas para intensificar a cooperação com as autoridades competentes para a aplicação da lei. 1. Cada Estado Parte tomará as medidas adequadas para encorajar as

Cap. 3 • NEGOCIAÇÃO PENAL COMO INSTRUMENTO DE POLÍTICA CRIMINAL

Já no ordenamento jurídico brasileiro, sem se olvidar de sua remota origem, a colaboração premiada tem como marco legislativo inaugural a Lei n. 8.072/90 – Lei dos Crimes Hedindos –, que, em seu artigo 8º, prevê uma causa de redução de pena, de um terço a dois terços, para o participante ou associado que denunciar à autoridade o bando ou quadrilha, possibilitando seu desmantelamento.

A natureza jurídica de causa de diminuição de pena também foi conferida à colaboração na Lei dos Crimes contra a Ordem Tributária, Econômica e contra as Relações de Consumo (Lei n. 8.137/90, artigo 16, parágrafo único), no próprio Código Penal (artigo 159, § 4º) e, por fim, na Lei Antidrogas (Lei n. 11.343/06, artigo 41).

Já na Lei de Proteção a Vítimas e Testemunhas (Lei n. 9.807/99), as consequências variam. Cuidando-se de réu primário, ou melhor, não reincidente, que tenha colaborado efetiva e voluntariamente com a investigação e o processo criminal, seja identificando os demais agentes, localizando a vítima (com a sua integridade física preservada) ou recuperando (total ou parcialmente) o produto do ilícito, a colaboração assumirá contornos de perdão judicial e consequente extinção da punibilidade (artigo 13). De outro lado, cuidando-se de acusado reincidente, caso coopere nesses termos, a colaboração terá a natureza jurídica de causa de diminuição de pena (artigo 14).

---

pessoas que participem ou tenham participado em grupos criminosos organizados: a) A fornecerem informações úteis às autoridades competentes para efeitos de investigação e produção de provas, nomeadamente i) A identidade, natureza, composição, estrutura, localização ou atividades dos grupos criminosos organizados; ii) As conexões, inclusive conexões internacionais, com outros grupos criminosos organizados; iii) As infrações que os grupos criminosos organizados praticaram ou poderão vir a praticar; b) A prestarem ajuda efetiva e concreta às autoridades competentes, susceptível de contribuir para privar os grupos criminosos organizados dos seus recursos ou do produto do crime. 2. Cada Estado Parte poderá considerar a possibilidade, nos casos pertinentes, de reduzir a pena de que é passível um arguido que coopere de forma substancial na investigação ou no julgamento dos autores de uma infração prevista na presente Convenção. 3. Cada Estado Parte poderá considerar a possibilidade, em conformidade com os princípios fundamentais do seu ordenamento jurídico interno, de conceder imunidade a uma pessoa que coopere de forma substancial na investigação ou no julgamento dos autores de uma infração prevista na presente Convenção. 4. A proteção destas pessoas será assegurada nos termos do Artigo 24 da presente Convenção. 5. Quando uma das pessoas referidas no parágrafo 1 do presente Artigo se encontre num Estado Parte e possa prestar uma cooperação substancial às autoridades competentes de outro Estado Parte, os Estados Partes em questão poderão considerar a celebração de acordos, em conformidade com o seu direito interno, relativos à eventual concessão, pelo outro Estado Parte, do tratamento descrito nos parágrafos 2 e 3 do presente Artigo.

227

Por fim, tratando-se de crime de lavagem de dinheiro (Lei n. 9.613/98), o agente colaborador poderá ser beneficiado com a redução da pena e fixação do regime aberto ou semiaberto para desconto da reprimenda corporal, facultado ao juiz deixar de aplicá-la ou substituí-la, a qualquer tempo, por pena restritiva de direitos, desde que, para tanto, ele tenha espontaneamente prestado esclarecimentos que conduzam à apuração das infrações penais, à identificação dos autores, coautores e partícipes, ou à localização dos bens, direitos ou valores objeto do crime (artigo 1º, § 5º).

No Brasil, constata-se que essa diversidade de diplomas legais e, mais disso, a amplitude de efeitos jurídicos instituídos em cada um deles, sempre fez do instituto da colaboração premiada algo de difícil aplicação prática.

O multiforme tratamento jurídico conferido à colaboração premiada, verdadeiro mosaico legislativo, distorceu sua finalidade e seus pontos positivos[102].

Não por acaso, a Lei n. 12.850, de 2 de agosto de 2013, que define organização criminosa e dispõe sobre a investigação criminal, os meios de obtenção de prova, infrações penais correlatas e o procedimento criminal, ao tratar da colaboração premiada, buscou sua racionalização, consolidando o instituto como meio de obtenção de prova[103] e negócio jurídico bilateral, com consequências jurídicas de ordem material e processual[104].

---

102. TURESSI, Flávio Eduardo. Breves apontamentos sobre crime organizado, delação premiada e proibição da proteção penal insuficiente. *Revista Jurídica ESMP-SP*, V.3, 2013. p. 235.

103. Artigo 3º. Em qualquer fase da persecução penal, serão admitidos, sem prejuízo de outros já previstos em lei, os seguintes meios de obtenção da prova: I – colaboração premiada.

104. Na visão de Fredie Didier Jr e Daniela Bomfim, "a colaboração premiada prevista na Lei n. 12.850/2013 é (i) ato jurídico em sentido lato, já que a exteriorização de vontade das partes é elemento cerne nuclear do seu suporte fático; (ii) é negócio jurídico, pois a vontade atua também no âmbito da eficácia do ato, mediante a escolha, dentro dos limites do sistema, das categorias eficaciais e seu conteúdo; (iii) é negócio jurídico bilateral, pois formado pela exteriorização de vontade de duas partes, e de natureza mista (material e processual), haja vista que as consequências jurídicas irradiadas são de natureza processual e penal material; (iv) é contrato, considerando a contraposição dos interesses envolvidos." (DIDIER JR., Fredie; BOMFIM, Daniela. Colaboração premiada (Lei n. 12.850/2013): natureza jurídica e controle da validade por demanda autônoma – um diálogo com o direito processual civil. In: CABRAL, Antonio do Passo; PACELLI, Eugênio; CRUZ, Rogério Schietti (Coordenadores). *Processo Penal*. 1. ed. Salvador: Juspodivm, 2016. p. 194-195).

Cap. 3 • NEGOCIAÇÃO PENAL COMO INSTRUMENTO DE POLÍTICA CRIMINAL

Com efeito, a natureza de negócio jurídico que se confere ao instituto encontra acolhida em diversos julgados do Supremo Tribunal Federal[105] e no artigo 1º da Orientação Conjunta n. 1/2018 do Ministério Público Federal, que disciplina o acordo no seu âmbito de atuação[106].

Assim, de acordo com o artigo 4º, caput, da Lei n. 12.850/2013, ao réu colaborador podem ser concedidos os seguintes benefícios: (I) perdão judicial; (II) redução em até dois terços da pena privativa de liberdade, e (III) substituição da pena privativa de liberdade por pena restritiva de direitos.

Para tanto, exige a lei que o réu tenha colaborado efetiva e voluntariamente com a investigação e com o processo criminal, com a verificação de ao menos um dos seguintes resultados: (I) identificação dos demais coautores e partícipes da organização criminosa; (II) revelação da estrutura hierárquica e da divisão de tarefas da organização criminosa; (III) prevenção de infrações penais decorrentes das atividades da organização criminosa; (IV) recuperação total ou parcial do produto ou do proveito das infrações penais praticadas pela organização criminosa; (v) a localização de eventual vítima com a sua integridade física preservada.

Nesse ponto, muito se discute sobre a possibilidade de serem estabelecidas sanções premiais extralegais no acordo de colaboração premiada disciplinado pela Lei n. 12.850/2013.

Discute-se, em suma, se é possível a aceitação, pelo colaborador, de outras sanções premiais que não estejam expressamente previstas na Lei de Organização Criminosa.

Como se pode imaginar, o tema é controverso.

Reconhecendo-se a natureza de negócio jurídico bilateral, sabe-se que a liberdade de escolha entre as partes celebrantes do acordo de colaboração premiada não é ilimitada, encontrando importantes restrições validamente instituídas pelo ordenamento jurídico, notadamente no campo dos princípios de Direito Penal constitucional, com especial destaque para a dignidade da pessoa humana e para a legalidade estrita,

---

105. Nesse sentido: STF, Pet 7074 QO, Relator: Min, EDSON FACHIN, Tribunal Pleno, j. em 29/06/2017, Acórdão Eletrônico DJe-085 Divulg 02-05-2018 Public 03-05-2018.

106. Ministério Público Federal. Orientação Conjunta nº 1/2018 – acordos de colaboração premiada. Disponível em: www.mpf.mp.br/atuacao-tematica/ccr5/orientacoes/orientacao-conjunta-no-1-2018.pdf. Acesso em: 10 mai. 2018.

que, de maneira indelével, conformam a livre manifestação de vontade do indivíduo na disposição de direitos e limitam o *ius puniendi* estatal.

Defendendo a ideia de limitação da disposição das partes na fixação do prêmio, Thiago Bottino afirma que, não obstante seja possível ao indivíduo realizar tudo aquilo que a lei não proíbe, é certo que os agentes públicos só podem atuar nos limites estabelecidos pela própria lei[107].

Nessa ordem de valores, na relatoria da Petição 7265, o ministro do Supremo Tribunal Federal Ricardo Lewandowski, em decisão datada de 14/11/2017, ao deixar de homologar o acordo firmado entre o Ministério Público Federal e o "marqueteiro" Renato Barbosa Rodrigues Pereira, que revelou a ocorrência de delitos como "caixa dois eleitoral", evasão de divisas e lavagem de dinheiro, e previa sanções premiais relacionadas ao montante e ao regime de cumprimento de penas privativas de liberdade, consignou que

> Ora, validar tal aspecto do acordo, corresponderia a permitir ao Ministério Público atuar como legislador. Em outras palavras, seria permitir que o órgão acusador pudesse estabelecer, antecipadamente, ao acusado, sanções criminais não previstas em nosso ordenamento jurídico, ademais de caráter híbrido. Com efeito, no limite, cabe ao Parquet, tão apenas – e desde que observadas as balizas legais – deixar de oferecer denúncia contra o colaborador, na hipótese de não ser ele o líder da organização criminosa e se for o primeiro a prestar efetiva colaboração, nos termos do que estabelece o § 4º do artigo 4º da Lei de regência. Não há, portanto, qualquer autorização legal para que as partes convencionem a espécie, o patamar e o regime de cumprimento de pena. Em razão disso, concluo que não se mostra possível homologar um acordo com tais previsões, uma vez que o ato jamais poderia sobrepor-se ao que estabelecem a Constituição Federal e as leis do País, cuja interpretação e aplicação – convém sempre relembrar – configura atribuição privativa dos magistrados integrantes do Judiciário, órgão que, ao lado do Executivo e Legislativo, é um dos Poderes do Estado, conforme consigna expressamente o artigo 3º do texto magno. Simetricamente ao que ocorre com a fixação da pena e o seu regime de cumprimento, penso que também não cabe às partes contratantes estabelecer novas hipóteses de suspensão do processo criminal ou fixar prazos e marcos legais de fluência da prescrição diversos daqueles estabelecidos pelo

---

107. BOTTINO, Thiago. Colaboração premiada e incentivos à cooperação no processo penal: uma análise crítica dos acordos firmados na "Operação Lava Jato". *Revista Brasileira de Ciências Criminais*, São Paulo, v. 122, ago. 2016.

Cap. 3 • NEGOCIAÇÃO PENAL COMO INSTRUMENTO DE POLÍTICA CRIMINAL

legislador, sob pena de o negociado passar a valer mais do que o legislado na esfera penal. Igualmente não opera nenhum efeito perante o Poder Judiciário a renúncia geral e irrestrita à garantia contra a autoincriminação e ao direito ao silêncio. O mesmo se diga quanto à desistência antecipada de apresentação de recursos, uma vez que tais renúncias, à toda evidência, vulneram direitos e garantias fundamentais do colaborador[108].

Não obstante o posicionamento acima indicado, nada impede que se importem, para o acordo de colaboração premiada, sanções premiais não expressamente previstas no texto da Lei n. 12.850/13, estejam elas previstas nas demais leis penais que tratam do tema ou fora delas.

Para tanto, inexistindo vício de vontade na manifestação exteriorizada pelo colaborador, caso em que o ajuste deverá ser evidentemente objetado, os princípios da dignidade da pessoa humana e da legalidade devem funcionar como limites negativos ao negócio, já que tradicionalmente idealizados para limitar o arbítrio estatal, e não como obstáculos à fixação de sanções premiais que sejam mais benéficas ao agente, ainda que não estejam expressamente previstas no texto legal.

Nessa direção, Andrey Borges de Mendonça pontua que,

> [...] o princípio da legalidade não tem o condão de impedir a utilização da analogia in *bonan partem*, pois se busca não ampliar o âmbito punitivo do Estado, mas, sim, conceder benefícios adequados a situação concreta e aderente à condição do imputado. Realmente, no processo penal consensual, calcado na autonomia da vontade, o princípio da legalidade pode ter uma interpretação menos rígida do que no processo penal tradicional[109].

Ainda nessa trilha, o próprio Supremo Tribunal Federal, por sua 1ª Turma, nos autos do Inquérito 4405, relator o ministro Luís Roberto Barroso, firmou o entendimento de que o princípio da legalidade, como uma garantia do colaborador, não se vê afrontado quando instituídas

---

108. STF, Pet 7265, Rel. Min. Ricardo Lewandowski, decisão datada de 14/11/2017. Disponível em: http://www.stf.jus.br/arquivo/cms/noticiaNoticiaStf/anexo/PET7265.pdf. Acesso em: 10 mai. 2019.

109. MENDONÇA, Andrey Borges de. Os benefícios possíveis na colaboração premiada: entre a legalidade e a autonomia da vontade. In: BOTTINI, Pierpaolo Cruz; MOURA, Maria Thereza de Assis (org.). *Colaboração premiada*. 1. ed. São Paulo: RT, 2017. p. 80.

sanções premiais mais benéficas em relação àquelas expressamente previstas em lei, sendo a decisão assim ementada:

> EMENTA: DIREITO PROCESSUAL PENAL. INQUÉRITO. ACESSO AOS ACORDOS DE COLABORAÇÃO PREMIADA. ILEGITIMIDADE DO INVESTIGADO. SIGILO IMPOSTO POR LEI. INVALIDADE DO ACORDO QUE, SEQUER EM TESE, PODERIA GERAR INVALIDADE DAS PROVAS. DESPROVIMENTO DO AGRAVO. 1. O Plenário do Supremo Tribunal Federal já firmou entendimento, em mais de uma ocasião (HC 127483 e PET 7074-AgR), no sentido de que o delatado não possui legitimidade para impugnar o acordo de colaboração premiada. É que seu interesse se restringe aos elementos de prova obtidos a partir dos acordos de colaboração premiada, e eventual ação penal seria o foro próprio para esta impugnação. A mudança jurisprudencial ocasional gera insegurança jurídica e reduz a confiança na jurisdição. 2. A negativa de acesso aos acordos de colaboração premiada pelo investigado delatado não afronta o enunciado de súmula vinculante nº 14, na medida em que não é o acordo em si que repercute na esfera jurídica do investigado, mas os elementos de prova produzidos a partir dele. E tais elementos estão nos autos, em especial, o depoimento dos colaboradores e os documentos por eles fornecidos. Após o recebimento da denúncia, se for o caso de instaurar a ação penal, o acordo será público e o investigado terá acesso a ele. 3.Eventuais ilegalidades em acordos de colaboração premiada não geram automaticamente a ilicitude das provas obtidas a partir dele. Isso porque o acordo, por si só, é apenas o instrumento por meio do qual o colaborador se obriga a fornecer os elementos de prova. Deste modo, apenas vícios de vontade do colaborador podem, em tese, gerar invalidade das provas produzidas. No caso sob exame, o acordo foi devidamente homologado pela autoridade competente (Presidente do Supremo Tribunal Federal), afastando, de plano e formalmente, qualquer ilegalidade ou vício de vontade. 4. A fixação de sanções premiais não expressamente previstas na Lei nº 12.850/2013, mas aceitas de modo livre e consciente pelo investigado não geram invalidade do acordo. O princípio da legalidade veda a imposição de penas mais graves do que as previstas em lei, por ser garantia instituída em favor do jurisdicionado em face do Estado. Deste modo, não viola o princípio da legalidade a fixação de pena mais favorável, não havendo falar-se em observância da garantia contra o garantido. 5. Agravo regimental a que se nega provimento[110].

---

110. STF, Inq 4405 AgRg, Rel. Ministro Luis Roberto Barroso, 1ª T., julgado em 27/02/2018 Public 05- 04-2018.

Cap. 3 • NEGOCIAÇÃO PENAL COMO INSTRUMENTO DE POLÍTICA CRIMINAL

E, tudo isso, sem se olvidar da necessidade de harmonização entre as sanções penais a serem aplicadas no acordo de colaboração premiada e as sanções administrativas e civis passíveis de serem igualmente aplicadas ao mesmo agente, pelo mesmo ilícito, em regular acordo de leniência instituído pela Lei de Defesa da Concorrência (Lei n. 12.529/2011) e em termo de compromisso de ajustamento de conduta, à luz da Lei de Improbidade Administrativa (Lei n. 8.429/92), a ser firmado com o Ministério Público.

Como será visto adiante, sobretudo no âmbito da criminalidade macroeconômica organizada, o ilícito penal perseguido pelo Estado pode traduzir-se, a um só tempo, também em ilícito civil e administrativo, sendo necessária a uniformidade de tratamento, pelos órgãos de controle, ao agente que, voluntariamente, decida colaborar com as investigações, em todas as esferas de repercussão, nos termos e requisitos previstos em lei.

De toda a sorte, não obstante o avanço sentido a partir da novidade legislativa de 2013, o acordo de colaboração premiada não é prova definitiva em desfavor do agente delatado.

Para o Supremo Tribunal Federal, deve-se distinguir o acordo celebrado na fase extrajudicial do seu conteúdo materializado em solo judicial, à luz do contraditório.

Consoante o entendimento assentado pelo Plenário da Corte Constitucional, nos autos do *Habeas Corpus* n. 127.483, relator ministro Dias Toffoli, julgado em 27.08.2015 (DJe 03.02.2016, public. 04.02.2016):

> Enquanto o acordo de colaboração é meio de obtenção de prova, os depoimentos propriamente ditos do colaborador constituem meio de prova, que somente se mostrarão hábeis à formação do convencimento judicial se vierem a ser corroborados por outros meios idôneos de prova.

Entretanto, há quem sustente ser equivocado cindir o acordo de colaboração premiada a partir do momento de sua proposição, vale dizer, extrajudicial (preliminar) e judicial, e, dessa forma, conferir natureza jurídica distinta para suas "duas metades" – meio de obtenção de prova na fase extrajudicial e meio de prova na fase da instrução processual.

Sintetizando a objeção, Stefan Espírito Santo Hartmann afirma que

[...] o Supremo Tribunal Federal adotou entendimento por demais reducionista ao identificar o instituto da colaboração premiada tão somente como negócio jurídico processual ou como ajuste preliminar de colaboração. Isso porque o acordo preliminar é apenas uma das faces ou etapas da colaboração premiada, razão pela qual não pode ser identificado como a categoria jurídica em si mesma, na sua inteireza[111].

De outro lado, uma vez homologado o acordo, não tem o investigado a garantia plena de vir a receber os benefícios propostos, já que a decisão homologatória, de natureza interlocutória, não produz efeito de coisa julgada, podendo tanto o Ministério Público quanto o próprio colaborador, com fundamento no artigo 4º, § 10, da Lei n. 12.850/2013, retratarem-se do quanto avençado[112].

Discorrendo sobre o momento apropriado para a retratação do acordo, Callegari e Linhares distinguem a proposta de acordo de colaboração do acordo em si, afirmando que

[...] durante a fase de negociações, até a aceitação da proposta, poderá o agente colaborador se retratar da proposta, situação na qual os elementos de prova produzidos até o momento não poderão ser utilizados contra si, mas apenas contra terceiros. Após assinado o acordo pelas partes, não poderá mais haver a retratação – a hipótese, a partir de então, pode ser de descumprimento do pactuado[113].

De toda a sorte, malgrado seja saudável que se busque o reconhecimento do quanto ajustado como forma de viabilidade do próprio instrumento em nosso sistema jurídico, a observância do conteúdo do acordo homologado na futura decisão judicial, sentença ou acórdão, está intimamente relacionada à efetividade da própria colaboração.

De outro ângulo, sabe-se que o instituto da colaboração premiada não está imune a críticas.

---

111. HARTMANN, Stefan Espírito Santo. O papel do juiz nos acordos de colaboração premiada. In: PACELLI, Eugênio; CORDEIRO, Nefi; REIS JÚNIOR, Sebastião dos (Coordenadores). *Direito penal e processual penal contemporâneos*. 1. ed. São Paulo: Atlas, 2019. p. 162.

112. GRECO FILHO, Vicente. *Comentários à lei de organização criminosa*: Lei nº 12.850/13. São Paulo: Saraiva, 2014. p. 41.

113. CALLEGARI, André Luís; LINHARES, Raul Marques. *Colaboração premiada*: lições práticas e teóricas: de acordo com a jurisprudência do Supremo Tribunal Federal. 1. ed. Porto Alegre: Livraria do Advogado, 2019. p. 140-141.

Cap. 3 • NEGOCIAÇÃO PENAL COMO INSTRUMENTO DE POLÍTICA CRIMINAL

Ao lado de questionamentos pautados em reflexões de ordem moral e voltados à possível violação de uma espécie particular de ética ínsita e própria de pessoas inseridas em organizações e ações criminosas, as objeções mais comuns formuladas em desfavor da colaboração premiada dizem respeito à sua (aparente) contradição com o modelo acusatório, ao excesso de utilitarismo do instituto e ao *déficit* ou falência do próprio Estado no controle da criminalidade organizada.

Avesso à via negocial no processo penal brasileiro, Giacomolli, endossando as críticas, afirma que

> [...] o processo penal não se destina a privilegiar os que dispõem de condições de pagar para não comparecer às audiências, para não responder ao processo criminal clássico, para não ser investigado e, em suma, para não ser condenado criminalmente. No processo penal estão em jogo os direitos fundamentais da pessoa, os quais correm o risco de fragilização com a participação cada vez maior de pessoas privadas (vítimas, associações) que buscam a satisfação de um interesse particular e não de um interesse público. O processo penal não se destina a iniciativas que o considerem um *market system*, aniquiladoras do direito penal (FAIRÉN GUILLÉN, 1992, p. 23) ou à comercialização da justiça criminal, como ocorre nas negociações da plea bargaining[114].

Todavia, as objeções não procedem.

Consoante já explicitado no subitem 3.3 deste livro, é perfeitamente possível falar-se em espaços de consenso no bojo do sistema acusatório, em oportunidade regrada e disciplinada pela lei, sem que se afronte aquele modelo.

Também como já adiantado naquele subitem, sem que se viole o princípio da proporcionalidade penal, notadamente da sua face impeditiva da proteção penal insuficiente, deve-se prestigiar critérios de política criminal que aproximem o interesse público da persecução penal com o interesse público na conformação de um sistema de aplicação da lei penal mais eficiente, célere e eficaz.

Rebatendo as críticas, Dino destaca que,

> Não há dúvida de que o Estado deve respeitar e promover os direitos e garantias individuais, erigindo um conjunto de normas destinadas

---

114. GIACOMOLLI, Nereu José. *O devido processo penal*: abordagem conforme a Constituição Federal e o Pacto de São José da Costa Rica. 3. ed. São Paulo: Atlas, 2016. p. 332.

à sua prevalência. Mas não se pode olvidar outros compromissos igualmente relevantes. Cabe ao Estado, também, promover a ordem social, garantir a segurança, estabilizar relações conflituosas, tudo isso sob o manto de um sistema pautado pelo respeito a direitos individuais. Sendo verdadeiro que a realização da justiça é muito mais que um mero compromisso retórico, o Estado pode e deve valer-se de instrumentos que, de um lado, não descambem para o abuso e a violação de direitos, mas que, de outro, assegurem a efetividade dos mecanismos de controle e repressão, proporcionando justa resposta aos ilícitos que afetam bens jurídicos relevantes, e preservando a confiabilidade do corpo social[115].

E, cuidando-se do enfrentamento à criminalidade macroeconômica organizada, não há dúvidas de que a via negocial deve servir como importante instrumento para a recuperação do produto do crime, muitas vezes, cifras inimagináveis e inalcançáveis pelas vias assecuratórias tradicionalmente previstas no Código de Processo Penal (sequestro, arresto e especialização de hipoteca legal), já que pulverizadas em ocultas e típicas atividades de lavagem de dinheiro.

Na medida em que a Lei n. 12.850/13 condiciona a concessão do prêmio à verificação de resultados concretos, um deles a recuperação total ou parcial do produto ou do proveito das infrações penais praticadas pela organização criminosa[116], e que o próprio Código Penal, em seu artigo 91, inciso II, alínea "b", estabelece como efeito extrapenal genérico da condenação a perda em favor da União, ressalvado o direito do lesado ou de terceiro de boa-fé, do produto do crime (*producta sceleris*) ou de qualquer bem ou valor que constitua proveito auferido pelo agente com a prática do fato criminoso, a recuperação do dinheiro desviado deve ser estimulada pela via negocial.

Na observação de Fonseca,

> [...] a condenação através de um processo penal clássico por crime de corrupção acarreta, para o réu, invariavelmente, a obrigação de reparar o dano causado ao erário, não podendo, portanto, o Ministério Público, em um acordo de colaboração premiada, abrir mão da recuperação dos valores desviados em troca de informações[117].

---

115. DINO, op. cit., p. 520.

116. Artigo 4º. [...]. IV – a recuperação total ou parcial do produto ou do proveito das infrações penais praticadas pela organização criminosa.

117. FONSECA, Cibele Benevides Guedes da, op. cit., p. 199.

Além disso, na esteira do afirmado no subitem 1.4.3.1 deste estudo, impõe-se que o acordo de colaboração premiada celebrado no enfrentamento da delinquência econômica contemple, ao lado da recuperação dos ganhos ilícitos, a reparação dos danos, incluindo-se aqui o dano moral coletivo, com a reversão dos valores para um Fundo especial, criado por lei e submetido às instâncias ordinárias de controle, para a reparação dos danos coletivos, materiais e imateriais, provocados por ações criminosas difusas desenvolvidas pela macrocriminalidade econômica organizada.

É preciso deixar claro que, cuidando-se de atividades relacionadas à criminalidade macroeconômica organizada, ao lado dos visíveis e concretos danos materiais, as práticas vistas nessa quadra de violações alcançam, ainda, danos imateriais, notadamente a quebra da confiança na estabilidade dos mercados, de cuja reparação não se pode prescindir pela via negocial.

E, para tanto, não se pode olvidar que o desenvolvimento das ações criminosas organizadas na esfera econômica ocorre tanto no âmbito de atividades ilícitas quanto empresariais lícitas, de maneira simultânea, peculiaridade que não é dado ao órgão do Ministério Público que celebre o acordo ignorar.

Como destaca Omar Gabriel Orsi,

> El aspecto económico importa en tanto que esas actividades generen rendimientos, pero no por este punto en sí, sino porque tales médios pueden emplearse para expandir la organización o aplicarse en la economía lícita, perjudicándola[118].

Em suma, a reparação dos danos promovida por meio do acordo de colaboração premiada deve ser a mais abrangente possível, alcançando, inclusive, o dano moral coletivo.

De *lege ferenda*, no início do mês de fevereiro, do ano de 2019, o Ministério da Justiça, pelas mãos de seu ministro Sérgio Moro, noticiou a confecção de um Anteprojeto de Lei, largamente difundido pelos meios de imprensa como "Pacote Anticrime e Anticorrupção", por meio do qual se busca, pela via legislativa, a adoção de medidas contra a corrupção, o crime organizado e contra os crimes violentos.

---

118. ORSI, Omar Gabriel. *Sistema penal y crimen organizado*. Estrategias de aprehensión y criminalización del conflicto. 1. ed. Ciudad Autónoma de Buenos Aires: Del Puerto, 2007. p. 48.

Dentre outras medidas, o texto proposto introduz, no bojo do Código de Processo Penal, em um inédito artigo 395-A, o denominado acordo penal, por intermédio do qual, após o recebimento da denúncia ou da queixa e até que tenha início a instrução processual, o Ministério Público ou o querelante e o acusado, devidamente assistido por seu defensor, poderão requerer, por meio de acordo penal, a aplicação imediata das penas, sendo que, nos termos do seu § 8º, o acordo homologado passa a ser considerado sentença penal condenatória.

Assim, ao contrário do que se verifica no *plea bargaining system*, o acordo penal proposto pelo Ministério da Justiça não pode ocorrer na fase pré- processual, antes do oferecimento da denúncia ou queixa, mas apenas em momento posterior.

Com isso, para que possa ser formulado, a denúncia ou a queixa devem ter sido apreciadas à luz do artigo 395 do Código de Processo Penal, que cuida das condições da ação e pressupostos processuais para seu legítimo exercício, evitando- se, com isso, o denominado excesso acusatório (*overcharging*) – o excesso de acusação pelo Ministério Público que, não raras vezes, se atribuiu ao sistema norte- americano, de forma crítica, como um de seus pontos negativos.

Cuida-se de medida de natureza negocial que, rompendo paradigmas, seguindo a tendência vista em importantes ordenamentos jurídicos de cariz romano- germânica, para além de reconduzir o agente à licitude, não se descura das questões afetas ao inchaço populacional prisional.

3.4. ACORDO DE NÃO PERSECUÇÃO PENAL E AS RESOLUÇÕES 181/17 E 183/17 DO CONSELHO NACIONAL DO MINISTÉRIO PÚBLICO

Inovando na organização de Ministério Público no Brasil, a Emenda Constitucional n. 45, de 8 de dezembro de 2004, com indisfarçável viés neoliberal, criou o Conselho Nacional do Ministério Público – CNMP –, órgão colegiado composto por quatorze membros nomeados pelo Presidente da República, depois de aprovada a escolha pela maioria absoluta do Senado Federal, para um mandato de dois anos, admitida uma recondução, e confiando-lhe a atribuição de controle (externo) da atuação administrativa e financeira da Instituição e do cumprimento dos deveres funcionais de seus membros[119].

---

119. Artigo 130-A. O Conselho Nacional do Ministério Público compõe-se de quatorze membros nomeados pelo Presidente da República, depois de aprovada a escolha pela maioria absoluta

Cap. 3 • NEGOCIAÇÃO PENAL COMO INSTRUMENTO DE POLÍTICA CRIMINAL

Cuidando-se de órgão constitucional autônomo e independente[120], a possibilidade revisional de suas decisões pelo Supremo Tribunal Federal, em competência originária, em nada limita ou restringe sua independência institucional, já que não transforma a Corte Constitucional em instância revisora de toda e qualquer decisão do Colegiado (bem como do Conselho Nacional de Justiça, órgão gemelar).

Como órgão administrativo, o Conselho Nacional do Ministério Público não fiscaliza a atividade-fim dos membros do Ministério Público brasileiro, restando absolutamente preservada a independência funcional que lhes é organicamente conferida para o desempenho de suas graves funções (artigo 127, § 1º, da Constituição Federal de 1988).

Não por acaso, o próprio Conselho Nacional do Ministério Público, ao editar o Enunciado n. 6/09, pontuou que

> Os atos relativos à atividade fim do Ministério Público são insuscetíveis de revisão ou desconstituição pelo Conselho Nacional do Ministério Público. Os atos praticados em sede de inquérito civil público, procedimento preparatório ou procedimento administrativo investigatório dizem respeito à atividade finalística, não podendo ser revistos ou desconstituídos pelo Conselho Nacional do Ministério Público, pois, embora possuam natureza administrativa, não se confundem com aqueles referidos no art. 130-A, § 2º, inciso II, CF, os quais se referem à gestão administrativa e financeira da Instituição.

De acordo com Martins Junior,

> A análise do conjunto de funções constitucionais do Conselho Nacional do Ministério Público permite classificar suas competências ou funções, quanto ao objeto, em (a) gerais, como o controle da atuação administrativa e financeira do Ministério Público enquanto órgão ou instituição (competência administrativa e financeira) e do cumprimento dos deveres funcionais de seus membros (competência disciplinar), e (b) especiais, derivadas daquelas, agrupadas nas competências normativa (e recomendatória), revisora e disciplinar (originária e revisional), incidentes sobre atos administrativos da

---

do Senado Federal, para um mandato de dois anos, admitida uma recondução. § 2º. Compete ao Conselho Nacional do Ministério Público o controle da atuação administrativa e financeira do Ministério Público e do cumprimento dos deveres funcionais de seus membros.

120. GARCIA, Émerson. *Ministério Público*: organização, atribuições e regime jurídico. 3. ed. Rio de Janeiro: Lumen Juris, 2008. p. 122.

instituição ou conduta de membros, reflexivas da normatização, supervisão e disciplina. Enquanto a competência revisora incide sobre atos administrativos do órgão, a sancionadora atua sobre a conduta dos membros[121].

De todas as funções originariamente confiadas ao Colegiado, aquela que interessa mais de perto para o presente estudo é a atribuição normativa prevista no artigo 130-A, § 2º, inciso I, da Carta Política de 1988, função de natureza primária da qual podem emanar atos de caráter geral, abstrato e impessoal[122].

Destarte, não se pode negar que as Resoluções emanadas pelo Conselho Nacional do Ministério Público possuem caráter normativo primário.

Aliás, vale a pena consignar que o Supremo Tribunal Federal (Pleno), nos autos da Ação Declaratória de Constitucionalidade (ADC) n. 12 – Distrito Federal, relator, o ministro Carlos Ayres Britto, assentou que as Resoluções emanadas pelo Conselho Nacional de Justiça (e, por paridade, do Conselho Nacional do Ministério Público), são atos administrativos primários, abstratos e autônomos, tendo por fundamento de validade o próprio texto constitucional[123].

---

121. MARTINS JUNIOR, Wallace Paiva. *Ministério Público*: a Constituição e as leis orgânicas. São Paulo: Atlas, 2015. p. 322-323.

122. CARVALHO FILHO, José dos Santos. Conselhos Nacionais da Justiça e do Ministério Público: perplexidades e hesitações. *Interesse Público*, v. 63, p. 15-38.

123. EMENTA: AÇÃO AÇÃO DECLARATÓRIA DE CONSTITUCIONALIDADE, AJUIZADA EM PROL DA RESOLUÇÃO Nº 07, de 18.10.05, DO CONSELHO NACIONAL DE JUSTIÇA. ATO NORMATIVO QUE 'DISCIPLINA O EXERCÍCIO DE CARGOS, EMPREGOS E FUNÇÕES POR PARENTES, CÔNJUGES E COMPANHEIROS DE MAGISTRADOS E DE SERVIDORES INVESTIDOS EM CARGOS DE DIREÇÃO E ASSESSORAMENTO, NO ÂMBITO DOS ÓRGÃOS DO PODER JUDICIÁRIO E DÁ OUTRAS PROVIDÊNCIAS'. PROCEDÊNCIA DO PEDIDO. 1. Os condicionamentos impostos pela Resolução nº 07/05, do CNJ, não atentam contra a liberdade de prover e desprover cargos em comissão e funções de confiança. As restrições constantes do ato resolutivo são, no rigor dos termos, as mesmas já impostas pela Constituição de 1988, dedutíveis dos republicanos princípios da impessoalidade, da eficiência, da igualdade e da moralidade. 2. Improcedência das alegações de desrespeito ao princípio da separação dos Poderes e ao princípio federativo. O CNJ não é órgão estranho ao Poder Judiciário (art. 92, CF) e não está a submeter esse Poder à autoridade de nenhum dos outros dois. O Poder Judiciário tem uma singular compostura de âmbito nacional, perfeitamente compatibilizada com o caráter estadualizado de uma parte dele. Ademais, o art. 125 da Lei Magna defere aos Estados a competência de organizar a sua própria Justiça, mas não é menos certo que esse mesmo art. 125, *caput*, junge essa organização aos princípios "estabelecidos" por ela, Carta Maior, neles incluídos os constantes do art. 37, cabeça. 3. Ação julgada procedente para: a) emprestar interpretação conforme à Constituição para deduzir a função de chefia do substantivo 'direção' nos incisos II, III, IV, V do artigo 2 o do ato normativo em foco; b) declarar a constitucionalidade da Resolução

Cap. 3 • NEGOCIAÇÃO PENAL COMO INSTRUMENTO DE POLÍTICA CRIMINAL

No exercício dessa relevante função, o Conselho Nacional do Ministério Público, buscando conferir maior agilidade ao sistema penal brasileiro, editou a

Resolução n. 181, de 7 de agosto de 2017, publicada no dia 8 de setembro daquele ano, posteriormente alterada pela Resolução n. 183, de 24 de janeiro de 2018, dispondo sobre a instauração e tramitação do procedimento investigatório criminal, procedimento administrativo a cargo do órgão do Ministério Público, e introduzindo, em nosso ordenamento, a figura do *acordo de não persecução penal* para infrações penais de média gravidade.

Nos termos do artigo 18, *caput*, da Resolução n. 181/2017, não sendo o caso de arquivamento, o Ministério Público poderá propor ao investigado acordo de não persecução penal quando, cominada pena mínima inferior a quatro anos e o crime não for cometido com violência ou grave ameaça à pessoa, o investigado tiver confessado formal e circunstanciadamente a sua prática, mediante as seguintes condições, ajustadas cumulativa ou alternativamente: I – reparar o dano ou restituir a coisa à vítima, salvo impossibilidade de fazê-lo; II – renunciar voluntariamente a bens e direitos, indicados pelo Ministério Público como instrumentos, produto ou proveito do crime; III – prestar serviço à comunidade ou a entidades públicas por período correspondente à pena mínima cominada ao delito, diminuída de um a dois terços, em local a ser indicado pelo Ministério Público; IV – pagar prestação pecuniária, a ser estipulada nos termos do artigo 45 do Código Penal, a entidade pública ou de interesse social a ser indicada pelo Ministério Público, devendo a prestação ser destinada preferencialmente àquelas entidades que tenham como função proteger bens jurídicos iguais ou semelhantes aos aparentemente lesados pelo delito; V – cumprir outra condição estipulada pelo Ministério Público, desde que proporcional e compatível com a infração penal, ao que parece, praticada.

Ainda de acordo com a Resolução, cumprido o acordo, o Ministério Público promoverá o arquivamento da investigação em Juízo, nos termos do seu artigo 18, § 11, não se falando em extinção da punibilidade do indivíduo pelo cumprimento de sanção penal.

Trata-se de medida de política criminal que, incidindo claramente sobre a obrigatoriedade da ação penal, amplia os espaços de consenso

---

n2 07/2005, do Conselho Nacional de Justiça. (STF – ADC 12, Rel. Min. Ayres Britto, Tribunal Pleno, j. em 28.08.2008, DJe nº 237).

entre o Ministério Público e o investigado, pela via negocial, com o consequente arquivamento das investigações, após cumpridas suas condições.

De acordo com Antonio Henrique Graciano Suxberger,

> O Ministério Público, portanto, quando celebra o acordo de não persecução penal está longe de 'perdoar' o investigado ou mesmo de manejar o *jus puniendi* estatal, pois este deriva inafastavelmente de manifestação jurisdicional. Não há, pois, extinção de punibilidade em acordo de não persecução penal. Nem se poderia disso falar, pois, afinal, não houve exercício do direito de ação. O ponto aqui é outro: não há razão de provocação da tutela jurisdicional, enquanto garantia constitucional, porque o direito por ela veiculado já restou sobejamente atendido por via alternativa e despenalizante[124].

De fato, diante da morosidade do sistema penal brasileiro, a via consensual para a solução das controvérsias penais deve ser realmente estimulada, e o acordo de não persecução penal, voltado às infrações penais de média gravidade, busca fazer com que o Ministério Público e o próprio Poder Judiciário priorizem a persecução penal de delitos mais graves.

Como já foi assentado nas linhas iniciais deste capítulo, a obrigatoriedade da ação penal não foi expressamente instituída no Código de Processo Penal de 1941, sendo perfeitamente possível a criação de espaços de oportunidade no sistema acusatório que, longe de infirmá--lo, buscam aperfeiçoá-lo com vistas à aplicação de uma Justiça Penal mais célere e eficaz.

Todavia, não obstante os avanços proporcionados e a aceitação do acordo por respeitados setores do Ministério Público brasileiro, como o visto no judicioso voto n. 2958/2018, proferido nos autos do Procedimento n. 2017.50.01.501767-5, da 2ª Câmara de Coordenação e Revisão do Ministério Público Federal, relator o Subprocurador-Geral da República Nicolao Dino[125], e no consistente posicionamento externado

---

124. SUXBERGER, Antonio Henrique Graciano. O acordo de não persecução penal: reflexão a partir da inafastabilidade da tutela jurisdicional. In: CUNHA, Rogério Sanches et al. *Acordo de não persecução penal*. 1. ed. Salvador: Juspodivm, 2019. p. 111.

125. EMENTA: INQUÉRITO POLICIAL. CRIME DE USO DE DOCUMENTO FALSO (CP, ART. 297 C/C 304). MPF: PROPOSTA DE ACORDO DE NÃOPERSECUÇÃO PENAL (ART. 18 DA RESOLUÇÃO N. 181/2017 DO CNMP). DISCORDÂNCIA DO MAGISTRADO: CARÊNCIA DE BASE LEGAL. ANALOGIA AO ART. 28, CPP, C/C LC Nº 75/93, ART. 62, IV. CONSTITUCIONALIDADE DA RESOLUÇÃO N.

Cap. 3 • NEGOCIAÇÃO PENAL COMO INSTRUMENTO DE POLÍTICA CRIMINAL

181/2017 DO CNMP. IMPLEMENTAÇÃO DO ACORDO. 1. Trata-se de Inquérito Policial instaurado para apurar a prática do crime de uso de documento falso (CP, art. 297 c/c art. 304), por parte de investigado que apresentou diploma falso de técnico em eletrônica perante o CREA/ES. 2. Considerando as diretrizes da Resolução n. 181/2017 do CNMP, bem como o preenchimento de todos os requisitos previsto no art. 18 do respectivo ato normativo primário, foi proposto pelo *parquet* o compromisso do investigado de pagar prestação pecuniária no valor de R$ 5.000,00 (cinco mil reais), como forma de Acordo de Não-Persecução Penal.3. Em atenção à alteração promovida pela Resolução n. 183/2018, que modificou o art. 18 da Resolução n. 181/2017 estabelecendo em seu §5º que *"se o juiz considerar o acordo cabível e as condições adequadas e suficientes, devolverá os autos ao Ministério Público para sua implementação",* os autos foram remetidos ao Juízo Federal, pugnando o MPF pela homologação judicial do acordo de modo a viabilizar sua implementação. 4. O Magistrado Federal, por sua vez, manifestou-se, em síntese, no sentido de que *"sem adentrar os termos e condições especificados na avença, e muito embora reconheça a absoluta pertinência das considerações que levaram o CNMP a editar a Resolução n. 181/2017, não vejo embasamento legal ou constitucional a ensejar o pretendido crivo em homologação judicial".* 5. Importante esclarecer que o mencionado acordo pretende dar maior racionalidade ao sistema penal brasileiro. Ele permite que o Ministério Público e o Poder Judiciário priorizem os delitos mais graves. Possibilita também uma resposta muito mais rápida aos crimes de pouca gravidade, o que pode ocorrer, inclusive, poucos dias após o crime. Tal proposta segue o exemplo de países como os Estados Unidos e Alemanha, nos quais a grande maioria dos casos penais são resolvidas por meio de acordo. 6. No caso do Brasil, a principal objeção que se faz à resolução é exatamente a falta de previsão legal específica. Contudo, além do exemplo da experiência alemã, é possível trazer argumentos concretos a favor da constitucionalidade da Resolução 181/17 do CNMP e de sua eficácia. 7. O STF já reconheceu que as resoluções do CNJ, e portanto, também, as do CNMP, ostentam *"caráter normativo primário"* (STFADC 12 MC). Desse modo, o CNJ e o CNMP, *"no exercício de suas atribuições administrativas"* ostentam o poder de *'expedir atos regulamentares'. Esses, por sua vez, são atos de comando abstrato que dirigem aos seus destinatários comandos e obrigações, desde que inseridos na esfera de competência do órgão."* (STF – MS 27621). Por conseguinte, à semelhança das audiências de custódia – disciplinadas pela Resolução 213, de 2015 do CNJ – embora careça de legislação específica, o acordo de não persecução penal decorre do sistema acusatório instituído pela Constituição da República de 1988 (artigo 129, inciso I). 8. A Resolução n. 181/17 busca apenas aplicar os princípios constitucionais da eficiência, da proporcionalidade, da celeridade e do acusatório. 9. Nessa linha, o Magistrado espanhol e criminalista Barja de Quiroga afirma que *"o princípio da oportunidade encontra-se fundado em razões de igualdade, pois corrige as desigualdades do processo de seleção; em razões de eficácia, dado que permite excluir causas carentes de importância, que impedem que o sistema penal se ocupe de assuntos mais graves; em razões derivadas da atual concepção de pena, já que o princípio da legalidade entendido em sentido estrito (excludente da oportunidade), somente conjuga uma teoria retributivista de pena".* (Barja de Quiroga. Tratado de Derecho Penal, Tomo I, p. 470). Acerca deste último aspecto, Roxin e Schünemann consignam que: *"com a substituição das teorias absolutas [retributivas] da pena, pelas teorias da prevenção geral e especial, que vinculam a aplicação da pena às necessidades sociais e à sua utilidade, o princípio da legalidade acabou perdendo parte de sua fundamentação teórica originária."* (Roxin; Schünemann. Strafverfahrensrecht, 27ª ed., p. 77). 10. A autorização para a celebração do acordo não consubstancia norma de direito processual, uma vez que não trata *"do contraditório, do devido processo legal, dos poderes, direitos e ônus que constituem a relação processual, como também das normas que regulam os atos destinados a realizar a causa finalis da jurisdição"* (STF – ADI 2.970), já que disciplina questões prévias ao processo penal e externas ao exercício da jurisdição. Com semelhante raciocínio, pontua Ada Pellegrini Grinover, que na transação penal, a qual guarda semelhanças com o acordo, *"estamos perante uma fase administrativa*

pela Procuradoria-Geral de Justiça do Estado de São Paulo, nos autos do Inquérito Policial n. 1500213-15.2018.8.26.0417 – 3ª Vara Judicial da Comarca de Paraguaçu Paulista/SP[126], tem-se que a inconstitucionalidade da

---

em que não há sequer acusado, o processo jurisdicional não se iniciou" (Grinover et alli. Juizados Especiais Criminais, 5ª ed., p. 157), de modo que a regulamentação do acordo pela resolução não constitui invasão da competência legislativa da União para tratar de matéria processual (CF, artigo 22, I), vez que o acordo está inserido em um no âmbito meramente administrativo, do Procedimento Investigatório Criminal (PIC) do Ministério Público. 11. A nova normativa propõe regulamentar e aplicar diretamente dispositivos constitucionais intrinsecamente relacionados à atuação do Ministério Público, inserindo-se, pois, no âmbito da competência do CNMP (CF, artigo 130-A, § 2º e seus incisos I e II). 12. O Supremo já reconheceu a constitucionalidade formal de atos normativos em condições muito semelhantes (por exemplo, STF – ADI 5104 MC), permitindo, inclusive, a regulamentação, por resolução do CNJ, de prazos e condições para a apresentação de presos à audiência de custódia (STF – ADPF 347 MC). 13. Conforme o voto do relator da PROPOSTA Nº 1.00927/2017-69 que gerou a RESOLUÇÃO Nº 183, de 2018, Conselheiro Lauro Machado Nogueira, *"Como já debatido no âmbito da Resolução nº 181/2017, busca-se uma solução institucional para resguardar a persecução penal em juízo efetivamente para crimes mais graves. É, inclusive, determinação veiculada na ADPF 347 (MC) – a que reconheceu o estado de coisas inconstitucional do sistema prisional brasileiro."* 14. Implementação do Acordo de Não- persecução Penal, em analogia ao expresso na parte final do artigo 28, do CPP.

126. EMENTA: Inquérito policial para apuração do crime de falso testemunho em processo penal (CP, art. 342, § 1º), em que o D. Promotor de Justiça vislumbra indícios de materialidade e autoria do delito, mas postula, atento aos termos das Resoluções 181/17 e 183/18, do CNMP, a intimação da defesa, para que manifeste eventual interesse na celebração do acordo de não-persecução penal. Pleito indeferido pela Magistrada, sob os seguintes fundamentos: a) o instituto é inconstitucional, pois a resolução do CNMP regula matéria em que a competência é privativa da União, para legislar (CF, art. 22, I); b) se o titular da ação penal vislumbra indícios de materialidade e autoria, em tese está obrigado a oferecer denúncia; c) além disso, estão em julgamento perante o STF duas ADIs que questionam dispositivos da resolução 181/17, uma proposta pelo Conselho Federal da OAB, outra pela Associação dos Magistrados Brasileiros (ADIs 5793 e 5790), de modo que seria recomendável, então, aguardar o pronunciamento da Suprema Corte sobre a matéria. Finalmente, aplicou por analogia o disposto no art. 28, do CPP, a fim de que esta Procuradoria-Geral de Justiça revise a postura ministerial. Em suma, este o relatório do necessário. Esta Procuradoria-Geral de Justiça tem defendido que o acordo de não- persecução penal, observados os requisitos implementados pelas Resoluções 181/17 e 183/18, do CNMMP, é o futuro do processo penal, atende aos interesses da sociedade e do próprio acusado, no sentido de que haja resposta célere aos delitos nos quais é permitido. Além disso, o Ministério Público, titular exclusivo da ação penal pública, nos termos do art. 129, I, da Constituição Federal, tem o poder- dever de verificar a presença dos requisitos para celebração do acordo, formulá-lo com observância das diretrizes constantes das resoluções supramencionadas, do CNMP, e submetê-lo à apreciação judicial, não estando prevista a exigência de homologação judicial. Se o juiz não concordar com os termos do acordo proposto, poderá encaminhá-lo à revisão desta Procuradoria-Geral de Justiça. Se entender que está em termos, deverá devolvê-lo ao Ministério Público, para que no âmbito desta Instituição se dê o efetivo cumprimento do avençado. Além disso, a pendência de duas ações diretas de inconstitucionalidade perante o STF não constitui óbice à celebração do acordo de não-persecução penal, pois em nenhuma delas a Suprema Corte emitiu decisão afastando a vigência dos dispositivos da Resolução 181/17, tampouco proibiu a celebração do acordo

Resolução n. 181/2017, por vício de forma, é objeto das Ações Diretas de Inconstitucionalidade n. 5.790, proposta pela Associação dos Magistrados Brasileiros (AMB), e n. 5.793, aforada pelo Conselho Federal da Ordem dos Advogados do Brasil, ainda pendentes de julgamento de mérito quando do encerramento deste estudo.

De toda a forma, ao analisar-se a formatação conferida ao acordo de não persecução penal no sistema de Justiça Penal brasileiro, descortina-se a necessidade de, com ele e a partir dele, serem (re) adequadas outras disposições penais e processuais ao novo modelo de aplicação da lei penal instituído, notadamente do regramento afeto à ação penal privada subsidiária da pública.

Como se sabe, há prazos previamente estabelecidos em lei para que o Ministério Público, encerradas as investigações policiais, promova a ação penal, oferecendo denúncia em desfavor daqueles contra os quais haja suficientes indícios de autoria e de materialidade delitivas.

Caso o órgão do Ministério Público deixe expirar seu prazo sem o oferecimento de denúncia, promoção de arquivamento, ou restituição das investigações à origem para que sejam eventualmente complementadas, abre-se oportunidade para que aqueles legitimados ao exercício do direito de queixa ofereçam a ação penal de forma subsidiária, nos termos do artigo 29, do Código de Processo Penal.

Cuidando-se de hipótese absolutamente excepcional e raramente vista no dia-a-dia forense, impõe-se a necessidade de se compatibilizar o exercício da ação penal privada subsidiária da pública com o acordo de não persecução penal.

A Resolução, em seu artigo 18, §§ 4º e 5º, não fala expressamente na necessidade de homologação judicial para que o ajuste possa surtir seus efeitos, notadamente porque, de acordo com a sistemática adotada, não há pena a ser cumprida.

Com a redação que lhe foi conferida pela Resolução n. 183, de 24 de janeiro de 2018, realizado o acordo, a vítima será comunicada por qualquer meio idôneo e os autos serão submetidos à apreciação judicial, sendo que, se o magistrado considerar o acordo cabível e as condições

---

de não-persecução penal. SOLUÇÃO: insiste-se na adequada postura do Digno Promotor de Justiça da Comarca de Paraguaçu Paulista, com a recomendação de que convide a ilustre defensora nomeada a comparecer à Promotoria de Justiça a fim de que manifeste eventual interesse na celebração do acordo, formalize-o, se for o caso, com observância das diretrizes traçadas nas Resoluções do CNMP, submetendo-o à apreciação judicial.

adequadas e suficientes, *devolverá* os autos ao Ministério Público para sua implementação.

Com isso, identifica-se um vácuo na atuação do Ministério Público, a partir do encerramento dos trabalhos investigatórios, que se estende até o cabal cumprimento do quanto ajustado.

Nessa hipótese, como observa Garcia,

> [...] é plenamente possível que a vítima, valendo-se do disposto no artigo 5º, LIX, da Constituição da República, ajuíze a ação penal privada subsidiária da pública, em razão do não oferecimento da denúncia, pelo Ministério Público, no prazo legal. Afinal, se há prova da materialidade e o investigado confessou a prática da infração penal, indicando outros elementos probatórios que corroborem sua narrativa, muito provavelmente as investigações serão concluídas. De acordo com a lei processual, que ignora a existência desse tipo de ajuste, ou o expediente deveria ser arquivado ou o caso levado a juízo. Assim, como justificar a 'suspensão' de qualquer juízo valorativo, pelo Ministério Público, até que o investigado cumpra o acordo? Dever-se-á interpretar o lapso temporal para o cumprimento do acordo como correlato a uma investigação já finalizada?[127]

Não se afirma, aqui, que a espera do órgão ministerial pelo cumprimento do acordo por parte do investigado, nos prazos a serem fixados no plano concreto, traduz-se em comportamento desidioso e, por tal motivo, sujeito ao ajuizamento de queixa-crime de forma subsidiária à denúncia.

À evidência, não é disso que se trata.

Aponta-se, apenas, que, a falta de expressa homologação judicial do acordo de não persecução penal pode dar ensejo à propositura da ação penal privada subsidiária da pública, já que, diante de uma investigação exitosa já encerrada, contando inclusive com a confissão circunstanciada dos fatos pelo investigado, nada impede, de acordo com a atual sistemática processual codificada, a atuação do ofendido ou de quem tenha qualidade para o representar, a fim de provocar a jurisdição penal.

---

127. GARCIA, Émerson. O acordo de não-persecução penal passível de ser celebrado pelo Ministério Público: breves reflexões. *Conamp*. Disponível em https://www.conamp.org.br/pt/item/1772-o-acordo- de-nao-persecucao-penal-passivel-de-ser-celebrado-pelo-ministerio--publico-breves-reflexoes.html. Acesso: 25 mar. 2019.

Cap. 3 • NEGOCIAÇÃO PENAL COMO INSTRUMENTO DE POLÍTICA CRIMINAL

Sem se falar na hipótese em que, após o cumprimento do acordo, haja discordância do órgão jurisdicional das razões da promoção de arquivamento e, levado o caso à apreciação do Procurador-Geral de Justiça ou Câmara de Coordenação e Revisão, seja determinado o oferecimento de denúncia em desfavor daquele investigado, caso em que, por designação do Chefe da Instituição, como *longa manus*, outro órgão do Ministério Público promoverá a ação penal, nos termos do artigo 28, do Código de Processo Penal.

Ora, na medida em que a última palavra sobre o não oferecimento de denúncia em desfavor da pessoa investigada é do próprio Ministério Público, melhor seria que, celebrado o acordo de não persecução penal, seus termos fossem desde logo submetidos à apreciação do Procurador-Geral de Justiça ou Câmara de Coordenação e Revisão, evitando-se conflitos internos após o cumprimento do quanto ajustado, caso haja negativa de homologação do arquivamento pelo órgão judicial competente.

A ampliação da via negocial pelo acordo de não persecução penal merece aplausos e deve ser efetivamente estimulada, mas, a fim de se evitar insegurança jurídica ao investigado e ao próprio órgão do Ministério Público que opere o novo instituto, impõe-se que a medida seja mais bem ajustada ao sistema vigente, nos termos aqui apresentados.

3.5. CRIMINAL *COMPLIANCE*, ACORDOS EXTRAPENAIS E SEUS REFLEXOS NO ENFRENTAMENTO À CRIMINALIDADE MACROECONÔMICA ORGANIZADA

Como se sabe, o trânsito em julgado da sentença penal condenatória produz efeitos jurídicos dentro e fora da esfera penal, sendo possível falar-se em *efeitos penais* e *efeitos extrapenais* da condenação.

Dentro do Direito Penal, como não poderia deixar de ser, o principal efeito da condenação é a imposição da sanção penal, isto é, da pena para o imputável ou da medida de segurança para o agente semi-imputável[128].

---

128. Cuidando-se de agente inimputável por doença mental ou desenvolvimento mental incompleto ou retardado, vale a pena ressaltar que a sentença que lhe impuser medida de segurança é considerada de natureza absolutória, sendo certo que "A absolvição própria não se confunde com a absolvição imprópria, já que possuem natureza jurídica distinta. Presentes quaisquer das situações previstas nos incisos I a VII do art. 386 do Código de Processo Penal, caberá ao juiz de direito absolver o réu, seja ele imputável, semi-imputável ou inimputável.

Ainda dentro dos limites do próprio Direito Penal, fala-se na existência de efeitos penais secundários da condenação, dentre os quais se destacam: a) induzir a reincidência (caso o agente venha a cometer crime posterior); b) impedir, de regra, obtenção futura de *sursis*; c) aumentar o prazo do livramento condicional, de regra, quando do cumprimento de pena referente a um novo crime; d) revogar o *sursis* e o livramento condicional; e) interromper e aumentar o prazo da prescrição da pretensão executória; f) impedir o privilégio em crimes como furto, estelionato e receptação[129].

De outro ângulo, os artigos 91 e 92, do Código Penal cuidam exatamente dos efeitos extrapenais da sentença penal condenatória.

O artigo 91 trata dos efeitos extrapenais genéricos, aplicáveis automaticamente toda e qualquer condenação, mesmo que não sejam expressamente declarados na sentença: (I) tornar certa a obrigação de indenizar o dano (artigo 91, inciso I); (II) a perda em favor da União, ressalvado o direito do lesado ou de terceiro de boa-fé, dos instrumentos do crime, desde que consistam em coisas cujo fabrico, alienação, uso, porte ou detenção constitua fato ilícito (artigo 91, II "a"); e (III) a perda em favor da União, ressalvado o direito do lesado ou de terceiro de boa- fé, do produto do crime ou de qualquer bem ou valor que constitua proveito auferido pelo agente com a prática do fato criminoso (artigo 91, II, "b").

Já os efeitos extrapenais específicos, previstos no artigo 92, do Código Penal, dependem de expressa declaração na sentença condenatória para serem reconhecidos, podendo-se falar em: (I) perda do cargo, função pública ou mandado eletivo (artigo 92, I); (II) incapacidade para o exercício do poder familiar, tutela, curatela, nos crimes dolosos, sujeitos à pena de reclusão, cometidos contra filho, tutelado ou curatelado, e (III) inabilitação para dirigir veículos automotores.

Com isso, resta claro que, malgrado a independência existente entre as instâncias administrativa, civil, e penal, a condenação criminal transitada em julgado em desfavor do acusado repercute em outras esferas de regulação sobre um fato.

Contudo, desde que o agente seja inimputável e que os fatos contra ele articulados apresentem-se demonstrados, o magistrado, como já assinalado, deverá absolvê-lo, só que de forma imprópria, pois lhe aplicará uma medida de segurança." (PONTE, Antonio Carlos da. Inimputabilidade e processo penal. 3. ed. São Paulo: Saraiva, 2012. p. 55-56).

129.	ESTEFAM, André. *Direito penal*, 1: parte geral. 2. ed. São Paulo: Saraiva, 2012. p. 448.

Cap. 3 • NEGOCIAÇÃO PENAL COMO INSTRUMENTO DE POLÍTICA CRIMINAL

A nova redação conferida pela Lei n. 11.719/2008 ao artigo 387 do Código de Processo Penal, passando a dispor, em seu inciso IV, que, na sentença penal condenatória, o juiz fixará valor mínimo para a reparação dos danos causados pela infração penal, reforça a existência de reflexos e influxos entre as decisões dos diversos órgãos e instâncias de apuração do ilícito.

Para Emerson Garcia, a independência entre as instâncias encontra o seu alicerce no artigo 5º, XXXV, da Constituição Federal de 1988, o qual garante o amplo acesso ao Poder Judiciário sempre que houver lesão ou ameaça a direito[130].

Nessa direção, Gilson Dipp e Manoel L. Volkmer de Castilho lecionam que

> A autonomia das instâncias de jurisdição é princípio consagrado na doutrina e resulta manifesta a construção constitucional de repartição das competências respectivas. Além de historicamente ser preservada pelos costumes, a praxe consolidada tanto da administração quanto do judiciário a tem como natural e intuitiva[131].

Cuidando-se da criminalidade macroeconômica organizada, sabe-se que a conduta ilícita praticada em detrimento da ordem econômica repercute dentro e fora do Direito Penal, podendo gerar responsabilidades nas esferas penal, civil e administrativa, sem que se fale em afronta ao princípio do *ne bis in idem*.

Toma-se como exemplo a formação de cartel em licitações públicas.

A colusão horizontal entre os detentores do poder econômico e os servidores do ente público contratante acarreta responsabilizações de ordem administrativa, com fundamento na da Lei Antitruste (Lei n. 12.529/2011), civil, a partir da identificação de atos de improbidade administrativa (Lei n. 8.429/92), e penal (Lei n. 8.137/90 e Lei n. 8.666/93).

Ocorre que, nessa quadra de violações, tendo em vista a magnitude das ações ilícitas vistas no campo econômico, com reflexos em diferentes mercados, e as reconhecidas dificuldades sentidas na persecução penal a partir do avanço tecnológico imprimido às movimentações financeiras

---

130. GARCIA; ALVES, op. cit., p. 592.

131. DIPP, Gilson; CASTILHO, Manoel L. Volkmer de. *Comentários sobre a Lei Anticorrupção*. São Paulo: Saraiva, 2016. p. 92.

em todo o globo, ao lado dos mecanismos legais de repressão, ganhou força a necessidade da criação e da utilização de medidas voltadas à prevenção da lavagem de dinheiro e das infrações penais econômicas de forma geral.

Fala-se na ideia de criminal *compliance*, do emprego de políticas e medidas preventivas no âmbito corporativo para o enfrentamento dos delitos de natureza econômica.

De acordo com Renato de Mello Jorge Silveira e Eduardo Saad-Diniz

> No domínio do *compliance* penal, as ideias de boa governança derivam de combinações 'relacionais' entre o setor público e o privado para a 'delimitação e padronização dos papéis de cada ator', organizados em 'redes', 'formas de interação em que a coordenação não é garantida nem por instrumentos de mercado nem pela atribuição hierárquica de comando'. A disposição das redes e as modalidades de gestão também operam para orientar as boas práticas de forma prescritiva, com a finalidade de melhoria dos critérios de direção/gestão empresarial[132].

Com os esforços inicialmente concentrados no combate à lavagem de dinheiro, a boa reputação das corporações e das instituições financeiras passou a ser objeto de maior preocupação por parte de seus diretores e presidentes, sobretudo diante do valor imaterial que a marca e o nome da pessoa jurídica carregam e imprimem aos seus produtos e negócios.

Na observação de Débora Motta Cardoso,

> [...] a utilização pelos lavadores da tecnologia de informática disponível no sistema bancário criou dificuldades muitas vezes instransponíveis à atividade persecutória estatal, seja pela falta de aparelhamento do Poder Público para monitorar as movimentações financeiras, seja pela ausência ou pela pouca capacitação das autoridades envolvidas, ou ainda, nos casos em que o processo criminoso passa pela jurisdição de múltiplos países, pela precariedade de tratados de cooperação judicial internacional e de intercâmbio de informações. Com isso, este tipo especial de criminalidade encontrou nas instituições financeiras o ambiente ideal para desempenhar suas atividades, fato que motivou em nível global a criação de um sistema

---

132. SILVEIRA, Renato de Mello Jorge; SAAD-DINIZ, Eduardo. *Compliance, Direito Penal e lei anticorrupção*. 1. ed. São Paulo: Saraiva, 2015. p. 258-259.

Cap. 3 • NEGOCIAÇÃO PENAL COMO INSTRUMENTO DE POLÍTICA CRIMINAL

de criminal *compliance*. Esse sistema, idealizado progressivamente por instituições públicas e privadas, e órgãos reguladores estatais e internacionais, procura angariar esforços globalizados na prevenção, investigação e punição do fluxo de dinheiro ilegal na economia[133].

Diante disso, Leandro Sarcedo vislumbra um novo paradigma para o Direito Penal econômico, que deixa de ficar restrito ao papel de reprimir delitos para alcançar, também, uma proposta eminentemente preventiva[134].

Entretanto, ao lado de políticas corporativas internas de prevenção e da legislação penal positivada, assiste-se, agora, ao surgimento de um novo tecido legislativo, de cariz não penal, voltado à repressão de atos e condutas que, direta ou indiretamente, impactam na ordem econômica.

De forma ampla, o combate ao ilícito econômico, por se tratar de fenômeno multifacetário e multidisciplinar, também ganhou corpo em mecanismos de controle instituídos em leis não penais, com especial destaque para a Lei de Improbidade Administrativa (Lei n. 8.429/1992), para a Lei de Defesa da Concorrência (Lei n. 12.529/2011), e para a Lei Anticorrupção (Lei n. 12.846/2013).

E, na linha do que já foi constatado no âmbito do sistema de aplicação da lei penal, verifica-se que essa novel legislação, sem se olvidar da necessária repressão, também se ocupa de mecanismos preventivos de *compliance* e da via negocial como estratégia de enfrentamento do ilícito, incorporando acordos (extrapenais) entre os envolvidos que, malgrado respeitem a independência entre as instâncias, inegavelmente repercutem direta ou indiretamente na esfera penal e no seu espectro de ingerência.

Consequentemente, como se não bastasse a mitigação do princípio da obrigatoriedade da ação penal e o alargamento da negociação da sentença penal condenatória, cuidando-se de ilícitos à ordem econômica, a aplicação de um Direito negocial também pode ser vista nos âmbitos civil e administrativo.

Dessa forma, torna-se imperiosa a necessidade de maior articulação entre os diversos órgãos co-legitimados para a celebração dos

---

133. CARDOSO, Débora Motta. *Criminal compliance na perspectiva da lei de lavagem de dinheiro*. 1. ed. São Paulo: LiberArs, 2015. p. 67.

134. SARCEDO, Leandro. *Compliance e responsabilidade penal da pessoa jurídica*: construção de um novo modelo de imputação baseado na culpabilidade corporativa. 1. ed. São Paulo: LiberArs, 2016. p. 61.

JUSTIÇA PENAL NEGOCIADA E CRIMINALIDADE MACROECONÔMICA ORGANIZADA

diversos acordos nas esferas penal, civil e administrativa, em todas as suas instâncias, sob pena de serem ajustadas medidas conflitantes entre si, com indisfarçáveis prejuízos à apuração do ilícito econômico e à responsabilização de seus autores.

3.5.1. Acordo na improbidade administrativa e termo de ajustamento de conduta

A Constituição Federal de 1988, em seu artigo 37, § 4º, estabelece que os atos de improbidade administrativa importarão a suspensão dos direitos políticos, a perda da função pública, a indisponibilidade dos bens e o ressarcimento ao erário, na forma e gradação previstas em lei, *sem prejuízo da ação penal cabível.*

No plano infraconstitucional, os atos de improbidade praticados por qualquer agente público, servidor ou não, contra a Administração direta, indireta ou fundacional de qualquer dos Poderes da União, dos Estados, do Distrito Federal, dos Municípios, de Território, de empresa incorporada ao patrimônio público ou de entidade para cuja criação ou custeio o erário haja concorrido ou concorra com mais de cinquenta por cento do patrimônio ou da receita anual, são objeto de regulação pela Lei n. 8.429, de 2 de junho de 1992, chamada Lei de Improbidade Administrativa.

Para Marcelo Figueiredo, a probidade administrativa é espécie do gênero moralidade administrativa, a que alude o artigo 37, *caput*, e seu § 4º, da Lei Fundamental, ou seja, é peculiar e específico aspecto daquela[135].

Por conseguinte, improbidade administrativa significa mais do que o mero descumprimento da lei.

De acordo com Martins Junior,

> Improbidade administrativa, em linhas gerais, significa servir-se da função pública para angariar ou distribuir, em proveito pessoal ou para outrem, vantagem ilegal ou imoral, de qualquer natureza, e por qualquer modo, com violação aos princípios e regras presidentes das atividades na Administração Pública, menosprezando os valores do cargo e a relevância dos bens, direitos, interesses e

---

135. FIGUEIREDO, Marcelo. *Probidade administrativa*: comentários à Lei 8.429/92 e legislação complementar. 5. ed. São Paulo: Malheiros, 2004. p. 41.

Cap. 3 • NEGOCIAÇÃO PENAL COMO INSTRUMENTO DE POLÍTICA CRIMINAL

valores confiados à sua guarda, inclusive por omissão, com ou sem prejuízo patrimonial[136].

Ao tipificar os atos de improbidade administrativa, a Lei n. 8.429/92 o faz de modo meramente exemplificativo, já que utiliza o advérbio "notadamente" no *caput* dos seus artigos 9º, 10 e 11.

Nessa ordem de valores, desde a edição da Lei n. 8.429/92, aceita-se a existência de três categorias de atos de improbidade administrativa: (I) atos que importam enriquecimento ilícito do agente público (artigo 9º); (II) atos que causam prejuízo ao Erário (artigo 10), e (III) atos que atentam contra os princípios da Administração Pública (artigo 11).

Na sequência, após perfilar as categorias de atos de improbidade administrativa, a Lei n. 8.429/92, nos incisos do seu artigo 12, elenca as sanções passíveis de aplicação ao agente ímprobo por um órgão jurisdicional[137].

Destarte, o ilícito decorrente da prática de ato de improbidade administrativa é de natureza civil, e não penal ou administrativa, notadamente porque as sanções referendadas pela Lei n. 8.429/92 não são aplicadas por autoridade administrativa, mas judicial, observadas as regras de competência instituídas no Código de Processo Civil.

---

136. MARTINS JUNIOR, Wallace Paiva. *Probidade administrativa*. São Paulo: Saraiva, 2001. p. 113.

137. Artigo 12. Independentemente das sanções penais, civis e administrativas, previstas na legislação específica, está o responsável pelo ato de improbidade sujeito às seguintes cominações: I – na hipótese do artigo 9º, perda dos bens ou valores acrescidos ilicitamente ao patrimônio, ressarcimento integral do dano, quando houver, perda da função pública, suspensão dos direitos políticos de 8 (oito) a 10 (dez) anos, pagamento de multa civil de até 3 (três) vezes o valor do acréscimo patrimonial e proibição de contratar com o Poder Público ou receber benefícios ou incentivos fiscais ou creditícios, direta ou indiretamente, ainda que por intermédio de pessoa jurídica da qual seja sócio majoritário, pelo prazo de 10 (dez) anos; II – na hipótese do artigo 10, ressarcimento integral do dano, perda dos bens ou valores acrescidos ilicitamente ao patrimônio, se concorrer esta circunstância, perda da função pública, suspensão dos direitos políticos de 5 (cinco) a 8 (oito) anos, pagamento de multa civil de até 2 (duas) vezes o valor do dano e proibição de contratar com o Poder Público ou receber benefícios ou incentivos fiscais ou creditícios, direta ou indiretamente, ainda que por intermédio de pessoa jurídica da qual seja sócio majoritário, pelo prazo de 5 (cinco) anos; III – na hipótese do artigo 11, ressarcimento integral do dano, se houver, perda da função pública, suspensão dos direitos políticos de 3 (três) a 5 (cinco) anos, pagamento de multa civil de até 100 (cem) vezes o valor da remuneração recebida pelo agente e proibição de contratar com o Poder Público ou receber benefícios ou incentivos fiscais ou creditícios, direta ou indiretamente, ainda que por intermédio de pessoa jurídica da qual seja sócio majoritário, pelo prazo de 3 (três) anos. Parágrafo único. Na fixação das penas previstas nesta Lei o juiz levará em conta a extensão do dano causado, assim como o proveito patrimonial obtido pelo agente.

Inegavelmente, a Lei de Improbidade Administrativa, ao lado da Lei n. 7.347/85 – Lei da Ação Civil Pública –, e da Lei n. 8.078/90 – Código de Defesa do Consumidor –, desponta como importantíssimo instrumento de tutela do patrimônio público e social, interesse de natureza difusa conceituado pela Lei n. 4.717/65 – Lei da Ação Popular –, em seu artigo 1º, como o conjunto de bens e direitos de valor econômico, artístico, estético, histórico ou turístico dos entes públicos.

Na formulação de Rodolfo de Camargo Mancuso,

> Ao contrário do que sempre se entendeu quanto aos conflitos inter-subjetivos de cunho individual, os interesses difusos, por definição, não comportam atribuição a um titular definido, em termos de exclusividade: eles constituem a reserva, o arsenal dos anseios e sentimentos mais profundos que, por serem necessariamente referíveis à comunidade ou a uma categoria como um todo, são insuscetíveis de apropriação a título reservado. Do fato de se referirem a muitos não deflui, porém, a conclusão de que sejam res nullius, coisa de ninguém, mas, ao contrário, pertencem indistintamente, a todos;-cada um tem título para pedir a tutela de tais interesses. O que se afirma do todo resta afirmado de suas partes componentes[138].

Apresentadas essas premissas fundamentais, a legitimidade do Ministério Público para a tutela do patrimônio público e social é inconteste.

Ao lado da expressa previsão no texto da Carta Política de 1988, em seus artigos 127, *caput*, e 129, inciso III, a legitimidade da Instituição nessa quadra de regulação também encontra previsão expressa no artigo 17, *caput*, da própria Lei de Improbidade Administrativa, no artigo 25, inciso IV, alínea "b", da Lei n. 8.625/93, no artigo 6º, inciso VII, da Lei Complementar n. 75/93, e na Lei n. 7.347/85, em seus artigos 1º, inciso IV, 5º e 8º.

Para tanto, dispõe o Ministério Público, *com exclusividade*, do inquérito civil como instrumento de natureza inquisitiva destinado à coleta de elementos de convicção para o eventual ajuizamento de ações civis públicas em defesa de interesses e direitos difusos, coletivos e individuais homogêneos, aqui incluídas as lesões ao patrimônio público e social.

Dessa forma, encerradas as investigações em autos de inquérito civil, duas situações apresentam-se como possíveis: (I) não foram colhidos elementos de convicção seguros o bastante para a atuação

---

138. MANCUSO, Rodolfo de Camargo. *Interesses difusos*: conceito e legitimação para agir. 5. ed. São Paulo: RT, 2000. p. 132-133.

Cap. 3 • NEGOCIAÇÃO PENAL COMO INSTRUMENTO DE POLÍTICA CRIMINAL

do Ministério Público, caso em que os autos serão arquivados e submetidos à apreciação do Conselho Superior do Ministério Público para homologação, nos termos do artigo 9º, da Lei n. 7.347/85, ou (II) os elementos de prova carreados aos autos do inquérito civil apontam para a necessidade de atuação do *Parquet*.

De *forma ampla*, havendo base fática e jurídica para a atuação do Ministério Público na tutela de interesses difusos, coletivos ou individuais homogêneos, cabe ao *Parquet* proceder de duas formas: (I) persuadir o investigado à voluntária adequação à lei, ou (II) promover a ação civil pública em Juízo, caso em que os autos de inquérito civil instruirão a petição inicial.

Na primeira hipótese, cuidando-se da voluntária adequação do investigado ao regramento legal, o Ministério Público fará celebrar termo de compromisso de ajustamento de conduta, um acordo extrajudicial a ser homologado pelo Conselho Superior do Ministério Público, órgão incumbido da fiscalização da obrigatoriedade da atuação ministerial (salvo se formalizado no curso de uma relação processual já instaurada), materializando a composição do litígio entre as partes envolvidas.

Como se sabe, o compromisso de ajustamento de conduta foi expressamente introduzido em nosso ordenamento jurídico pelo artigo 211, da Lei n. 8.069/90 – Estatuto da Criança e do Adolescente –, ao dispor que "os órgãos públicos legitimados poderão tomar dos interessados compromisso de ajustamento de sua conduta às exigências legais, o qual terá eficácia de título executivo extrajudicial".

Posteriormente, com o advento do Código de Defesa do Consumidor, a Lei n. 7.347/85 foi alterada para que fosse acrescido ao seu artigo 5º o § 6º, com a seguinte redação: "os órgãos públicos legitimados poderão tomar dos interessados compromisso de ajustamento de sua conduta às exigências legais, mediante cominações, que terá eficácia de título executivo extrajudicial".

Para tanto, não pode o Ministério Público dispensar ou renunciar a direitos ou obrigações, mas tomar do causador do dano, no bojo do acordo, obrigação de fazer ou não fazer, como forma de reparação da lesão e consequente ajuste ao regramento legal previsto naquela esfera de violações, abarcando todos os pedidos que seriam licitamente formulados caso promovida a ação civil pública[139].

---

139. AKAOUI, Fernando Reverendo Vidal. *Compromisso de ajustamento de conduta ambiental*. São Paulo: RT, 2003. p. 72.

Na síntese de Luís Roberto Proença,

> Quanto ao seu objeto, pode o compromisso de ajustamento ser pactuado para a prevenção ou para a reparação de danos a interesses e direitos difusos, coletivos e individuais homogêneos, isto é, em todos os casos em que caiba, em tese, ação civil pública[140].

Como já adiantado, o compromisso de ajustamento de conduta tem qualidade de título executivo extrajudicial, contando, na lição de Hugo Nigro Mazzilli, com as seguintes características principais:

> a) dispensa testemunhas instrumentárias; b) o título gerado é extrajudicial; c) se homologado em juízo, o título passará a ser judicial; d) mesmo que verse apenas ajustamento de conduta, passa a ensejar execução por obrigação de fazer ou não fazer; e) na parte em que comine sanção pecuniária, permite execução por quantia líquida em caso de descumprimento de obrigação de fazer; f) mesmo que verse apenas obrigação de fazer, pode ser executado independentemente de prévia ação de conhecimento; g) para que as obrigações pecuniárias tenham liquidez, o título deve conter obrigação certa, quanto à sua existência, e determinada, quando ao seu objeto[141].

De outro ângulo, cuidando-se de lesão ao patrimônio público e social, muito se discute sobre a possibilidade de celebração de termo de compromisso de ajustamento de conduta entre o Ministério Público e o eventual interessado.

Como é cediço, a Lei de Improbidade Administrativa, em seu artigo 17, § 1º, veda a transação, o acordo ou a conciliação nas ações civis de improbidade administrativa.

Todavia, é preciso distinguir o conteúdo dos possíveis ajustes em matéria de improbidade administrativa, flexibilizando-se o rigor daquele dispositivo legal que não pode, à toda evidência, ser interpretado de forma literal e isolada do contexto jurídico brasileiro atual, marcado pelos influxos da via negocial em importantes esferas de repressão a ilícitos multifacetários, como o visto na esfera criminal, com a aceitação

---

140. PROENÇA, Luis Roberto. *Inquérito civil*: atuação investigativa do Ministério Público a serviço da ampliação do acesso à justiça. 1. ed. São Paulo: RT, 2001. p. 125.

141. MAZZILLI, Hugo Nigro. *A defesa dos interesses difusos em juízo*. 9. ed. São Paulo: Saraiva, 1997. p. 106.

Cap. 3 • NEGOCIAÇÃO PENAL COMO INSTRUMENTO DE POLÍTICA CRIMINAL

e ampliação do termo de colaboração premiada pela Lei n. 12.850/2013, na esfera concorrencial, com a previsão do acordo de leniência na Lei n. 12.529/2011, e na esfera administrativa, com a instituição do acordo de leniência na Lei n. 12.846/2013, chamada Lei Anticorrupção.

Aliás, destacando a necessidade de se promover nova leitura ao artigo 17, § 1º, da Lei de Improbidade Administrativa, Dino anota que

> Em outro passo, é importante asseverar que, na esfera da improbidade administrativa, critérios baseados em proporcionalidade e necessidade têm sido utilizados para mitigar a obrigatoriedade e a indisponibilidade da ação civil pública. Situações há em que a severidade das sanções previstas na Lei 8.429/92 não se coaduna com comportamentos de diminuto potencial ofensivo. O descompasso entre certas infrações que não implicam efetiva lesão aos bens jurídicos tutelados pela LIA, e as sanções previstas nesse diploma legal pode justificar, em muitos casos, a não propositura de ação de improbidade administrativa, mediante a adoção do parâmetro constitucional da proporcionalidade, sem prejuízo do estabelecimento de medidas tendentes a garantir o ressarcimento do erário[142].

De início, parece lógico que a Lei de Improbidade Administrativa não autorize a celebração de acordo que implique em renúncia, pelo Ministério Público, à tutela do patrimônio público e social.

A legitimação extraordinária do *Parquet* para a efetiva tutela dos bens versados na Lei n. 8.429/92[143], de natureza indisponível, veda que o interesse privado do interessado se sobreponha ao interesse público existente na defesa de interesses metaindividuais.

Todavia, num primeiro momento, não há óbice algum para que o *ressarcimento do dano* e a *perda da vantagem ilícita* por parte do agente responsável pelo ato de improbidade administrativa sejam objeto de acordo firmado em compromisso de ajustamento de conduta.

---

142. DINO, op. cit., p. 532.

143. De acordo com Mazzilli, "A legitimação extraordinária é a possibilidade de alguém, em nome próprio, defender interesse alheio. Quando isso ocorre, configura-se verdadeira substituição processual, inconfundível com a representação; nesta última, alguém, em nome alheio, defende interesse alheio. A ação civil pública ou coletiva presta-se à defesa de interesses difusos, coletivos e individuais homogêneos; por meio deles, alguns poucos legitimados substituem processualmente a coletividade de lesados." (MAZZILLI, Hugo Nigro. A defesa dos interesses difusos em juízo: meio ambiente, consumidor e outros interesses difusos e coletivos. 9ª ed. São Paulo: Saraiva, 1997, p. 8).

Essa também é a conclusão de Rogério Pacheco Alves quando, debruçando-se sobre o regramento instituído pela Lei n. 8.429/92, conclui que:

> Não vedou o legislador, no entanto, que se acordasse quanto às condições, ao prazo e ao modo de reparação do dano causado ao erário ou mesmo quanto à perda da vantagem ilicitamente obtida pelo agente (arts. 9º e 18 da Lei nº 8.429/92), inclinando-se por tal solução a melhor orientação doutrinária. Quanto a tais aspectos, como soa evidente, tem-se direitos meramente patrimoniais, disponíveis portanto, nada impedindo que o legitimado, via ajustamento de conduta, sem abrir mão da reparação integral do dano – e da pretensão sancionatória, acorde quanto às condições de sua mera implementação[144].

Com isso, nada impede que, em autos de inquérito civil, o Ministério Público faça celebrar termo de compromisso de ajustamento de conduta versando sobre as condições, prazo e modo da reparação integral do dano.

Mas não é só isso.

Num segundo momento, também deve ser aceita a possibilidade de celebração do acordo que redunde, pela via consensual, na aplicação das sanções previstas no artigo 12, da Lei n. 8.429/92.

Malgrado a natureza indisponível dos bens e valores tutelados pela Lei de Improbidade Administrativa, a negociação do conteúdo punitivo por ela delineado também deve ser admitida quando se revelar o caminho mais rápido e eficaz para a efetiva proteção da probidade administrativa pelo Ministério Público.

É equivocado falar-se em disposição do Direito, pelo Ministério Público, ao celebrar termo de compromisso de ajustamento de conduta versando sobre o conteúdo sancionatório com o agente ímprobo.

A negociação aqui referendada não se confunde com a transação do Direito Civil, marcada por concessões mútuas sobre o próprio Direito.

Trata-se, outrossim, de se conformar e delimitar o ato de improbidade administrativa no caso concreto, estabelecendo-se, pela via negociada, a justa medida sancionatória e a forma para sua completa e irrenunciável reparação, aqui incluído o ressarcimento integral do dano

---

144. GARCIA; ALVES, op. cit., p. 735-736.

Cap. 3 • NEGOCIAÇÃO PENAL COMO INSTRUMENTO DE POLÍTICA CRIMINAL

causado que, como se sabe, não se traduz em pena, mas em obrigação legal decorrente da responsabilidade civil do agente infrator.

Como se não bastasse, não se pode ignorar que, ampliada a via negocial para a resolução de conflitos na esfera penal, sobretudo com a previsão do instituto da colaboração premiada na Lei n. 12.850/2013, é preciso entender que, sendo a ilicitude a relação de contrariedade entre a conduta e o próprio Direito como um todo, mostra-se contraditória e incoerente a possibilidade da composição do ilícito penal pela via negocial e, de maneira inversa, sua proibição na esfera cível, máxime quando decorrentes de única conduta, de um só proceder.

A título meramente exemplificativo, sob o ponto de vista sistêmico, não faz sentido que a apuração e a repressão aos ilícitos penais decorrentes da cartelização vista em determinada licitação pública viciada sejam objeto de negociação penal e, paradoxalmente, a conformação do ilícito civil pela via negocial e consequente resposta aos atos de improbidade administrativa decorrentes daquelas condutas não possam ser objeto de materialização em termo de compromisso de ajustamento de conduta.

Como vasos comunicantes, o conteúdo do acordo penal pode e deve refletir no conteúdo sancionatório previsto na Lei de Improbidade Administrativa, e vice-versa, sendo de todo recomendado que, traduzindo-se a conduta praticada pelo agente, a um só tempo, em ilícito penal e ato de improbidade administrativa, seja autorizada, também para a efetiva tutela do patrimônio público e social no caso concreto, a via negocial, sempre com a submissão do ajuste à apreciação do Conselho Superior do Ministério Público, para sua devida análise e homologação.

Não por acaso, o Conselho Nacional do Ministério Público, a partir da edição da Resolução n. 179/2017, passou a permitir, de forma expressa em seu artigo 1º, § 2º[145], a celebração de compromissos de ajustamento de conduta em autos de inquéritos civis que versem sobre a prática de atos de improbidade administrativa.

E, como consequência da normatização promovida pelo Conselho Nacional do Ministério Público, a matéria também foi objeto de regulamentação por parte dos Conselhos Superiores de alguns Ministérios Públicos estaduais, como o Ministério Público do Estado do Paraná, por meio da Resolução n. 01/2017, e o Ministério Público

---

145. É cabível o compromisso de ajustamento de conduta nas hipóteses configuradoras de improbidade administrativa, sem prejuízo do ressarcimento ao erário e da aplicação de uma ou algumas das sanções previstas em lei, de acordo com a conduta ou ato praticado.

do Estado de Minas Gerais, com a edição da Resolução n. 03/2017. Com isso, promovendo-se a leitura do artigo 17, § 1º, da Lei de Improbidade Administrativa, de forma sistêmica, impõe-se a atuação integrada e a consequente comunicação entre os órgãos de Ministério Público legitimados para perseguir o ilícito, a efetiva e conjunta atuação das Promotorias e Procuradorias de Justiça Criminal com as Promotorias e Procuradorias de Justiça de Defesa do Patrimônio Público e Social, aqui incluídos os órgãos de execução dos Ministérios Públicos dos Estados e do Ministério Público da União, evitando-se acordos conflitantes entre si que prejudiquem, em última análise, a efetiva tutela de direitos sociais reconhecidamente indisponíveis.

3.5.2. Reflexos penais do acordo de leniência na Lei de Defesa da Concorrência

Como já foi visto ao longo deste estudo, a globalização está na ordem do dia, um destino inevitável para o planeta e irreversível para seus habitantes.

A multifacetada transformação que a globalização tem imposto às relações humanas pós-modernas torna complexa a sua compreensão.

Debruçando-se sobre o fenômeno, Bauman chega a associá-lo a uma verdadeira "desordem mundial", afirmando que

> O significado mais profundo transmitido pela ideia da globalização é o do caráter indeterminado, indisciplinado e de autopropulsão dos assuntos mundiais; a ausência de um centro, de um painel de controle, de uma comissão diretora, de um gabinete administrativo. A globalização é a 'nova desordem mundial' de Jowitt com um outro nome[146].

No campo econômico, a globalização fomentou a internacionalização das economias nacionais e pavimentou o caminho para a transnacionalização das empresas locais.

Com isso, por força da sua enorme lesividade, a preocupação com o efetivo combate às condutas anticoncorrenciais ganhou fôlego e ultrapassou os limites e as barreiras das políticas legislativas puramente nacionais.

---

146. BAUMAN, op. cit., p. 67.

Cap. 3 • NEGOCIAÇÃO PENAL COMO INSTRUMENTO DE POLÍTICA CRIMINAL

A título exemplificativo, Paula A. Forgioni destaca que

> A União Europeia, tal como hoje existe, não teria sido alcançada sem a implementação de política concorrencial consistente. Assim, as normas que disciplinam a competição são utilizadas para atingir fins maiores, tendentes à implementação dos escopos impostos pelos Tratados da União Europeia – TUE e também pelo Tratado sobre o Funcionamento da União Europeia – TFUE, especialmente pelo artigo 3º do primeiro, ou seja, o 'crescimento económico equilibrado', 'a estabilidade dos preços, numa economia social de mercado altamente competitiva que tenha como meta o pleno emprego e o progresso social', 'um elevado nível de protecção e de melhoramento da qualidade do ambiente', além do fomento do 'progresso científico e tecnológico', além da 'justiça e da protecção sociais, a igualdade dentre homens e mulheres, a solidariedade entre as gerações e a protecção dos direitos da criança'[147].

Note-se que, a partir da elaboração de Tratados e Convenções internacionais e da criação de organismos internacionais de controle, buscou-se uma mínima padronização no enfrentamento de condutas anticoncorrenciais, com especial destaque para a formação de cartéis, que, altamente perniciosas aos mercados nacionais, também apresentam manifesta potencialidade lesiva global.

Inegavelmente, a política concorrencial internacional passou a ser instrumento de coesão econômica, social e territorial entre as diversas Nações do globo.

Nessa linha, não é exagero afirmar que, ao lado do enfrentamento à corrupção, a instituição de uma firme política de defesa da livre concorrência tornou- se uma questão global e que reclama o engajamento, de forma conjunta, não apenas das autoridades públicas, mas também de todo o setor privado, sob pena de fracassar em seu propósito.

Todavia, dada a grande dificuldade de apuração de ilícitos econômicos, notadamente daqueles relacionados à formação de cartéis, inúmeros ordenamentos jurídicos mundo afora têm instituído, em suas malhas legais, programas de leniência como estratégia de detecção e enfrentamento de práticas e condutas anticoncorrenciais que, pelas vias ordinárias, dificilmente seriam descobertas e reprimidas.

---

147. FORGIONI, op. cit., p. 85.

Aliás, o programa de leniência encontra raízes na Divisão Antitruste do Departamento de Justiça dos Estados Unidos da América (DOJ), no ano de 1978, com o propósito específico de enfrentamento a cartéis.

Contudo, nos anos que se seguiram, a média de proponentes de acordos nos E.U.A. foi muito baixa, sendo as regras inicialmente estabelecidas pelo *leniency program* consideradas inseguras para os potenciais interessados na colaboração, máxime diante do alto grau de discricionariedade que conferiam às autoridades da Divisão Antitruste norte-americana.

Tempos depois, como indicam Valdir Moysés Simão e Marcelo Pontes Vianna,

> Em 1993, o Departamento de Justiça Americano promoveu uma reformulação em seu programa de leniência e incorporou três principais modificações: (i) imunidade completa automática, no caso de inexistir investigação prévia; (ii) possibilidade de imunidade completa, mesmo no caso de a investigação já ter começado; (iii) imunidade criminal para todos os funcionários que colaboraram com as investigações na apuração do delito[148].

E, a partir dessa nova conformação conferida ao programa de leniência estadunidense,

> [...] De acordo com os dados publicados no sítio eletrônico do DOJ, em apenas dez anos da implementação da nova política, o número de propostas de acordos saltou para mais de um por mês, atingindo um pico de três por mês entre os anos de 2002 e 2003. Mais relevante ainda foi o fato de as cooperações terem resultado em condenações criminais e na aplicação de multas que superaram o montante de US$ 1,5 bilhão. Ademais, o DOJ informa que a grande parte das investigações internacionais conduzidas pelo órgão só foi possível graças ao programa de leniência[149].

Em solo brasileiro, seguindo a tendência vista em outros ordenamentos jurídicos, o programa de leniência foi inicialmente instituído pela Lei n. 8.884/94, com a redação dada pela Medida Provisória n. 2.055, de 11 de agosto de 2000, que, após três edições, foi finalmente

---

148. SIMÃO, Valdir Moysés; VIANNA, Marcelo Pontes. *O acordo de leniência na lei anticorrupção*: histórico, desafios e perspectivas. 1. ed. São Paulo: Trevisan Editora, 2017. p. 79.

149. SIMÃO; VIANNA, op. cit., p. 80.

Cap. 3 • NEGOCIAÇÃO PENAL COMO INSTRUMENTO DE POLÍTICA CRIMINAL

convertida na Lei n. 10.149/2000, incorporando à Lei de Defesa da Concorrência os artigos 35-B e 35-C.

Mais adiante, a Lei n. 12.529, de 30 de novembro de 2011, derrogou a Lei n. 8.884/94, promovendo alterações no programa de leniência até então instituído pela legislação anterior.

De acordo com o artigo 86, *caput*, da Lei n. 12.529/2011, a atribuição para celebrar a leniência, outrora conferida à Secretaria de Direito Econômico – SDE –, passa a ser da Superintendência-Geral do Conselho Administrativo de Defesa Econômica – CADE.

Para a aplicação dos benefícios previstos na Lei, quais sejam, extinção da ação punitiva da administração pública ou a redução de um a dois terços da penalidade aplicável, nos termos dos incisos I e II, do seu artigo 86, caput, da colaboração com as investigações e o processo administrativo deve resultar, cumulativamente: (I) a identificação dos demais envolvidos na infração, e (II) a obtenção de informações e documentos que comprovem a infração negociada ou sob investigação.

Passando em revista o procedimento a ser adotado pela Superintendência-Geral, Cordovil explica que, numa primeira fase:

> Disposta a denunciar uma prática anticoncorrencial e conseguir um benefício, o agente ou pessoa física devem se dirigir, inicialmente ao Superintendente Geral. Na função de representante da União, o Superintendente se manifestará, informalmente, sobre a possibilidade de concessão do benefício. Como a legislação brasileira exige que o leniente seja o primeiro a se qualificar, em relação à infração, não havendo benefícios ao segundo interessado, o Superintendente deve relatar sua posição na fila. Caso seja o primeiro e a ele seja concedida a possibilidade de negociação do acordo, o Superintendente assina e lhe entrega um documento conhecido como *marker*. O *marker* é a senha, a comprovação de que o interessado é o primeiro a se qualificar[150].

Assinado o "Termo de Marker", passa-se à apresentação das provas hábeis à comprovação da infração, ou seja, de documentos e informações que comprovem a infração noticiada pelo leniente.

Ao final, numa terceira e última etapa, formaliza-se o acordo.

---

150. CORDOVIL, Leonor. Do programa de leniência. In: CORDOVIL, Leonor et al. (Orgs.). *Nova Lei de Defesa da Concorrência Comentada*: Lei 12.529, de 30 de novembro de 2011. 1. ed. São Paulo: RT, 2011. p. 191.

Somente nessa derradeira etapa, o CADE entra em contato com o Ministério Público, que passa a participar das tratativas para a formalização da leniência, podendo concordar com os seus termos ou apresentar alterações antes da sua assinatura.

Dessa forma, somente após devidamente ajustada a versão final do acordo entre o CADE, o Ministério Público e o proponente, o termo é finalmente assinado[151].

Ocorre que, ao tratar do acordo de leniência, a Lei n. 12.529/2011 transcende o âmbito administrativo de atuação do CADE.

Além de revogar os artigos 5º e 6º, da Lei n. 8.137/90, que tipificavam certas espécies de crimes contra a ordem econômica, a nova Lei de Defesa da Concorrência, em seu artigo 87, *caput*, afirma expressamente que, celebrado o acordo de leniência, fica suspenso o curso do prazo prescricional e impedido o oferecimento da denúncia em desfavor do agente beneficiário da leniência diante dos crimes contra a ordem econômica tipificados na própria Lei de Crimes contra a Ordem Econômica (artigo 4º) e dos delitos diretamente relacionados à formação de cartel, tais como os tipificados na Lei n. 8.666/93 e no artigo 288, do Código Penal.

Para tanto, a Lei n. 12.529/2011, em seu artigo 86, § 2º, exige que o leniente, de maneira cumulativa, tenha cessado, de fato, seu envolvimento com a infração noticiada ou investigada, a partir da propositura do acordo, confessado sua participação na atividade ilícita e cooperado plena e permanentemente com as investigações e o processo administrativo.

De se observar que o conteúdo do acordo de leniência previsto na Lei de Defesa da Concorrência confunde-se com a própria delação premiada prevista na Lei n. 8.137/90, em seu artigo 16, parágrafo único, já que ambos buscam, em última análise, desvendar toda a trama delituosa.

Todavia, é preciso distinguir as hipóteses de incidência do acordo de leniência e da delação premiada diante de ilícitos contra a ordem econômica.

Cuidando-se de delitos cometidos por organização criminosa contra a ordem econômica previstos na Lei n. 8.137/90, em seu artigo 4º, preenchidos os requisitos do artigo 86, § 2º, da Lei Antitruste, uma vez cumprido o acordo, o leniente fará jus à extinção da sua pu-

---

151. MENDES; CARVALHO, op. cit., p. 70.

Cap. 3 • NEGOCIAÇÃO PENAL COMO INSTRUMENTO DE POLÍTICA CRIMINAL

nibilidade, mas, caso não se vislumbre a conformação de organização criminosa (Lei n. 12.850/13), isto é, cuidando-se de associação criminosa (artigo 288, CP) ou mero concurso de pessoas (artigo 29, CP), e para as demais infrações penais previstas na própria Lei (crimes contra a ordem tributária – artigos 1º a 3º – , e crimes contra as relações de consumo – artigo 7º), o coautor ou partícipe que, mediante confissão espontânea, relevar à autoridade policial ou judicial toda a trama delituosa, terá sua pena reduzida de um a dois terços, nos termos do seu artigo 16, parágrafo único.

E, caso o ilícito previsto na Lei n. 8.137/90 tenha sido cometido por uma única pessoa, ou seja, fora das hipóteses de organização criminosa, associação criminosa e concurso de pessoas, situação de difícil verificação prática, mas, teoricamente possível, a delação premiada deve ser aplicada nos parâmetros instituídos pela Lei n. 9.807/99, que permite não apenas a redução da pena na fração de um a dois terços, mas até o perdão judicial, nos termos dos seus artigos 13 e 14.

Na observação de Santos,

> [...] o poder de barganha do Estado, na repressão aos crimes delineados na Lei nº 8.137/90, à exceção dos ofensivos à ordem econômica (artigo 4º), é sensivelmente menor quando perpetrados em associação criminosa ou em concurso de pessoas, porquanto restrito à redução da reprimenda, de um a dois terços. Quanto mais necessária a colaboração do réu, menor a recompensa, a indicar descompasso, ante o princípio da proporcionalidade[152].

De toda a sorte, quando se debruça sobre o acordo de leniência instituído pela Lei de Defesa da Concorrência, constata-se que se trata de medida legislativa que confronta claramente a obrigatoriedade da ação penal e que, por tal motivo, malgrado a ausência de expressa disposição legal nesse sentido, justifica o chamamento do Ministério Público para participar das negociações desde o seu nascedouro – desde a assinatura do "Termo de Marker" –, e não somente após a apresentação das provas, quando da efetiva celebração do acordo.

Essa, inclusive, a orientação oficial exteriorizada pelo próprio CADE, em seu guia oficial sobre o acordo de leniência, item 61[153]:

---

152. SANTOS, Marcos Paulo Dutra, op. cit., p. 140.

153. BRASIL. CADE. Programa de Leniência Antitruste do CADE, 2016. Disponível em: http://www.cade.gov.br/acesso-a-informacao/publicacoes- institucionais/guias_do_Cade/guia-programa-de-leniencia-do-cade-final.pdf. Acesso em: 03 mai. 2019.

> 61. Apesar de os arts. 86 e 87 da Lei nº 12.529/2011 não exigirem expressamente a participação do Ministério Público para a celebração de Acordo de Leniência, a experiência consolidada do Cade é no sentido de viabilizar a participação do Ministério Público, titular privativo da ação penal pública e detentor de atribuição criminal, tendo em vista as repercussões criminais derivadas da leniência. Assim, o Ministério Público Estadual e/ou o Federal participa como agente interveniente no acordo, a fim de conferir maior segurança jurídica aos signatários do Acordo de Leniência, além de facilitar a investigação criminal do cartel.

Afinal, por força do artigo 129, inciso I, da Constituição Federal de 1988, sendo o Ministério Público o titular da ação penal pública, não pode a autoridade administrativa do CADE, no exercício de funções regulatórias, conceder ao leniente benefício de natureza penal.

Ademais, não é descabido imaginar que uma determinada empresa, buscando eliminar as empresas concorrentes do mercado, de maneira estratégica, convide as adversárias ao conluio e, após a fraude, seja a primeira a se qualificar como leniente para, dessa forma, ser excluída das penalidades e, consequentemente, retirar as demais empresas daquele segmento, alcançando seu objetivo de dominação e abuso do poder econômico, caso em que o Ministério Público deverá objetar o acordo e promover a ação penal cabível.

Como se não bastasse, a fim de se evitar quaisquer dúvidas acerca da validade do ajuste de leniência, em nome da necessária segurança jurídica, quando das tratativas, impõe-se a participação conjunta do órgão do Ministério Público com atuação na defesa dos direitos sociais indisponíveis e do seu órgão com atribuição na esfera criminal, sempre respeitado os princípios constitucionais que norteiam toda a atuação do Ministério Público brasileiro, notadamente a independência funcional de seus membros.

Portanto, o modelo de programa de leniência previsto na Lei Antitruste, destinado tanto às pessoas naturais quanto às pessoas jurídicas, convive com o acordo de colaboração premiada previsto na Lei n. 12.850/2013 e com a delação instituída pela Lei n. 8.137/90, já que, à evidência, a colusão horizontal entre detentores do poder econômico pode traduzir-se, a um só momento, em infração administrativa, infração civil e infração penal.

Cap. 3 • NEGOCIAÇÃO PENAL COMO INSTRUMENTO DE POLÍTICA CRIMINAL

3.5.3. O acordo de leniência na Lei Anticorrupção

Fruto do Projeto de Lei n. 6.826/10, no dia 1º de agosto de 2013, foi editada a Lei n. 12.846, que, dentre outras providências, dispõe sobre a responsabilização *administrativa* e *civil* de pessoas jurídicas pela prática de atos contra a Administração Pública, nacional ou estrangeira (artigo 1º), apelidada no meio jurídico e pelos órgãos de imprensa em geral de Lei Anticorrupção, mesmo sem mencionar expressamente em seus dispositivos a corrupção como seu objeto.

De acordo com Martins Junior, a novidade legislativa decorre da aderência do Brasil a Convenções e Tratados internacionais, como a Convenção sobre o Combate da Corrupção de Funcionários Públicos Estrangeiros em Transações Comerciais Internacionais (Paris, 1997), aprovada pelo Decreto- legislativo n. 125/00 e promulgada pelo Decreto n. 3.678/00, e a Convenção das Nações Unidas contra a Corrupção (Assembleia-Geral, 2003), aprovada pelo Decreto- legislativo n. 348/05 e promulgada pelo Decreto n. 5.687, de 31 de janeiro de 2006, que buscam a responsabilização de pessoas jurídicas com sanções efetivas, inclusive de caráter pecuniário, nas esferas administrativa e civil[154].

A Lei n. 12.846/2013 apresenta parâmetros bastante definidos para indicar quais os atos que considera lesivos à Administração Pública: (I) atos que atentem contra o patrimônio público nacional ou estrangeiro; (II) atos que atentem contra os princípios da Administração Pública (artigo 37, *caput*, da Constituição Federal de 1988); e (III) atos que atentem contra os compromissos internacionais assumidos pelo Brasil.

E, como já adiantado acima, a Lei Anticorrupção não contém disposições de natureza penal.

Na leitura de Dipp e Castilho,

> Não há, porém, empecilho ao compartilhamento da prova produzida no processo civil ou administrativo como subsídio ao processo penal, desde que observada naqueles a ampla defesa, contraditório e o devido processo legal. De tudo, pode-se extrair que esta Lei Anticorrupção não contém regra de natureza penal criminal, nem suas sanções, pelo que seus veredictos não obstam a abertura da instância criminal

---

154. MARTINS JUNIOR, Wallace Paiva. A Lei n. 12.846/2013 e o panorama de "leis anticorrupção" no ordenamento brasileiro. In: São Paulo (Estado). Ministério Público. Centro de Apoio Operacional Cível e de Tutela Coletiva. Patrimônio Público. Apontamentos à Lei Anticorrupção Empresarial (Lei nº 12.846/13) / Ministério Público do Estado de São Paulo, Centro de Apoio Operacional Cível e de Tutela Coletiva, Patrimônio Público. São Paulo: MP-SP, 2015. p. 49-50.

267

no juízo natural competente nem suas sanções impedem as penas criminais ou constituem em face delas *bis in idem*[155].

Dessa forma, constata-se que a novel legislação consagra, mais uma vez, a absoluta independência entre as esferas penal, civil e administrativa, sendo certo que a responsabilização civil da pessoa jurídica de direito privado não impede a responsabilização pessoal de seus dirigentes e administradores, inclusive, na esfera penal, pela conduta ilícita praticada.

Portanto, cabe à autoridade administrativa máxima de cada órgão ou entidade de poder a instauração e o julgamento do processo administrativo que poderá concluir pela aplicação das sanções de multa[156] e de publicação extraordinária da decisão condenatória[157], e à autoridade judiciária competente, seja da Justiça Comum Estadual, seja da Justiça Comum Federal, aplicar as sanções previstas no artigo 19, da Lei Anticorrupção.

Como a própria Lei de Improbidade Administrativa (Lei n. 8.429/1992), a Lei Anticorrupção visa a tutelar interesses difusos, de natureza indivisível, de que são titulares pessoas indeterminadas, ligadas por uma situação de fato, já que, a teor expresso de seu artigo 5º, *caput*, coíbe atos lesivos ao patrimônio público ou contra a higidez da ordem econômica nacional e internacional, especialmente, quando trata da colusão entre empresas concorrentes em licitações públicas, como o visto em seu inciso IV, alínea "a"[158].

Aliás, vale a pena ressaltar que a conduta aqui destacada se aproxima muito do crime insculpido no artigo 90 da Lei de Licitações e Contratos, com a ressalva de que, para fins penais, há a exigência de que a combinação ou o ajuste tenham como fim a obtenção de vantagem decorrente da adjudicação do contrato[159].

---

155. DIPP; CASTILHO, op. cit., p. 17.

156. Artigo 6º, I e § 4º.

157. Artigo 6º, II, § 5º.

158. Artigo 5º. Constituem atos lesivos à administração pública, nacional ou estrangeira, para os fins desta Lei, todos aqueles praticados pelas pessoas jurídicas mencionadas no parágrafo único do artigo 1º, que atentem contra o patrimônio público nacional ou estrangeiro, contra princípios da administração pública ou contra os compromissos internacionais assumidos pelo Brasil, assim definidos: IV – no tocante a licitações e contratos: a) frustrar ou fraudar, mediante ajuste, combinação ou qualquer outro expediente, o caráter competitivo de procedimento licitatório público.

159. GRECO FILHO; RASSI, op. cit., p. 155.

Cap. 3 • NEGOCIAÇÃO PENAL COMO INSTRUMENTO DE POLÍTICA CRIMINAL

No tocante às pessoas físicas, aqui incluídos os administradores de empresas, a responsabilização será subjetiva, nos termos de seu artigo 3º, § 2º, mas, no que se refere à responsabilização de jurídicas por atos lesivos causadores de prejuízo contra o patrimônio público, a Lei Anticorrupção, em seu artigo 2º, consagra a *responsabilidade objetiva*, numa clara intenção de fazer com que tais entes instituam sistemas de controle interno sobre o proceder de seus agentes, de tal sorte a evitar a prática de atos violadores da moralidade administrativa, já que indelével a existência da *culpa in vigilando*.

Nesse vértice, a figura do *compliance* anticorrupção foi prevista diretamente no artigo 7º, inciso VIII, da Lei, sendo expressamente indicado que a existência de mecanismos e procedimentos internos de integridade, auditoria e incentivo à denúncia de irregularidades, e a aplicação efetiva de códigos de ética e de conduta no âmbito da pessoa jurídica serão levados em consideração na aplicação das sanções legais[160].

Em razão da prática dos atos ilícitos previstos no artigo 5º, da Lei n. 12.846/2013, a União, os Estados, o Distrito Federal e os Municípios, por suas Procuradorias Jurídicas, e o Ministério Público poderão ajuizar ação com vistas à aplicação das seguintes sanções às pessoas jurídicas infratoras: I – perdimento dos bens, direitos ou valores que representem vantagem ou proveito direta ou indiretamente obtidos da infração, ressalvado o direito do lesado ou de terceiro de boa-fé; II – suspensão ou interdição parcial de suas atividades; III – dissolução compulsória da pessoa jurídica; e IV – proibição de receber incentivos, subsídios, subvenções, doações ou empréstimos de órgãos ou entidades públicas e de instituições financeiras públicas ou controladas pelo poder público, pelo prazo mínimo de 1 (um) e máximo de 5 (cinco) anos (artigo 19).

A prescrição das infrações previstas na Lei Anticorrupção é quinquenal, contada da data da ciência da infração ou, no caso de infração permanente ou continuada, do dia em que tiver cessado o ato (artigo 25).

Ao lado da possibilidade de aplicação de sanções na esfera judicial, a Lei Anticorrupção, seguindo o modelo previsto na Lei Antitruste, também prevê, em seu artigo 16, a possibilidade de aplicação administrativa de suas cominações por meio da celebração do acordo de leniência.

---

160. Os parâmetros de avaliação dos programas de integridade, no âmbito de uma pessoa jurídica, para fins da Lei Anticorrupção foram previstos nos arts. 41 e 42 do Decreto nº 8.420, de 18 de março de 2015.

Dessa forma, a autoridade máxima de cada órgão ou entidade pública poderá celebrar acordo de leniência com as pessoas jurídicas responsáveis pela prática dos atos previstos na Lei Anticorrupção que colaborem efetivamente com as investigações e o processo administrativo, sendo que da colaboração devem resultar:

(I) a identificação dos demais envolvidos na infração, quando couber, e (II) a obtenção célere de informações e documentos que comprovem o ilícito sob apuração.

Além disso, o Decreto n. 8.420/2015, em seu artigo 30, estabelece que a pessoa jurídica que pretenda celebrar o acordo deverá: (I) ser a primeira a manifestar interesse em cooperar para a apuração do ato lesivo; (II) ter cessado completamente seu envolvimento no ato lesivo a contar da data da propositura do acordo; (III) admitir sua participação na infração administrativa; (IV) cooperar plena e permanentemente com as investigações e o processo administrativo, e (V) fornecer informações, documentos e elementos que comprovem a infração administrativa.

Dessa maneira, consolida-se o acordo de leniência como um importantíssimo instrumento de obtenção de provas para a comprovação de condutas ilícitas praticadas contra a Administração Pública, inclusive, no campo da tutela à ordem econômica, nas esferas nacional e internacional.

Portanto, torna-se plenamente possível a celebração de acordo de leniência entre a Administração Pública e a pessoa jurídica nos casos de infrações administrativas previstas, por exemplo, na Lei de Licitações e Contratos, em seus artigos 86 a 88, com a consequente isenção ou atenuação das sanções a serem aplicadas (artigo 17 da Lei n. 12.846/2013)[161].

Mais uma vez, constata-se que o legislador atual, seguindo a tendência vista em outros ordenamentos jurídicos mundo afora, fomenta a via consensual para a rápida e eficaz solução de conflitos que, pela via tradicional do processo, revela-se de difícil e lenta equação.

Na observação de Dipp e Castilho,

> Na linha dessa política legislativa recente e que de certa forma abandona as resistências de ordem moral ou conservadoras, o processo administrativo de responsabilidade da pessoa jurídica por ato de corrupção também adota o *acordo de leniência* cogitado pela lei

---

161.   GRECO FILHO; RASSI, op. cit., p. 195.

Cap. 3 • NEGOCIAÇÃO PENAL COMO INSTRUMENTO DE POLÍTICA CRIMINAL

em comento pelo qual se admite a participação do infrator como uma espécie de colaborador premiado[162].

Todavia, malgrado a isenção parcial de responsabilização da empresa pela celebração do acordo de leniência, a reparação integral do dano causado pela empresa leniente remanesce como obrigatória (artigo 16, § 3º).

Como destaca Karen Louise Jeanette Kahn, o modelo de leniência estabelecido na Lei Anticorrupção contém parâmetros mais severos dos estabelecidos na Lei de Defesa da Concorrência, que estabelece a possibilidade de extinção da punibilidade administrativa e até penal de forma integral, a depender da extensão da colaboração da empresa na descoberta dos ilícitos praticados, incluindo seus dirigentes[163].

Seja como for, é inegável que a celebração do acordo de leniência entre o órgão ou entidade pública e a empresa infratora repercute em outras esferas de apuração, notadamente na esfera penal, quanto à responsabilização pessoal de seus dirigentes, e civil, pela prática de ato de improbidade administrativa.

Portanto, a despeito da ausência de expressa disposição legal, impõe- se a participação do Ministério Público, Federal ou Estadual, na conformação do acordo de leniência delineado pela Lei Anticorrupção.

O tratamento do ilícito de forma global e, em especial, o seu enfrentamento pela via consensual, não podem se dar de maneira compartimentada pelos diversos órgãos e instâncias formais de controle, como ilhas absolutamente isoladas e estanques.

Assim, em que pese a oportuna alteração promovida na Lei n. 12.846/2013 pela Medida Provisória n. 703, de 2015, que, acrescentando ao seu artigo 16 o § 12, instituía que o acordo de leniência celebrado com a participação da Advocacia Pública e, em conjunto com o Ministério Público, impedia o ajuizamento ou prosseguimento de ação por ele já ajuizada, tem-se que, encerrada a vigência da medida sem sua conversão em lei, não há mais previsão expressa na Lei Anticorrupção nesse sentido.

---

162. DIPP; CASTILHO, op. cit., p. 79.

163. KAHN, Karen Louise Jeanette. A nova responsabilidade das empresas perante a administração pública – inovações e considerações sobre a Lei "Anticorrupção". *Justitia*, São Paulo, 70-71-72 (204/205/206), jan./dez. 2013-2014-2015. p. 282.

Dessa forma, malgrado o artigo 15 da Lei disponha que a comissão designada para a apuração da responsabilidade da pessoa jurídica, após a conclusão do procedimento administrativo, dará conhecimento ao Ministério Público da sua existência para a apuração de eventuais delitos, por coerência sistêmica e buscando a efetividade de todo um regramento novo voltado à solução consensual de conflitos, melhor seria que houvesse a efetiva participação ministerial desde o início das apurações pelo órgão administrativo.

Como o acordo de leniência está obviamente restrito à esfera administrativa de apuração, melhor seria que, a partir do reconhecimento da constitucionalidade e da consequente instrumentalização da via negocial também nas esferas penal e cível, fosse promovida a participação de todos os atores legitimados para a apuração do ilícito na construção do ajuste, de maneira conjunta, completa e única.

Com efeito, é inegável que grandes esquemas de corrupção em determinados setores da Administração Pública, notadamente envolvendo fraudes em licitações públicas, traduzem, a um só momento, ilícitos penais, civis e administrativos que, para que sejam eficazmente combatidos, não podem prescindir de uma atuação conjunta e integrada dos órgãos públicos de controle diretamente envolvidos no seu enfrentamento.

Na observação de Simão e Vianna,

> Fatalmente as situações relatadas no bojo de um acordo de leniência desaguarão em inquéritos policiais e, posteriormente, na esfera de atuação do MP. Ademais, será grande o risco de propostas de acordos acerca de fatos que estejam sendo investigados concomitantemente na seara criminal. Sendo essa a situação, uma atuação dessincronizada por parte dos órgãos de Estado pode ser absolutamente fatal para o sucesso de uma investigação[164].

Nessa direção, vale a pena transcrever, em parte, manifestação lançada pela denominada "Força Tarefa" do Ministério Público Federal para a "Operação Lava Jato", constante do acórdão n. 824/2015 – Tribunal de Contas da União (Plenário) –, sobre a necessidade de atuação integrada entre os órgãos públicos de controle na formatação das negociações em acordos de colaboração:

---

164. SIMÃO; VIANNA, op. cit., p. 239.

Cap. 3 • NEGOCIAÇÃO PENAL COMO INSTRUMENTO DE POLÍTICA CRIMINAL

De fato, não obstante se reconheça a competência legalmente atribuída à Controladoria-Geral da União para, na esfera federal, celebrar acordos de leniência, é fundamental que tais transações sejam encetadas em sintonia com as linhas investigativas do Ministério Público Federal, a fim de que possam ser extraídos os melhores resultados possíveis para as investigações em cada uma das searas – administrativa, cível (improbidade administrativa) e criminal. E, ainda, é importante que se busque prevenir, ao máximo, colidência de atuações, o que, certamente, não atenderia ao interesse público. A atuação integrada entre os diversos órgãos de controle e persecução assegura maior eficiência ao Estado brasileiro, em sua tarefa de enfrentamento da corrupção. A *contrario sensu*, a formalização de eventuais acordos sem que sejam considerados o estágio da investigação a cargo do Ministério Público Federal e sua repercussão na esfera de responsabilidade judicial podem comprometer a efetividade dos trabalhos desenvolvidos nesta última seara, como também a coerência no funcionamento do sistema, ante a adoção de medidas díspares, na esfera administrativa e na seara judicial. Por certo, esse não é o desejo de nenhuma das instâncias dedicadas ao combate à corrupção, nas suas diversas frentes de atuação. Daí a importância em que eventuais acordos de leniência a serem celebrados por meio da Controladoria-Geral da União levem em conta o posicionamento do Ministério Público Federal em relação ao seu objeto.

E, como se não bastasse, promovendo-se a apuração do ilícito de forma compartimentada, não é difícil imaginar as dificuldades que serão oferecidas para a aceitação, pelo infrator, de diferentes medidas em diferentes acordos que não se comunicam, que não se conversam, e que, em última análise, são desconhecidos entre si.

CONCLUSÕES

1. Ao sistematizar o ordenamento jurídico, conferindo unidade, coerência e completude às normas, o Direito deve ser aceito como Ciência humana, distinguindo-se das demais pelo seu método e objeto.

2. A Ciência do Direito Penal tem por objeto o universo de normas jurídico-penais de um determinado ordenamento, construindo-se a partir do Direito positivo.

3. A tradicional visão solipsista do Direito Penal, com o isolamento da dogmática penal, revela-se manifestamente insuficiente para entender, por completo, o fenômeno da criminalidade.

4. Ao lado do Direito Penal enquanto dogmática jurídica, o fenômeno da criminalidade, em especial da moderna criminalidade macroeconômica organizada, também deve ser objeto de estudo conjunto da criminologia e da vitimologia com vistas à construção de uma política criminal racional, surgindo imperativa a necessidade de se recorrer à aplicação do Direito Penal enquanto "Ciência Global".

5. As ciências penais têm por objeto o estudo do crime, mas com métodos diferentes entre si, impondo-se a necessidade de complementariedade e interdependência para o escorreito e racional enfrentamento da criminalidade moderna, sobretudo no plano legislativo, com vistas à prevenção geral.

6. Os delitos econômicos devem ser identificados como aqueles que lesam ou põem em perigo (concreto ou abstrato) de lesão a própria regulação jurídica da intervenção estatal na economia de um determinado país, excluindo-se interesses privados eventualmente atingidos.

7. O intervencionismo estatal na ordem econômica é uma consequência própria de um modelo democrático que reclama

uma postura positiva por parte do próprio Estado na busca do equilíbrio do mercado e da livre concorrência.

8. O combate à estigmatização de que o Direito Penal é acusado de promover passa em revista o reforço da sua ingerência em campos e quadras de interesses supraindividuais, essenciais para a sadia convivência social, tais como a segurança viária, o meio ambiente e a ordem econômica.

9. Com a globalização, a criminalidade econômica organizada, outrora voltada aos mercados internos, indiscutivelmente, assumiu vocação internacional.

10. A macrocriminalidade econômica organizada, claramente desenvolvida e praticada por organizações criminosas altamente estruturadas e com ramificações em vários segmentos produtivos, dentro e fora do país, destaca-se pela ganância de seus agentes e pela desmedida busca pelo lucro fácil, ampliando seus campos de atuação para quaisquer atividades potencialmente rentáveis.

11. A delinquência macroeconômica organizada não pode receber o tratamento dogmático conferido à delinquência comum.

12. Enquanto o Direito Penal clássico e os tradicionais meios de prova continuarem sendo empregados para a tutela de bens jurídico-penais coletivos, como no caso da ordem econômica, o sistema de Justiça Penal continuará produzindo graves distorções e indevidas absolvições.

13. A diferença entre os ilícitos penal e administrativo é de natureza formal, inexistindo diferenciação ontológica entre ambos, mas apenas de cunho normativo.

14. No campo da prevenção e da repressão às condutas anticoncorrenciais, deve-se fazer com que ambos os subsistemas, tanto o Direito Penal quanto o Direito Administrativo sancionador, atuem de forma harmônica e complementar, reservando-se a ingerência penal para violações mais graves, notadamente porque não há uma simetria perfeita entre a legislação penal e a legislação antitruste na previsão de ilícitos contra a ordem econômica.

CONCLUSÕES

15. Deve existir uma ordenação axiológica jurídico-constitucional que norteie a atuação do legislador penal ordinário, sendo admitida toda a criminalização que não desrespeite o texto da Lei Maior, que funciona como limite negativo do próprio Direito Penal.

16. A Constituição Federal de 1988 assegura justa oportunidade de competição no mercado, reconhecendo, como realidade indisfarçável, a existência do poder econômico, e vedando o seu abuso.

17. No campo do Direito Penal Econômico e do combate à macrocriminalidade econômica organizada, para lograr-se uma política criminal coerente, que tenha como horizonte a prevenção do delito, o tratamento do criminoso, assim como as necessidades e os direitos das vítimas, é necessário que os operadores do sistema de Justiça Penal, em quaisquer de suas facetas, desde o plano legislativo até o término da execução penal, estejam suficientemente preparados para oferecer respostas globais a uma realidade igualmente global e complexa.

18. A integração supranacional proporcionada pela globalização econômica descortina um novo cenário para práticas criminosas organizadas que afetam não apenas um, mas vários países ou blocos econômicos inteiros de uma só vez.

19. O crime, fenômeno social por natureza, também se tornou global, e a criminalidade global por excelência é a macro-criminalidade econômica, praticada por grupos organizados e hierarquicamente estruturados, diversa da criminalidade patrimonial comum, impondo-se uma mudança paradigmática para o seu enfrentamento, qual seja, a luta contra a impunidade.

20. A internacionalização da criminalidade econômica exige medidas internacionais de enfrentamento, ganhando em importância o papel dos tratados e convenções internacionais que versem sobre direitos humanos.

21. A Convenção Interamericana contra a Corrupção (Convenção de Mérida), ratificada no Brasil por meio do Decreto Legislativo n. 348, de 18 de maio de 2005, oferece a estrutura

legal para a criminalização do enriquecimento ilícito, medida legislativa de suma importância no combate à macrocriminalidade econômica organizada.

22. Despontam os acordos entre os detentores do poder econômico como uma das mais graves formas de violação à livre concorrência.

23. O enfrentamento à criminalidade macroeconômica organizada, para que seja minimamente eficaz, deve ampliar os espaços de consenso entre o órgão acusador e o delinquente, como forma de política criminal, sem perder de vista o postulado da proporcionalidade, na sua faceta de vedação à proteção penal insuficiente.

24. A solução das controvérsias penais pela via negocial favorece à ressocialização do indivíduo, que colabora para a reconstrução do fato em troca do recebimento de benefícios penais.

25. A aceitação da via negocial para a solução de controvérsias penais prestigia a autonomia da vontade e a capacidade de autodeterminação do indivíduo.

26. A obrigatoriedade do exercício da ação penal constitui um dos entraves ao funcionamento de um sistema de Justiça Penal que busque ser eficiente, célere e eficaz.

REFERÊNCIAS

ALBERGARIA, Pedro Soares de. *Plea bargaining*: aproximação à justiça negocial nos E.U.A. 1. ed. Coimbra: Almedina, 2007.

ALBUQUERQUE, Felipe Braga; LEAL, Leonardo José Peixoto. Prática de cartel no Brasil: um estudo sobre as decisões do CADE e o perfil das condenações por cartel. *Conpedi Law Review*, v. 1., n. 8, p. 66-87, 2015.

AKAOUI, Fernando Reverendo Vidal. *Compromisso de ajustamento de conduta ambiental*. 1. ed. São Paulo: RT, 2003.

ALCALÁ-ZAMORA Y CASTILLO, Niceto. *Proceso, autocomposición y autodefensa*: contribución al estúdio de los fines del processo. 1. ed. México: Universidad Nacional Autónoma de México, 2000.

AMBOS, Kai; LIMA, Marcellus Polastri. *O processo acusatório e a vedação probatória*: perante as realidades alemã e brasileira. 1. ed. Porto Alegre: Livraria do Advogado, 2009.

ANDRADE, Fábio Siebeneicheler de. *Da codificação*: crônica de um conceito. 1. ed. Porto Alegre: Livraria do Advogado, 1997.

ANDRADE, Flávio da Silva. *Justiça penal consensual*: controvérsias e desafios. 1. ed. Salvador: Juspodivm, 2019.

ANDRADE, Manuel da Costa. *Consentimento e acordo em direito penal*. 1. ed. Coimbra: Coimbra, 1991.

ANDRADE, Roberta Lofrano. *Processo penal e sistema acusatório*. 1. ed. Rio de Janeiro: Lumen Juris, 2015.

ARAS, Vladimir. Acordos penais no Brasil: uma análise à luz do direito comparado. In: CUNHA, Rogério Sanches et al. (Coord.). *Acordo de não persecução penal*. 2. ed. Salvador: Juspodivm, 2019.

ARAÚJO, Luiz Alberto David; NUNES JÚNIOR, Vidal Serrano. *Curso de Direito Constitucional*. 13. ed. São Paulo: Saraiva, 2009.

ARAÚJO JUNIOR, João Marcello de. *Dos crimes contra a ordem econômica*. São Paulo: RT, 1995.

ARMENTA DEU, Teresa. *Estudios sobre el proceso penal*. 1. ed. Santa Fé: Rubinzal-Culzoni, 2008.

ÁVILA, Humberto. *Teoria da segurança jurídica*. 4. ed. São Paulo: Malheiros, 2016.

ÁVILA, Humberto. *Teoria dos princípios*: da definição à aplicação dos princípios jurídicos. 18. ed. São Paulo: Malheiros, 2018.

AZEVEDO, Paulo Furquim de. Tecnologia. In: GREMAUD, Amaury Patrick et al.

Introdução à economia. 1. ed. São Paulo: Atlas, 2007.

BACIGALUPO, Enrique. *Direito penal*: parte geral. Tradução André Estefam. 1. ed. São Paulo: Malheiros, 2005.

BADARÓ, Gustavo Henrique. *Processo penal*. 3. ed. São Paulo: RT, 2015.

BAGNOLI, Vicente. *Direito Econômico*. 6. ed. São Paulo: Atlas, 2013.

BAJO, Miguel; BACIGALUPO, Silvina. *Derecho Penal Económico*. 1. ed. Madrid: Centro de Estudios Ramón Areces, 2001.

BALTAZAR JUNIOR, José Paulo. *Crime organizado e proibição de insuficiência*. 1. ed. Porto Alegre: Livraria do Advogado, 2010.

BARROS, Marco Antonio de. *Lavagem de capitais e obrigações civis correlatas*: com comentários, artigo por artigo, à lei 9.613/1998. 4. ed. São Paulo: RT, 2013.

BARROS, Suzana de Toledo. *O princípio da proporcionalidade e o controle de constitucionalidade das leis restritivas de direitos fundamentais*. 1. ed. Brasília: Brasília Jurídica, 1996.

BASTOS, Celso Ribeiro. Existe efetivamente uma Constituição Econômica? *Revista de Direito Constitucional e Internacional*. Vol. 39. Ano 10. São Paulo: RT, abril-junho 2002.

BASTOS, Celso Ribeiro; MARTINS, Ives Gandra da Silva. *Comentários à Constituição do Brasil*. 1. ed. São Paulo: Saraiva, 1988. v. 1.

BATISTA, Nilo. *Introdução crítica ao direito penal brasileiro*. 11. ed. Rio de Janeiro: Revan, 2007.

BATISTA, Nilo. *Apontamentos para uma história da legislação penal brasileira*. 1. ed. Rio de Janeiro: Revan, 2016.

BAUMAN, Zygmunt. *Globalização*: as consequências humanas. 1. ed. Rio de Janeiro: Zahar, 1999.

BECHARA, Ana Elisa Liberatore Silva. *Bem jurídico-penal*. 1. ed. São Paulo: Quartier Latin, 2014.

REFERÊNCIAS

BECHARA, Fábio Ramazzini. *Cooperação jurídica internacional em matéria penal*: eficácia da prova no exterior. 1. ed. São Paulo: Saraiva, 2011.

BECK, Ulrich. *Sociedade de risco*: rumo a uma outra modernidade. Tradução Sebastião Nascimento. 1. ed. São Paulo: Editora 34, 2011.

BERRUEZO, Rafael. *Derecho Penal Económico*. 1. ed. Montevideo: Editorial B de F, 2010.

BITENCOURT, Cezar Roberto. *Tratado de Direito Penal Econômico*. 1. ed. São Paulo: Saraiva, 2016. v. 1.

BLANCO CORDERO, Isidoro. El delito de enriquecimento ilícito desde la perspectiva europea: sobre su inconstitucionalidad declarada por el Tribunal Constitucional portugués. *Revista electrónica de la AIDP*, A-02, p. 1-19, 2013.

BOBBIO, Norberto. *Teoria do ordenamento jurídico*. Tradução Ari Marcelo Solon. 2. ed. São Paulo: Edipro, 2014.

BONAVIDES, Paulo. *Do estado liberal ao estado social*. 11. ed. São Paulo: Malheiros, 2013.

BONESANA, Cesare. *Des délits et des peines*. Traduction de Maurice Chevallier. Préface de Robert Badinter. 1. ed. Paris: Flammarion, 1991.

BONESANA, Cesare. *Dos delitos e das penas*. Tradução Paulo M. Oliveira. 13. ed. Rio de Janeiro: Ediouro, 1999.

BONFIM, Edilson Mougenot. *Reforma do Código de Processo Penal*: comentários à Lei n. 12.403, de 4 de maio de 2011. 1. ed. São Paulo: Saraiva, 2011.

BOTTINO, Thiago. Colaboração premiada e incentivos à cooperação no processo penal: uma análise crítica dos acordos firmados na "Operação Lava Jato". *Revista Brasileira de Ciências Criminais*, São Paulo, v. 122, ago., 2016.

BRAGA, Márcio Bobik; VASCONCELLOS, Marco Antonio Sandoval de. Introdução à economia. In: PINHO, Diva Benevides; VASCONCELLOS, Marco Antonio Sandoval de; TONETO JR., Rudinei (Orgs.). *Introdução à economia*. 1. ed. São Paulo: Saraiva, 2011.

BRANDALISE, Rodrigo da Silva. *Justiça penal negociada*: negociação de sentença criminal e princípios processuais relevantes. 1. ed. Curitiba: Juruá, 2016.

BRANDÃO, Cláudio. *Teoria jurídica do crime*. 4. ed. São Paulo: Atlas, 2015.

BRANDÃO, Cláudio. *Tipicidade penal*: dos elementos da dogmática ao giro conceitual do método entimemático. 2. ed. Coimbra: Almedina, 2014.

BRASIL. Departamento de Proteção e Defesa Econômica da Secretaria de Direito Econômico do Ministério da Justiça. Cartilha de Combate a Cartéis em Licitações – guia prático para pregoeiros e membros de comissões de licitação (2008).

Disponível em: http://www.comprasnet.gov.br/banner/seguro/cartilha_licitacao.pdf. Acesso em: 04 set. 2018.

BRASIL. Conselho Administrativo de Defesa Econômica. Cartilha do CADE. Disponível em: http://www.cade.gov.br/acesso-a-informacao/publicacoes-institucionais/cartilha-do-cade.pdf. Acesso em: 12 set. 2018.

BRASIL. Conselho Administrativo de Defesa Econômica. Programa de Leniência Antitruste do CADE, 2016. Disponível em: http://www.cade. gov.br/acesso-a-

informacao/publicacoes-institucionais/guias_do_Cade/guia_programa-de-leniencia- do-cade-final.pdf. Acesso em: 03 mai. 2019.

BRUNO, Aníbal. *Direito penal:* parte geral. 3. ed. Rio de Janeiro: Forense, 1967. t. I. BUSATO, Paulo Cesar. *Direito penal:* parte geral. 2. ed. São Paulo: Atlas, 2015.

CAGGIANO, Monica Herman S. Direito público econômico: fontes e princípios na Constituição brasileira de 1988. In: LEMBO, Cláudio; CAGGIANO, Monica Herman

S. (Coordenadores). *Direito constitucional econômico*: uma releitura da Constituição econômica brasileira de 1988. 1. ed. Barueri: Manole, 2007.

CAHALI, Yussef Said. *Dano moral.* 3. ed. São Paulo: RT, 2005.

CALHAU, Lélio Braga. *Vítima e direito penal.* 1. ed. Belo Horizonte: Mandamentos, 2002.

CALLEGARI, André Luís; LINHARES, Raul Marques. *Direito penal e funcionalismo*: um novo cenário da teoria geral do delito. 1. ed. Porto Alegre: Livraria do Advogado, 2017.

CALLEGARI, André Luís; LINHARES, Raul Marques. *Colaboração premiada*: lições práticas e teóricas: de acordo com a jurisprudência do Supremo Tribunal Federal. 1. ed. Porto Alegre: Livraria do Advogado, 2019.

CALLEGARI, André Luís; WEBER, Ariel Barazzetti. *Lavagem de dinheiro.* 2. ed. São Paulo: Atlas, 2017.

CANCIO MELIÁ, Manuel; SILVA SÁNCHEZ, Jesús-María. Delitos de organización.

1. ed. Montevideo: Editorial B de F, 2008.

CANOTILHO, J. J. Gomes; MOREIRA, Vital. *Constituição da República Portuguesa anotada.* 1. ed. brasileira. São Paulo: RT, 2007.

REFERÊNCIAS

CARVALHO, Américo Taipa de. *Direito penal:* parte geral. Questões fundamentais. Teoria geral do crime. 2. ed. Coimbra: Coimbra, 2008.

CARDOSO, Débora Motta. *Criminal compliance na perspectiva da lei de lavagem de dinheiro.* 1. ed. São Paulo: LiberArs, 2015.

CARVALHO, José Murilo de. *Cidadania no Brasil:* o longo caminho. 24. ed. Rio de Janeiro: Civilização Brasileira, 2018.

CARVALHO, Luis Gustavo Grandinetti Castanho de. *Processo penal e Constituição:* princípios constitucionais do processo penal. 6. ed. São Paulo: Saraiva, 2014.

CARVALHO, Vinícius Marques de. Aspectos históricos da defesa da concorrência. In: CORDOVIL, Leonor et al. *Nova lei de defesa da concorrência comentada* – Lei 12.529, de 30 de novembro de 2011. 1. ed. São Paulo: RT, 2011. p. 13-30.

CARVALHO FILHO, José dos Santos. Conselhos Nacionais da Justiça e do Ministério Público: perplexidades e hesitações. *Interesse Público*, v. 63, p. 15-38.

CASTELLS, Manuel. *Fin de milenio.* Versión castellana de Carmen Martínez Gimeno. 1. ed. Madrid: Alianza, 1998. v. 3.

CASTILHO, Ela Wiecko V. de. *O controle penal nos crimes contra o sistema financeiro nacional* (Lei n. 7.492, de 16 de junho de 1986). 1. ed. Belo Horizonte: Del Rey, 1998.

CAVALCANTI, Themistocles Brandão. *Manual da Constituição.* 2. ed. Rio de Janeiro: Zahar, 1963.

CAVERO, Percy García. *Derecho Penal Económico:* parte general. 2. ed. Lima: Grijley, 2007. t. I.

CEPEDA, Ana Isabel Perez; SÁNCHEZ, Demelsa Benito. La política criminal internacional contra la corrupción. In: TORRE, Ignacio Berdugo Gómez de la; BECHARA, Ana Elisa Liberatore Silva (Coordinadores). *Estudios sobre la corrupción:* una reflexión hispano brasileña. 1. ed. Salamanca: Centro de Estudios Brasileños/Universidade de Salamanca, 2013.

CERVINI, Raúl; ADRIASOLA, Gabriel. *El derecho penal de la empresa desde una visión garantista.* 1. ed. Montevideo: B de F, 2005.

CERVINI, Raúl. Derecho penal económico: concepto y bien jurídico. *Revista Brasileira de Ciências Criminais*, ano 11, abril-junho 2003, p. 81-108.

CHIOVENDA, Giuseppe. *Instituições de Direito Processual Civil.* 3. ed. São Paulo: Saraiva, 1969. v. 1.

COIMBRA, Marcelo de Aguiar; MANZI, Vanessa Alessi (Orgs.). *Manual de compliance*: preservando a boa governança e a integridade das organizações. 1. ed. São Paulo: Atlas, 2010.

COMPARATO, Fábio Konder. A afirmação histórica dos direitos humanos. 7. ed. São Paulo: Saraiva, 2010.

CONNOR, John M. "Our customers are our enemies": the lysine cartel of 1992-1995.

Review of Industrial Organization. Boston, v. 18, n. 1, p. 5-21, 2001.

CORDOVIL, Leonor. Do programa de leniência. In: CORDOVIL, Leonor et al. (Orgs.). *Nova Lei de Defesa da Concorrência Comentada*: Lei 12.529, de 30 de novembro de 2011. 1. ed. São Paulo: RT, 2011.

COSTA, Helena Regina Lobo da. Direito administrativo sancionador e direito penal: a necessidade de desenvolvimento de uma política sancionadora integrada. In: BLAZECK, Luiz Maurício Souza; MARZAGÃO JÚNIOR, Laerte I. (coords.). *Direito Administrativo sancionador*. 1. ed. São Paulo: Quartier Latin, 2014. p. 107-118.

CUNHA, Maria da Conceição Ferreira da. *Constituição e crime*: uma perspectiva da criminalização e da descriminalização. 1. ed. Porto: Universidade Católica Portuguesa, 1995.

CUNHA, Paulo Ferreira da. *A Constituição do crime*: da substancial constitucionalidade do direito penal. 1. ed. Coimbra: Coimbra, 1998.

DAHM, Georg; SCHAFFSTEIN, Friedrich. *Derecho penal liberal o derecho penal autoritário?*. 1. ed. Introducción y revisión Eugenio Raúl Zaffaroni. Traducción de Leonardo G. Brond. Buenos Aires: Ediar, 2011.

DALLARI, Adilson de Abreu. *Aspectos jurídicos da licitação*. 5. ed. São Paulo: Saraiva, 2000.

DELMAS-MARTY, Mireille. *Os grandes sistemas de política criminal*. Tradução Denise Radanovic Vieira. 1. ed. Barueri: Manole, 2004.

DEMERCIAN, Pedro Henrique. A colaboração premiada e a lei das organizações criminosas. *Revista Jurídica ESMP-SP*, v. 9, p. 53-88, 2016.

DEZALAY, Yves; TRUBEK, David M. A restruturação global e o direito: a internacionalização dos campos jurídicos e a criação de espaços transacionais. In: FARIA, José Eduardo (Org.). *Direito e globalização econômica*: implicações e perspectivas. 1. ed. São Paulo: Malheiros, 2015. p. 29-80.

DIDIER JR., Fredie; BOMFIM, Daniela. Colaboração premiada (Lei n. 12.850/2013): natureza jurídica e controle da validade por demanda autônoma – um diálogo com o direito processual civil. In: CABRAL, Antonio

REFERÊNCIAS

do Passo; PACELLI, Eugênio; CRUZ, Rogério Schietti (Coordenadores). *Processo Penal*. 1. ed. Salvador: Juspodivm, 2016. p. 179-221.

DINAMARCO, Cândido Rangel. *Instituições de Direito Processual Civil*. 9. ed. São Paulo: Malheiros, 2017. v. 1.

DINO, Nicolao. A colaboração premiada na improbidade administrativa: possibilidade e repercussão probatória. In: SALGADO, Daniel de Resende; QUEIROZ, Ronaldo Pinheiro de (Organizadores). *A prova no enfrentamento à macrocriminalidade*. 2. ed. Salvador: Juspodivm, 2016. p. 515-535.

DI PIETRO, Maria Sylvia Zanella. *Discricionariedade administrativa na Constituição de 1988*. 2. ed. São Paulo: Atlas, 2001.

DI PIETRO, Maria Sylvia Zanella. *Direito administrativo*. 17. ed. São Paulo: Atlas, 2004.

DIAS, Jorge de Figueiredo. *Temas básicos da doutrina penal*: sobre os fundamentos da doutrina penal: sobre a doutrina geral do crime. 1. ed. Coimbra: Coimbra Editora, 2001.

DIAS, Jorge de Figueiredo. *Direito processual penal*. 1. ed. Coimbra: Coimbra, 2004.

DIAS, Jorge de Figueiredo; ANDRADE, Manuel da Costa. *Criminologia*: o homem delinquente e a sociedade criminógena. 1. ed. 2. reimp. Coimbra: Coimbra Editora, 1997.

DÍEZ RIPOLLÉS, José Luis. *A racionalidade das leis penais*: teoria e prática. Tradução Luis Regis Prado. 1. ed. São Paulo: RT, 2005.

DÍEZ RIPOLLÉS, José Luis. El abuso del sistema penal. *Revista Electrónica de Ciencia Penal y Criminologia*, Espanha, n. 19-01, p. 1-24, 2017.

DINIZ, Maria Helena. *Compêndio de introdução à ciência do direito*: introdução à teoria geral do direito, à filosofia do direito, à sociologia jurídica e à lógica jurídica. Norma jurídica e aplicação do direito. São Paulo: Saraiva, 2010.

DINIZ, Maria Helena. *As lacunas do direito*. 9. ed. São Paulo: Saraiva, 2009.

DIPP, Gilson; CASTILHO, Manoel L. Volkmer de. *Comentários sobre a Lei Anticorrupção*. 1. ed. São Paulo: Saraiva, 2016.

DOTTI, René Ariel. *Curso de Direito Penal*: parte geral. 4. ed. São Paulo: RT, 2012.

DUEK MARQUES, Oswaldo Henrique. *Fundamentos da pena*. 2. ed. São Paulo: WMF, 2008.

DUEK MARQUES, Oswaldo Henrique. A perspectiva da vitimologia. In: DINIZ, Maria Helena (Coord.). *Atualidades jurídicas*. 1. ed. São Paulo: Saraiva, 2001.

ELBERT, Carlos Alberto. La inseguridad, el derecho y la política criminal del siglo

XXI. In: BAIGÚN, David (Org.). *Estudios sobre la justicia penal*: homenaje al Prof. Julio B. J. Maier. 1. ed. Buenos Aires: Del Puerto, 2005.

ENGISCH, Karl. *Introdução ao pensamento jurídico*. 5. ed. Tradução J. Baptista Machado. Lisboa: Fundação Calouste Gulbenkian, 1964.

ESTIARTE, Carolina Villacampa. *Política criminal internacional*: tráfico de drogas, trata de seres humanos y prostitución. 1. ed. Barcelona: Editorial UOC, 2017.

ESTEFAM, André. *Direito penal*: parte geral. 2. ed. São Paulo: Saraiva, 2012.

FABIÁN CAPARRÓS, Eduardo. *El delito de blanqueo de capitales*. 1. ed. Madrid: Colet, 1998.

FELDENS, Luciano. *Tutela penal de interesses difusos e crimes do colarinho branco*: por uma relegitimação da atuação do Ministério Público: uma investigação à luz dos valores constitucionais. 1. ed. Porto Alegre: Livraria do Advogado, 2002.

FELDENS, Luciano. *Direitos fundamentais e Direito Penal*: a Constituição penal. 2. ed. Porto Alegre: Livraria do Advogado, 2012.

FERNANDES, Fernando. *O processo penal como instrumento de política criminal*. 1. ed. Coimbra: Almedina, 2001.

FERNANDES, Paulo Silva. *Globalização, "sociedade de risco" e o futuro do direito penal*: panorâmica de alguns problemas comuns. 1. ed. Coimbra: Almedina, 2001.

FERNÁNDEZ, Gonzalo D. *Bien jurídico y sistema del delito*: un ensayo de fundamentación dogmática. 1. ed. Montevidéo: Editorial B de F, 2004.

FERRAJOLI, Luigi. *Direito e razão*: teoria do garantismo penal. 2. ed. São Paulo: RT, 2006.

FERRAZ JR., Tércio Sampaio. *A ciência do direito*. 3. ed. São Paulo: Atlas, 2014.

FERREIRA FILHO, Manoel Gonçalves. *Direito Constitucional Econômico*. 1. ed. São Paulo: Saraiva, 1990.

FERREIRA FILHO, Manoel Gonçalves. *Curso de Direito Constitucional*. São Paulo: Saraiva, 1967.

FIGUEIREDO, Marcelo. *Probidade administrativa*: comentários à Lei 8.429/92 e legislação complementar. 5. ed. São Paulo: Malheiros, 2004.

FONSECA, Cibele Benevides Guedes da. *Colaboração premiada*. 1. ed. Belo Horizonte: Del Rey, 2017.

REFERÊNCIAS

FONSECA, João Bosco Leopoldino da. *Direito Econômico.* 7. ed. Rio de Janeiro: Forense, 2014.

FORGIONI, Paula A. *Os fundamentos do antitruste.* 1. ed. São Paulo: RT, 2012.

FRANCO JÚNIOR, Hilário. *A Idade Média*: nascimento do Ocidente. 2. ed. São Paulo: Brasiliense, 2001.

FREITAS, André Guilherme Tavares. *Crimes na lei de licitações.* 3. ed. Niterói: Impetus, 2013.

FREITAS, Juarez. *A interpretação sistemática do direito.* 5. ed. São Paulo: Malheiros, 2010.

FURTADO. Regina Fonseca. *Carteles de núcleo duro y Derecho Penal*: por qué criminalizar las colusiones empresariales?. 1. ed. Montevideo: Editorial B de F, 2017.

GABAN, Eduardo Molan; DOMINGUES, Juliana Oliveira. *Direito antitruste.* 4. ed. São Paulo: Saraiva, 2016.

GARCIA, Émerson; ALVES, Rogério Pacheco. *Improbidade administrativa.* 6. ed. Rio de Janeiro: Lumen Juris, 2011.

GARCIA, Émerson. *Ministério Público*: organização, atribuições e regime jurídico. 3. ed. Rio de Janeiro: Lumen Juris, 2008.

GARCIA, Émerson. O acordo de não-persecução penal passível de ser celebrado pelo Ministério Público: breves reflexões. *Conamp.* Disponível em https://www.conamp.org.br/pt/item/1772-o-acordo-de-nao-persecucao-penal- passivel-de-ser-celebrado-pelo-ministerio-publico-breves-reflexoes. html. Acesso: 25 mar. 2019.

GARCIA, Flávio Amaral. *Licitações e contratos administrativos*: casos e polêmicas. 4. ed. São Paulo: Malheiros, 2016.

GARÓFALO, Raffaele. *La criminología*: estúdio sobre el delito y la teoría de la represión. Traducción Pedro Dorado Montero. 1. ed. Montevideo: Editorial B de F, 2014.

GIACOMOLLI, Nereu José. *Legalidade, oportunidade e consenso no processo penal na perspectiva das garantias constitucionais*: Alemanha, Espanha, Itália, Portugal, Brasil. 1. ed. Porto Alegre: Livraria do Advogado, 2006.

GIACOMOLLI, Nereu José. *O devido processo penal*: abordagem conforme a Constituição Federal e o Pacto de São José da Costa Rica. 3. ed. São Paulo: Atlas, 2016.

GOMBRICH, E. H. *A história da arte.* Tradução Cristiana de Assis Serra. 1. ed. Rio de Janeiro: LTC, 2013.

GONÇALVES, Luiz Carlos dos Santos. *Mandados expressos de criminalização e a proteção de direitos fundamentais na Constituição brasileira de 1988*. 1. ed. Belo Horizonte: Fórum, 2007.

GRAU, Eros Roberto. *A ordem econômica na Constituição de 1988*. 17. ed. São Paulo: Malheiros, 2015.

GRECO, Alessandra Orcesi; RASSI, João Daniel. *Crimes contra a dignidade sexual*. 2. ed. São Paulo: Atlas, 2011.

GRECO, Luís. *Um panorama da teoria da imputação objetiva*. 2. ed. Rio de Janeiro: Lumen Juris, 2007.

GRECO, Luís. *Modernização do direito penal, bens jurídicos coletivos e crimes de perigo abstrato*. 1. ed. Rio de Janeiro: Lumen Juris, 2011.

GRECO, Luís. *Cumplicidade através de ações neutras*: a imputação objetiva na participação. 1. ed. Rio de Janeiro: Renovar, 2004.

GRECO, Luís; ASSIS, Augusto. O que significa a teoria do domínio do fato para a criminalidade de empresa. In: GRECO, Luís et al. *Autoria como domínio do fato*: estudos introdutórios sobre o concurso de pessoas no direito penal brasileiro. 1. ed. São Paulo: Marcial Pons, 2014. p. 81-122.

GRECO FILHO, Vicente. *Dos crimes da lei de licitações*. 1. ed. São Paulo: Saraiva, 1994.

GRECO FILHO, Vicente. *Comentários à lei de organização criminosa*: Lei nº 12.850/13. 1. ed. São Paulo: Saraiva, 2014.

GRECO FILHO, Vicente; RASSI, João Daniel. *O combate à corrupção e comentários à Lei de responsabilidade de pessoas jurídicas (Lei n. 12.846, de 1º de agosto de 2013)*. 1. ed. São Paulo: Saraiva, 2015.

GUERRA FILHO, Willis Santiago; CARNIO, Henrique Garbellini. *Introdução à sociologia do direito*. 1. ed. São Paulo: RT, 2016.

GUIA, Maria João. *Imigração e criminalidade*: caleidoscópio de imigrantes reclusos. 1. ed. Coimbra: Almedina, 2008.

HARTMANN, Stefan Espírito Santo. O papel do juiz nos acordos de colaboração premiada. In: PACELLI, Eugênio; CORDEIRO, Nefi; REIS JÚNIOR, Sebastião dos (Coords.). *Direito penal e processual penal contemporâneos*. 1. ed. São Paulo: Atlas, 2019. p. 151-177.

HASSEMER, Winfried. *Crítica al derecho penal de hoy*: norma, interpretación, procedimento. Límites de la prisión preventiva. Traducción de Patricia S. Ziffer. 1. ed. Buenos Aires: Ad-Hoc, 2003.

HASSEMER, Winfried; MUÑOZ CONDE, Francisco. *Introducción a la criminologia y al Derecho Penal*. 1. ed. Valencia: Tirant lo Blanch, 1989.

REFERÊNCIAS

HASSEMER, Winfried. La persecución penal: legalidad y oportunidad. Tradução M.

A. Cobos Gomez de Linares. *Revista Jueces para la Democracia*, Madrid, n. 4, p. 8- 11, 1988.

HEILBRONER, Robert L. *A formação da sociedade econômica.* Tradução Álvaro Cabral. 5. ed. Rio de Janeiro: Editora Guanabara, 1987.

HENDLER, Edmundo S. *Derecho penal y procesal penal de los Estados Unidos.* 1. ed. Buenos Aires: Ad-hoc, 1996.

HUNGRIA, Nelson. *Comentários ao Código Penal.* 4. ed. Rio de Janeiro: Forense, 1958. v. 1. t. II.

ISHIDA, Válter Kenji. *A suspensão condicional do processo.* 1. ed. São Paulo: Saraiva, 2003.

JAKOBS, Günther. *Tratado de direito penal:* teoria do injusto penal e culpabilidade. 1. ed. Belo Horizonte: Del Rey, 2008.

JAKOBS, Günther. *Derecho penal.* Parte general. Fundamentos y teoria de la imputación. Traducción Joaquim Cuello Contreras y José Luis Serrano Gonzales. 2. ed. Madrid: Marcial Pons, 1997.

KAHN, Karen Louise Jeanette. A nova responsabilidade das empresas perante a administração pública – inovações e considerações sobre a Lei "Anticorrupção". *Justitia*, São Paulo, 70-71-72 (204/205/206), p. 271-287, jan./ dez. 2013-2014-2015.

LEKACHMAN, Robert. *História das idéias econômicas.* Tradução Gabriele Ilse Leib. 1. ed. Rio de Janeiro: Edições Bloch, 1973.

LEMOS JÚNIOR, Arthur Pinto de. Peculiaridades sobre a investigação em competência originária: os crimes praticados por prefeitos. In: TURESSI, Flávio Eduardo (Org.). *Crimes praticados por prefeitos.* 1. ed. São Paulo: LiberArs, 2017. p. 11-25.

LIMA, Paulo Augusto Moreira. A prova diabólica no processo penal. In: SALGADO, Daniel de Resende; QUEIROZ, Ronaldo Pinheiro (Orgs.). *A prova no enfrentamento à macrocriminalidade.* 1. ed. Salvador: Juspodivm, 2016. p. 129-148.

LIPOVETSKY, Gilles. *Os tempos hipermodernos.* Tradução Mário Vilela. 1. ed. São Paulo: Barcarolla, 2004.

LISZT, Franz von. *Tratado de Direito Penal allemão.* Tradução José Hygino Duarte Pereira. Rio de Janeiro: F. Briguiet, 1899. t. I.

LOPES, Ana Frazão de Azevedo. *Empresa e propriedade:* função social e abuso de direito. 1. ed. São Paulo: Quartier Latin, 2006.

LOPES, José Mouraz. *O espectro da corrupção*. 1. ed. Coimbra: Almedina, 2011.
LOPES JR., Aury. *Direito processual penal*. 11. ed. São Paulo: Saraiva, 2014.

LUHMANN, Niklas. *Introdução à teoria dos sistemas*. Tradução Ana Cristina Arantes Nasser. 2. ed. Petrópolis: Vozes, 2010.

LUISI, Luiz. *Os princípios constitucionais penais*. 2. ed. Porto Alegre: Sergio Antonio Fabris, 2003.

LYRA, Roberto. *Novo direito penal*: introdução. 1. ed. Rio de Janeiro: Forense, 1980. LYRA, Roberto. *Novíssimas escolas penais*. 1. ed. Rio de Janeiro: Borsoi, 1956.

LYRA, Roberto; ARAÚJO JÚNIOR, João Marcello. *Criminologia*. 2. ed. Rio de Janeiro: Forense, 1990.

LYRA FILHO, Roberto. A ciência do direito. *Notícia do direito brasileiro*, n. 11, p. 269-288, 2005.

MACHADO, Antonio Rodrigo; CARMONA, Paulo Afonso Cavichioli. Compliance: instrumento de controle nas licitações públicas. *A & C – Revista de Direito Administrativo & Constitucional*, Belo Horizonte, ano 18, nº 72, p. 71-91, abr./jun. 2018.

MACHADO, Fábio Guedes de Paula. Mais além da dogmática jurídico-penal. In: SILVEIRA, Renato de Mello Jorge; RASSI, João Daniel (Orgs.). *Estudos em homenagem a Vicente Greco Filho*. 1. ed. São Paulo: LiberArs, 2014. p. 133-143.

MAIA, Rodolfo Tigre. *Tutela penal da ordem econômica*: o crime de formação de cartel. 1. ed. São Paulo: Malheiros, 2008.

MAIER, Julio B. J. *Derecho Procesal Penal*: fundamentos. 2. ed. Buenos Aires: Editores Del Puerto, 2004.

MALARÉE, Hernán Hormazábal. *Bien jurídico y estado social y democrático de derecho (el objeto protegido por la norma penal)*. 2. ed. Santiago de Chile: Jurídica ConoSur, 1992.

MALUF, Sahid. *Direito Constitucional*. 4. ed. São Paulo: Sugestões Literárias, 1968.

MANCUSO, Rodolfo de Camargo. *Interesses difusos*: conceito e legitimação para agir. 5. ed. São Paulo: RT, 2000.

MARTIN, Luis Gracia. *Prolegômenos para a luta pela modernização e expansão do direito penal e para a crítica do discurso de resistência*. 1. ed. Porto Alegre: Sergio Antonio Fabris, 2005.

MARTINEZ, Ana Paula. *Repressão a cartéis*: interface entre Direito Administrativo e Direito Penal. 1. ed. São Paulo: Singular, 2013.

REFERÊNCIAS

MARTINS JUNIOR, Wallace Paiva. *Ministério Público*: a Constituição e as leis orgânicas. 1. ed. São Paulo: Atlas, 2015.

MARTINS JUNIOR, Wallace Paiva. *Probidade administrativa*. 1. ed. São Paulo: Saraiva, 2001.

MARTINS JUNIOR, Wallace Paiva. A Lei n. 12.846/2013 e o panorama de "leis anticorrupção" no ordenamento brasileiro. In: SÃO PAULO. Ministério Público. Centro de Apoio Operacional Cível e de Tutela Coletiva. Patrimônio Público. Apontamentos à Lei Anticorrupção Empresarial (Lei nº 12.846/13) / Ministério Público do Estado de São Paulo, Centro de Apoio Operacional Cível e de Tutela Coletiva, Patrimônio Público. São Paulo: MP-SP, 2015. p. 49-58.

MAZZILLI, Hugo Nigro. *Introdução ao Ministério Público*. 1. ed. São Paulo: Saraiva, 1997.

MAZZILLI, Hugo Nigro. *A defesa dos interesses difusos em juízo*. 9. ed. São Paulo: Saraiva, 1997.

MAZZUOLI, Valerio de Oliveira. *O Tribunal Penal Internacional e o direito brasileiro*. 3. ed. São Paulo: RT, 2011.

MEDAUAR, Odete. *Direito Administrativo moderno*. 18. ed. São Paulo: RT, 2014.

MEIRELLES, Hely Lopes. *Licitação e contrato administrativo*. 14. ed. São Paulo: Malheiros, 2006.

MENDONÇA, Andrey Borges de. Os benefícios possíveis na colaboração premiada: entre a legalidade e a autonomia da vontade. In: BOTTINI, Pierpaolo Cruz; MOURA, Maria Thereza de Assis (Org.). *Colaboração premiada*. 1. ed. São Paulo: RT, 2017.

MENDRONI, Marcelo Batlouni. *Curso de investigação criminal*. São Paulo: Juarez de Oliveira, 2002.

MENDRONI, Marcelo Batlouni. *Crime organizado*: aspectos gerais e mecanismos legais. 2. ed. São Paulo: Atlas, 2007.

MINISTÉRIO PÚBLICO FEDERAL. Orientação Conjunta nº 1/2018 – acordos de colaboração premiada. Disponível em: www.mpf.mp.br/atuacao-tematica/ccr5/orientacoes/orientacao-conjunta-no-1-2018.pdf. Acesso em: 10 mai. 2018.

MIR PUIG, Santiago. *Estado, pena y delito*. Reimpresión. 1. ed. Montevidéo: Editorial B de F, 2007.

MIR PUIG, Santiago. *Introducción a las bases del derecho penal*. 2. ed. 2. reimp. Montevideo: Editorial B de F, 2007.

MOLINA, Antonio García-Pablos de; GOMES, Luiz Flávio. *Direito penal*: fundamentos e limites do Direito Penal. 3. ed. São Paulo: RT, 2012.

MONTERO AROCA, Juan. *Proceso penal y libertad*: ensayo polémico sobre el nuevo processo penal. 1. ed. Madrid: Civitas, 2008.

MORAES, Alexandre Rocha Almeida de. *Direito Penal racional*: propostas para a construção de uma teoria da legislação e para uma atuação criminal preventiva. 1. ed. Curitiba: Juruá, 2016.

MOREIRA, Vital. *A ordem jurídica do capitalismo*. 1. ed. Coimbra: Coimbra: 1973.

MOREIRA, Vital. *Economia e Constituição*: para o conceito de Constituição econômica. Coimbra: Coimbra, 1974.

MOREIRA NETO, Diogo de Figueiredo. *Constituição e revisão*: temas de direito político e constitucional. 1. ed. Rio de Janeiro: Forense, 1991.

MÜLLER, Friedrich. *Teoria estruturante do direito*. Tradução Peter Numann e Eurides Avance de Souza. 1. ed. São Paulo: RT, 2008.

NASCIMENTO, Tupinambá Miguel Castro do. *A ordem econômica e financeira e a nova Constituição*. Rio de Janeiro: Aide, 1989.

NEUMAN, Elias. *Victimología*: el rol de la víctima en los delitos convencionales y no convencionales. 1. ed. México D.F.: Cardenas, 1992.

NEVES, Eduardo Viana Portela. A atualidade de Edwin H. Sutherland. In: SOUZA, Artur de Brito Gueiros (Org.). *Inovações no direito penal econômico*: contribuições criminológicas, político-criminais e dogmáticas. Brasília: Escola Superior do Ministério Público da União, 2011.

NORONHA, E. Magalhães. *Curso de Direito Processual Penal*. 24. ed. São Paulo: Saraiva, 1996.

NUCCI, Guilherme de Souza. *Código Penal comentado*. 14. ed. Rio de Janeiro: Forense, 2014.

NUCCI, Guilherme de Souza. *Princípios constitucionais penais e processuais penais*. 2. ed. São Paulo: RT, 2012.

NUSDEO, Fábio. *Curso de economia*: introdução ao Direito Econômico. 1. ed. São Paulo: RT, 2001.

NUVOLONE, Pietro. *O sistema do Direito Penal*. 1. ed. São Paulo: RT, 1981. v. 1.

OLIVEIRA, Ana Carolina Carlos de. *Hassemer e o Direito Penal brasileiro*: direito de intervenção, sanção penal e administrativa. 1. ed. São Paulo: IBCCRIM, 2013.

REFERÊNCIAS

ORGANISATION FOR ECONOMIC COOPERATION AND DEVELO-PMENT –

OECD. Fighting hard-core cartels – harm, effective sanctions and leniency programmes. Disponível em: https://www.oecd.org/competition/cartels/1841891.pdf. Acesso em: 23 ago. 2018.

ORGANISATION FOR ECONOMIC COOPERATION AND DEVELO-PMENT –

OECD. Recomendación del Consejo de la OCDE para combatir la colusión en la contratación pública. 2012. Disponível em http://www.oecd.org/daf/competition/Recomendacion-del-Consejo-OCDE-para- combatir-la-colusion-en-contratacion-publica.pdf. Acesso em: 04 set. 2018.

OLIVEIRA, Rafael Serra. *Consenso no processo penal*: uma alternativa para a crise do sistema penal. 1. ed. São Paulo: Almedina, 2015.

ORSI, Omar Gabriel. *Sistema penal y crimen organizado*. Estrategias de aprehensión y criminalización del conflicto. 1. ed. Ciudad Autónoma de Buenos Aires: Del Puerto, 2007.

OSÓRIO, Fábio Medina. *Direito Administrativo sancionador*. 5. ed. São Paulo: RT, 2015.

PAGANO, José León. *Derecho Penal Económico*. Buenos Aires: Depalma, 1983.

PALAZZO, Francesco C. *Valores constitucionais e Direito Penal*. Tradução Gérson Pereira dos Santos. 1. ed. Porto Alegre: Sergio Antonio Fabris, 1989.

PASCHOAL, Janaina Conceição. *Constituição, criminalização e Direito Penal mínimo*. 1. ed. São Paulo: RT, 2003.

PASCHOAL, Janaina Conceição. *Ingerência indevida*: os crimes comissivos por omissão e o controle pela punição do não fazer. 1. ed. Porto Alegre: Sergio Antonio Fabris, 2011.

PASTOR, Daniel R. *El prazo razonable en el proceso del Estado de Derecho*: una investigación acerca del problema de la excesiva duración del proceso penal y sus posibles soluciones. 1. ed. Buenos Aires: Ad Hoc, 2002.

PEREIRA, Cláudio José. *Princípio da oportunidade e justiça penal negociada*. 1. ed. São Paulo: Juarez de Oliveira, 2002.

PEREIRA, Flávio Cardoso. *Crime organizado e sua infiltração nas instituições governamentais*. 1. ed. São Paulo: Atlas, 2015.

PEREIRA, Frederico Valdez. *Delação premiada*: legitimidade e procedimento. 3. ed. Curitiba: Juruá, 2016.

PEREIRA JUNIOR, Jessé Torres. *Comentários à lei das licitações e contratações da administração pública*. 6. ed. Rio de Janeiro: Renovar, 2003.

PIMENTEL, Manoel Pedro. *Direito Penal Econômico*. 1. ed. São Paulo: RT, 1973. PONTE, Antonio Carlos da. *Crimes eleitorais*. 1. ed. São Paulo: Saraiva, 2008.

PONTE, Antonio Carlos da. *Inimputabilidade e processo penal*. 3. ed. São Paulo: Saraiva, 2012.

PRADO, Luiz Régis. *Bem jurídico-penal e Constituição*. 5. ed. São Paulo: RT, 2011.

PRADO, Luiz Régis. *Direito Penal Econômico*: ordem econômica, relações de consumo, sistema financeiro, ordem tributária, sistema previdenciário, lavagem de capitais. 2. ed. São Paulo: RT, 2007.

PROENÇA, Luis Roberto. *Inquérito civil*: atuação investigativa do Ministério Público a serviço da ampliação do acesso à justiça. 1. ed. São Paulo: RT, 2001.

RABUFFETTI, M. Susana Ciruzzi de. *Breve ensayo acerca de las principales escuelas criminológicas*. 1. ed. Buenos Aires: Fabián J. di Plácido Editor, 1999.

RADBRUCH, Gustav. Sobre el sistema de la teoria del delito. Tradução de José Luis Guzmán Dalbora. *Revista Electrónica de Ciencia Penal y Criminologia*, Espanha, n. 12, p. 5, 2010.

RAMOS, João Gualberto Garcez. *Curso de processo penal norte-americano*. 1. ed. São Paulo: RT, 2006.

REALE, Miguel. *Lições preliminares de direito*. 19. ed. São Paulo: Saraiva, 1991.

REALE JÚNIOR, Miguel. *Instituições de Direito Penal*: parte geral. 4. ed. Rio de Janeiro: Forense, 2012.

ROBINSON, Jeffrey. *A globalização do crime*. 1. ed. Rio de Janeiro: Ediouro, 2001.

RODRIGUES, Marta Felino. *A teoria penal da omissão e a revisão crítica de Jakobs*. 1. ed. Coimbra: Almedina, 2000.

RODRÍGUEZ GARCÍA, Nicolás. *La justicia penal negociada*. Experiencias de derecho comparado. 1, ed. Salamanca: Universidad de Salamanca, 1997.

RODRÍGUEZ MANZANERA, Luis. *Victimología:* estudio de la víctima. 2. ed. México D.F.: Editorial Porrúa, 1989.

ROLLO, Alberto Luiz; SILVA, Raphael José de; ALMEIDA, Renato Ribeiro de. Financiamento de campanhas eleitorais e dos partidos políticos. In:

REFERÊNCIAS

CAGGIANO, Monica Herman S. (Org.). *Reforma política*: um mito inacabado. 1. ed. Barueri: Manole, 2017.

ROXIN, Claus. *La imputación objetiva en el derecho penal*. 1. ed. Lima: Idemsa, 1997.

ROXIN, Claus. *Estudos de Direito Penal*. Tradução Luís Greco. 1. ed. Rio de Janeiro: Renovar, 2006.

ROXIN, Claus. *Política criminal e sistema jurídico-penal*. Tradução Luís Greco. 1. ed. Rio de Janeiro: Renovar, 2012.

ROXIN, Claus. *Derecho procesal penal*. 1. ed. Buenos Aires: Editores del Puerto, 2000.

RUSCONI, Maximiliano. *Las fronteras del poder penal*. 1. ed. Buenos Aires: Ciudad Argentina, 2005.

SÁNCHEZ TOMÁS, José Miguel. Interpretación penal en una dogmática abierta. *Anuário de derecho penal y ciencias penales*, n. 1, v. 58, p. 29-55, 2005.

SANTIN, Valter Foleto. *Crime econômico no comércio de combustível adulterado*. 1. ed. São Paulo: Verbatim, 2012.

SANTOS, Gérson Pereira dos. *Direito Penal Econômico*. 1. ed. São Paulo: Saraiva, 1981.

SANTOS, Marcos Paulo Dutra. *Colaboração (delação) premiada*. 3. ed. Salvador: Juspodivm, 2019.

SANTOS, Moacyr Amaral. *Primeiras linhas de Direito Processual Civil*. 20. ed. São Paulo: Saraiva, 1998. v. 1.

SÃO PAULO. Ministério Público. Centro de Apoio Operacional Cível e de Tutela Coletiva. Patrimônio Público. Fraudes em licitações e contratos: temas do patrimônio público/Ministério Público do Estado de São Paulo, Centro de Apoio Operacional Cível e de Tutela Coletiva, Patrimônio Público. São Paulo: Ministério Público, 2015.

SARCEDO, Leandro. *Compliance e responsabilidade penal da pessoa jurídica*: construção de um novo modelo de imputação baseado na culpabilidade corporativa. 1. ed. São Paulo: LiberArs, 2016.

SARLET, Ingo Wolfgang; MARINONI, Luiz Guilherme; MITIDIERO, Daniel. *Curso de Direito Constitucional*. 6. ed. São Paulo: Saraiva, 2017.

SCARANCE FERNANDES, Antonio. *O papel da vítima no processo criminal*. 1. ed. São Paulo: Malheiros, 1995.

SCARANCE FERNANDES, Antonio. *Processo penal constitucional*. 3. ed. São Paulo: RT, 2002.

SCHÜNEMANN, Bernd. Cuestiones básicas de dogmática jurídico-penal y de política criminal acerca de la criminalidad de empresa. *Anuario de derecho penal y ciencias penales*, Tomo 41, Fasc/Mês 2, p. 529-558, 1988.

SENDEREY, Israel Drapkin. *Manual de criminologia*. Tradução Ester Kosovski. 1. ed. São Paulo: José Bushatsky Editor, 1978.

SHECAIRA, Sérgio Salomão. *Criminologia*. 1. ed. São Paulo: RT, 2004.

SILVA, Eduardo Araújo da. *Crime organizado*: procedimento probatório. 2. ed. São Paulo: Atlas, 2009.

SILVA, José Afonso da. *Curso de Direito Constitucional positivo*. 16. ed. São Paulo: Malheiros, 1999.

SILVA, Luciano Nascimento. *Teoria do Direito Penal Econômico e fundamentos constitucionais da ciência criminal secundária*. 1. ed. Curitiba: Juruá, 2010.

SILVA, Pablo Rodrigo Alflen da. *Leis penais em branco e o Direito Penal do risco*: aspectos críticos e fundamentais. 1. ed. Rio de Janeiro: Lumen Juris, 2004.

SILVA SÁNCHEZ, Jesús-María. *Aproximación al Derecho Penal contemporâneo*. 2. ed. Ampliada y actualizada. Montevideo: B de F, 2012.

SILVA SÁNCHEZ, Jesús-María. *A expansão do Direito Penal*: aspectos da política criminal nas sociedades pós-industriais. 3. ed. Tradução Luiz Otávio de Oliveira Rocha. São Paulo: RT, 2013.

SILVA SÁNCHEZ, Jesús María. Nullum crimen sine poena? Sobre las doctrinas penales de la "lucha contra la impunidad" y del "derecho de la víctima al castigo del autor". In: FRANCISCO, Mª. Nieves Martínez; AVENA, Claudia Miranda (Coords). *Víctima, prevención del delito y tratamiento del delincuente*. 1. ed. Granada: Editorial Comares, 2009.

SILVEIRA, Renato de Mello Jorge. *Fundamentos da adequação social em Direito Penal*. 1. ed. São Paulo: Quartier Latin, 2010.

SILVEIRA, Renato de Mello Jorge; SAAD-DINIZ, Eduardo. *Compliance, Direito Penal e lei anticorrupção*. 1. ed. São Paulo: Saraiva, 2015.

SIMÃO, Valdir Moysés; VIANNA, Marcelo Pontes. *O acordo de leniência na lei anticorrupção:* histórico, desafios e perspectivas. 1. ed. São Paulo: Trevisan Editora, 2017.

SMANIO, Gianpaolo Poggio. *Tutela penal dos interesses difusos*. 1. ed. São Paulo: Atlas, 2000.

REFERÊNCIAS

SMANIO, Gianpaolo Poggio; FABRETTI, Humberto Barrionuevo. *Introdução ao Direito Penal*: criminologia, princípios e cidadania. 4. ed. São Paulo: Atlas, 2016.

SOARES, Guido Fernando Silva. *Common Law*: introdução ao direito dos EUA. 2. ed. São Paulo: RT, 2000.

SOUZA, Luciano Anderson de. *Direito Penal Econômico*: fundamentos, limites e alternativas. 1. ed. São Paulo: Quartier Latin, 2012.

STF, Pet 7074 QO, Relator: Min. Edson Fachin, Tribunal Pleno, j. em 29/06/2017, Acórdão Eletrônico DJe-085 Divulg 02-05-2018 Public 03-05-2018.

STF, *Habeas Corpus* nº 127.483, Rel. Min. Dias Toffoli, julgado em 27/08/2015, DJe 03.02.2016, public. 04.02.2016.

STF, Inq 4405 AgRg, Rel. Ministro Roberto Barroso, 1ª T. j. em 27/02/2018, public. 05-04-2018.

STF, Pet 7265, Relator: Ministro Ricardo Lewandowski, decisão proferida em 14/11/2017.

STF , ADI 5104 MC/DF-DISTRITO FEDERAL, Rel. Min. Roberto Barroso, Pleno, julgado em 21/05/2014, DJe-213 29.10.2014, public 30-10-2014.

STF, *Habeas Corpus* nº 104.410-RS, Rel. Ministro Gilmar Mendes, 2ª T., julgado em 06/03/2012.

STF, Habeas Corpus nº 96.007-SP, Rel. Ministro Marco Aurélio, 1ª T., julgado em 12/06/2012.

STJ, REsp nº 1.623.985, Rel. Ministro Nefi Cordeiro, julgado em 17 de maio de 2018.

STRECK, Maria Luiza Schäfer. *Direito Penal e Constituição*: a face oculta da proteção dos direitos fundamentais. 1. ed. Porto Alegre: Livraria do Advogado, 2009.

STUMPF, Juliet. The crimmigration crisis: imigrants, crime and sovereign power. *American University Law Review*, Washington, v. 56, n. 2, p. 367-419, 2006.

SUTHERLAND, Edwin H. *Crime de colarinho branco*: versão sem cortes. Tradução Clécio Lemos. 1. ed. Rio de Janeiro: Revan, 2015.

SUXBERGER, Antonio Henrique Graciano. O acordo de não persecução penal: reflexão a partir da inafastabilidade da tutela jurisdicional. In: CUNHA, Rogério

Sanches et al. *Acordo de não persecução penal.* 1. ed. Salvador: Juspodivm, 2019. p. 101-121.

TAVARES, André Ramos. *Direito Constitucional Econômico.* 2. ed. São Paulo: Método, 2006.

TAVARES, Juarez. *Bien jurídico y función en derecho penal.* Traducción de Monica Cuñarro. 1. ed. Buenor Aires: Hammurabi, 2004.

TAVARES, Juarez. *Teorias do delito*: variações e tendências. 1. ed. São Paulo: RT, 1980.

TAVARES, Juarez. *Teoria do crime culposo.* 3. ed. Rio de Janeiro: Lumen Juris, 2009.

TEIXEIRA, Carlos Adérito. *Princípio da oportunidade.* Manifestações em sede processual penal e sua conformação jurídico-constitucional. 1. ed. Coimbra: Almedina, 2000.

TERRADILLOS BASOCO, Juan María. Criminalidad organizada y globalización. *Revista de Derecho Penal*: Fundación de Cultura Universitária, Montevideo, v. 19, 2ª época, p. 87-98, mai. 2011.

TIEDEMANN, Klaus. *Derecho Penal Económico*: introducción y parte general. 1. ed. Lima: Grijley, 2009.

TOLEDO, Francisco de Assis. *Princípios básicos de Direito Penal.* 5. ed. São Paulo: Saraiva, 1994.

TOLEDO, Gastão Alves de. *O Direito Constitucional Econômico e sua eficácia.* 1. ed. Rio de Janeiro: Renovar, 2004.

TORRÃO, Fernando. *Direito Penal, globalização e pós-modernidade (desconstrução do paradigma liberal?).* In: BELEZA, Teresa Pizarro; CAEIRO, Pedro; PINTO, Frederico de Lacerda da Costa (Orgs.). *Multiculturalismo e Direito Penal.* Coimbra: Almedina, 2014.

TOURINHO FILHO, Fernando da Costa. *Manual de processo penal.* 13. ed. São Paulo: Saraiva, 2010.

TURESSI, Flávio Eduardo. *Bens jurídicos coletivos*: proteção penal, fundamentos e limites constitucionais à luz dos mandados de criminalização. 1. ed. Curitiba: Juruá, 2015.

TURESSI, Flávio Eduardo. Breves apontamentos sobre crime organizado, delação premiada e proibição da proteção penal insuficiente. *Revista Jurídica ESMP-SP*, v.3, p. 229-246, 2013.

VALADES, Diego. La Constitución y el poder. In: VALADÉS, Diego; CARBONELL, Miguel (Coordinadores). *Constitucionalismo ibero-americano del siglo XXI.* 1. ed. Ciudad Universitaria, México, D.F.: Universidad Nacional Autónoma de México, 2000. p. 137-167.

VASCONCELLOS, Vinicius Gomes de. *Barganha e justiça criminal negocial:* análise das tendências de expansão dos espaços de consenso no processo penal brasileiro. 1. ed. São Paulo: IBCCRIM, 2015.

VEGA, Dulce María Santana. *El concepto de ley penal en blanco.* 1. ed. Buenos Aires: Ad hoc, 2000.

VEGA, Dulce María Santana. *La protección penal de los bienes jurídicos colectivos.* 1. ed. Madrid: Dykinson, 2000.

VELÁSQUEZ, Fernando Velásquez. Proceso penal y principio de oportunidad. *Revista digital de la Maestría en Ciencias Penales de la Universidad de Costa Rica,* n. 3, p. 128-156, 2011.

VERAS, Ryanna Pala. *Nova criminologia e os crimes do colarinho branco.* 1. ed. São Paulo: WMF Martins Fontes, 2010.

VIEIRA, Andréia Costa. *Civil Law* e *Common Law:* os dois grandes sistemas legais comparados. 1. ed. Porto Alegre: Sergio Antonio Fabris Editor, 2007.

VIVES ANTÓN. Tomás S. *Fundamentos del sistema penal:* acción significativa y derechos constitucionales. 2. ed. Valencia: Tirant lo Blanch, 2011.

WELZEL, Hans. *Derecho Penal alemán.* Parte general. 11. ed. Santiago de Chile. Editorial Jurídica de Chile, 1970.

YACOBUCCI, Guillermo J. *El crimen organizado:* desafios y perspectivas en el marco de la globalización. 1. ed. Ciudad de Buenos Aires: Ábaco de Rodolfo Depalma, 2005.

ZAFFARONI, Eugenio Raúl; OLIVEIRA, Edmundo. *Criminologia e política criminal.* 1. ed. Rio de Janeiro: GZ Editora, 2012.

ZAFFARONI, Eugenio Raúl. La globalización y las actuales orientaciones de la política criminal. In: PIERANGELI, José Henrique (Coordenador). *Direito Criminal.* 1. ed. Belo Horizonte: Del Rey, 2000, p. 11-40.

ZAPATERO, Luis Arroyo. Política criminal y estado de derecho en las sociedades contemporáneas. In: ZAPATERO, Luis Arroyo; LASCANO, Carlos; NIETO, Martin Adan (Coord.). *Derecho Penal de la Empresa:* del Derecho Penal Económico del estado social al Derecho Penal de la empresa globalizado. 1. ed. Ciudad Autónoma de Buenos Aires: Ediar, 2012.

ZAPATERO, Luis Arroyo. A harmonização internacional do Direito Penal: ideias e processos. Tradução Daniel Scheunemann de Souza. *Revista Brasileira de Ciências Criminais,* São Paulo, v. 18, n. 84, p. 49-76., mai./ jun. 2010.

www.editorajuspodivm.com.br